全国教育科学规划单位资助教育部项目"西部农村教师发展政策研究
——基于走教模式的考察"（FHB170616）

农村教育发展研究系列丛书

西部乡村教师
专业发展政策研究

李艳红　张　力　著

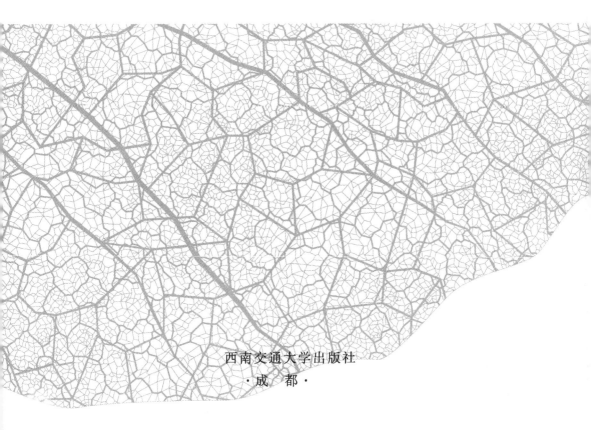

西南交通大学出版社
·成　都·

图书在版编目（ＣＩＰ）数据

西部乡村教师专业发展政策研究 / 李艳红，张力著
. —成都：西南交通大学出版社，2020.10
（农村教育发展研究系列丛书）
ISBN 978-7-5643-7747-2

Ⅰ.①西… Ⅱ.①李… ②张… Ⅲ.①农村学校 – 师
资培养 – 教育政策 – 研究 – 西北地区②农村学校 – 师资培
养 – 教育政策 – 研究 – 西南地区 Ⅳ.①G451.2

中国版本图书馆 CIP 数据核字（2020）第 200077 号

农村教育发展研究系列丛书

Xibu Xiangcun Jiaoshi Zhuanye Fazhan Zhengce Yanjiu

西部乡村教师专业发展政策研究

李艳红　张 力　著

责 任 编 辑	居碧娟	
封 面 设 计	原创动力	
出 版 发 行	西南交通大学出版社	
	（四川省成都市金牛区二环路北一段 111 号	
	西南交通大学创新大厦 21 楼）	
发行部电话	028-87600564　028-87600533	
邮 政 编 码	610031	
网　　　址	http://www.xnjdcbs.com	
印　　　刷	成都蜀通印务有限责任公司	
成 品 尺 寸	170 mm×230 mm	
印　　　张	20.25	
字　　　数	292 千	
版　　　次	2020 年 10 月第 1 版	
印　　　次	2020 年 10 月第 1 次	
书　　　号	ISBN 978-7-5643-7747-2	
定　　　价	88.00 元	

　　乡村教育是 2020 年全面建成小康社会、基本实现教育现代化最后的攻坚阵地，而发展乡村教育教师是关键，因此，加快乡村教师队伍建设关系到国家战略的实施，对促进教育公平、推动城乡一体化建设、推进乡村振兴战略实施等有着十分重要的意义。在乡村开展教育教学活动具有一定的特殊性，即因乡村地理位置和生活质量等原因，乡村教师常常要担负比城市教师更重的教育责任与社会责任。国家必须在政策上对乡村教师加以鼓励和援助，才能令更多的教育工作者选择留在乡村，为地方教育事业的发展做出卓越贡献。

　　政策的制定必然与政策所指向的当地状况相关。而在过去几十年中，中国乡村教育事业始终都处在缓慢发展的状态。从整体的角度来看，国家选择先提升农村经济水平，农村经济形态的稳定有效地保障了大多数乡村环境的发展。当经济结构相对稳定后，我们国家便开始着手调整乡村教育问题。特别是进入新时代，我国教育改革已完全进入精细化整顿秩序之中，一些以农村教育和农村教师为主的教育政策正式成型和推行。时至今日，教育政策已经越来越朝着细致化的方向发展，基本已经平稳度过了恢复期，开始朝着提升质量的方向发展。

　　新中国成立 70 多年来，国家制定了大量相关政策以发展乡村教师队伍，尤其是 2015 年国务院办公厅颁布的《乡村教师支持计划（2015—2020 年）》，为乡村教师的发展带来了新的机遇，同时也提出了更大的挑战。我国学者对乡村教师政策的研究肇始于 20 世纪初期，且 2013 年之后相关研究角度更加多元化、微观化，着重对乡村教师政策中某一具体内容或单一政策文本进行剖析，多为问题对策①、演进变迁②、比较借鉴③、文本分析④等研究范式。尤其是"本土化""回归乡土""文化自信"⑤等视角给了我们较大启发。我国乡村教师队伍建设政策整体呈现出"以点带面"的发展路径，尤其是《中国教育改革和发展纲要》系统化了此前的种种教师改革举措，如免费师范生政策、教师特岗计划、乡村教师工资和职务（职称）倾斜政策、实行城乡统一的编制标准等。这些具体的政策措施都成为综合改革乡村教师队伍建设的重点和重心，在此后的教师政策以及乡村教师政策中都得到了体现，包括 2012 年《国务院关于深入推进义务教育均衡发展的意见》，2016 年《国务院关于统筹推进县域内城乡义务教育一体化改革发展的若干意见》，2018 年《中共中央、国务院关于全面深化新时代教师队伍建设改革的意见》等。

梳理我国乡村教师政策的制定和调整可以发现，近年来主要从关注某一方面的发展扩展至对乡村教师队伍建设进行整体规划，从着重解决乡村教师队伍补充转向关注乡村教师整体队伍素质提升，从通过外部补充措施转向关注内涵发展，从单纯依赖外部力量措施转向积极激发乡村的内生力量，政策的层次不断上升，政策的内容也在不断完善和扩展，这种制定和调整是科学、理性的，也体现了政策的连续性和阶段性。

具体而言，针对乡村教师职业吸引力低、"下不去"的问题，政策手段集中在协调乡村教师队伍的年龄、学历、职务（职称）、学科结构以及学段、城乡分布结构与教育事业发展等；建立和完善城乡校长、教师交流制度；统筹城乡教师资源等。随着师范生分配制度的取消，

---

① 肖正德. 城镇化进程中乡村教师生存境遇与改善策略[J]. 中国教育学刊，2011（8）：1-4.

② 刘佳. 我国"特岗教师计划"实施十年后的回顾、反思与展望[J]. 现代教育管理，2017（2）：79-84.

③ 焦楠，陆莎，李廷洲. 落后地区教师队伍建设的政策创新——新世纪美国联邦政府的政策举措与启示[J]. 教育发展研究，2018（2）：62-70.

④ 张晓文，张旭. 从颁布到落地：32 份《乡村教师支持计划》文本分析[J]. 现代教育管理，2017（2）：69-78.

⑤ 钟海青，江玲丽. 本土化：边境民族地区乡村教师队伍建设的重要途径——基于广西边境民族地区的教育调查[J]. 民族教育研究，2017（6）：5-11.

原有政策很难保障教师队伍可持续发展的需要。例如，乡村教师结构性缺编始终是困扰乡村教师队伍建设的重要难题，尤其是一些小科目的教师，连最基本的数量上都无法满足。为充实乡村教师队伍，国家出台了多项相关政策，教师补充向乡村倾斜成为主要政策方向。"特岗计划"的实施有力改善了乡村学校教师队伍的年龄、学历、学科结构；"三支一扶"计划为乡村输送了一批优秀高校毕业生，开辟了新的乡村教师补充渠道；乡村学校编制改革有效缓解了乡村教师缺乏的局面。

针对乡村教师基础偏弱、"教不好"的问题，出台的政策主要集中在乡村教师师德建设、探索吸引高校毕业生到乡村任教的新体制机制、推动城镇优秀教师向乡村流动、远程培训农村教师项目的实施等。从各地实施情况看，相应的实施细则陆续出台，相关的职后培训逐步完善，教师的职业发展条件得到有力保障。"硕师计划"创新了乡村教师培养了和补充机制，提高了乡村教师学历层次；"免费师范生"计划的出台吸引了众多优秀人才报考师范院校，培养大批优秀的乡村教师；农村中小学教师系列培训计划切实推动了乡村教师的专业发展，对乡村教师更新知识产生了巨大的促进作用。

针对乡村教师待遇差、"留不住"的问题，政策手段主要集中在提高乡村教师待遇，在工资、职务（职称）等方面实行倾斜政策，完善津贴标准；完善乡村教师医疗、养老等社会保障；建设边远地区乡村学校教师宿舍等。乡村教师支持计划有效提高了乡村教师的地位，改善了其物质生活条件，职业发展前景更加明晰。这些政策使乡村教师相较于城镇教师在住房、津贴等方面得到一定的倾斜和照顾。目前，这些政策已成为切实可行的保障手段，成为鼓励人们到乡村任教、改善乡村教师生活现状的重要补充手段，为推动乡村教师队伍建设发挥了巨大的正向作用。

国家已经推行了一些促进教师专业发展的政策，站在新的历史转折点，回顾乡村教师政策的演进脉络，总结现有政策成就是必要的。同时，通过对具有代表性的甘肃乡村地区的调研，来呈现乡村教师的生存状态以及教师专业发展政策在乡村的实施状况与效果；运用政策学的有关知识，针对具体的现实个案，分析已制定的政策文本与执行过程中存在的问题、产生的原因，寻求进一步有效促进乡村教师专业发展的政策文本与执行建议，为决策部门和教育行政部门提供咨询报告（内部参考），这将有助于政府部门调整乡村教师专业发展的相关政策，以更好地发挥政策的导向作用，也期望对今后教师专业发展政策的理论完善与实践改进有所助益，为有效地促进乡村教师专业发展尽微薄之力。

屈指算来，笔者专门从事农村教师专业发展研究已有十余年的历史，田野调查的足迹从甘肃临夏东乡的教学点到天水秦安的教育园区，一位位辛勤耕耘的老师，一个个淳朴亲切的孩子，教学点的环境创设，村小的读书声久久挥之不去，都给我留下了深刻的印象。特别是近年来，笔者和研究生们专注于农村教师发展政策相关研究，从理论学习到实践调研，其间翻阅了大量学术著作，查阅了许多期刊论文，实地调研了众多校长、老师和学生。《西部乡村教师专业发展政策研究》只是阶段性成果之一，它的完稿倾注了我和我的学生们的大量心血，其间的艰辛"如人饮水，冷暖自知"！感谢各位同学！感谢书中所引用材料及所列参考文献的作者！

本书的架构及统稿工作由李艳红教授完成。本书包括：乡村小规模小学女校长专业发展叙事研究（第一章，张力）；农村小规模学校教师专业发展研究（第二章，师文琪）；乡村小学师德建设现状的调查研究（第三章，魏馨）；乡村流动教师工作适应性研究（第四章，秦慧敏）；乡村小学教师信息化教学能力发展研究（第五章，白鸿燕）和全日制教育硕士"双导师制"实施现状研究（第六章，李艳红）。

本书的出版得到了以下项目的资助：全国教育科学规划单位资助项目"西部农村教师专业发展的政策研究——基于走教模式的田野考察"，项目号：FHB170616；甘肃省高等学校科研项目"精准扶贫视域下乡村教师素养提升的行动研究"，项目号：2018F-27；甘肃省教育科学"十三五"规划 2018 年度重大委托课题"城镇化进程中城市义务教育供给侧结构性改革研究"，项目号：GS〔2018〕GHBBKWO；天水师范学院教育硕士基础研究项目以及天水师范学院重点学科。课题在开展过程中还得到了天水师范学院科研处领导和同事，以及教师教育学院领导和同事们的支持与帮助，在此也表示衷心的感谢！

目 录

CONTENTS

专 题 一

乡村小规模小学女校长专业发展叙事研究

- 引　言
- 乡村小规模小学女校长专业发展的深描
- 影响乡村小规模小学女校长专业发展的因素分析
- 小　结

第一节　引　言

一、问题提出

中共中央、国务院颁布的《国家中长期教育改革和发展规划纲要（2010—2020 年）》（以下简称《纲要》）中提道："创造有利条件，鼓励教师和校长在实践中大胆探索，创新教育思想、教育模式和教育方法，形成教学特色和办学风格，造就一批教育家，倡导教育家办学。制定校长任职资格标准，促进校长专业化，提高校长管理水平。"[①]校长专业发展已成为我国 21 世纪教育领域中亟待解决的重大课题，是影响当前教育改革不断深化和素质教育全面推进的重要因素。根据我国的国情，农村学校的教育教学改革在一定程度上反映了我国教育改革的整体水平，实施农村教育改革是我国教育改革推行的重中之重，农村学校校长的专业成长乃是农村学校发展的重要影响因素，因此，探讨农村学校校长，特别是农村小规模小学校长专业发展的理论基础与实践路径具有重要的理论价值和现实意义。

1. 农村校长专业发展是教育改革的迫切要求

校长作为学校人才队伍中的核心，在学校发展中的作用更加凸显，其综合素质水平直接影响整个学校的管理状况和管理绩效，在一定程度上影响着国家教育事业的发展。《纲要》中要求，教育现代化需要满足多元教育需求，推进教育优质的均衡发展，计划实施教育家型校长培训工程，培养卓越名校长。2013 年 2 月 4 日教育部正式发布了《义务教育学校校长专业标准》，旨在加强义务教育学校校长队伍建设，促进义务教育学校校长专业发展，从而保障农村小学的均衡发展，促进农村教育的良性发展与进步。义务教育学校校长是学校改革发展的带头人，其

---

① 国家中长期教育改革和发展规划纲要（2010—2020 年）[EB/OL].（2010-7-29）[2010-12-20]. http：//www.gov.cn/jrzg/2010-07/29/content_1667143.htm

专业标准是带头人的标杆。这些发展策略以及举措不仅给农村小学教育事业带来了新的机会和活力，也对农村小学的校级领导干部队伍建设提出了新的更高的要求。由此可见，校长专业发展是时代赋予校长的历史使命，校长为了适应新形势下全面推行素质教育的要求，面临着严峻的挑战，必须走一条专业发展的道路。特别是农村小学校长，提高自身专业素养水平，加强自身专业发展，才能更好地把基础教育改革落到实处。

2. 农村校长专业发展是学校持续发展的实际需要

我国是世界教育人口最多的国家，"强国必先强教育"，根据我国国情，要想发展教育事业，必须以教育均衡为前提，把关注农村学校的发展作为推动我国教育改革的有效途径。

"校长是学校的灵魂""一位好校长就是一所好学校"，关注农村学校校长的专业成长是促进农村学校发展的关键。萨拉森（Sarason）强调了校长在成功实施一项革新中的重要性，并且还强调校长是变革的关键推行者。也就是说，任何想要改变学校教育质量的现实，都要根本依赖于校长。[①]在西方国家，"自从 1980 年以来，每一次的教育改革报告中都会提到学校的好坏是由该校校长决定的"[②]。学校教育改革创新的关键在校长，校长是学校变革和发展的引领者，是决定学校教育质量乃至学校发展的关键因素，校长的专业发展是学校教育持续发展的实际需求。因而，促进农村学校校长的专业发展、提高农村学校校长整体的专业水平是提高农村学校管理质量和效能的重要保证。

3. 农村校长专业发展是学校师生成长的重要保障

校长专业化不仅是对社会职业发展这一大趋势的反映，而且有助于提高校长职业的社会地位，更重要的是，校长专业化是目前基础教育改革取得成效和教师专业化的重要保障。[③]

---

① Sarason，S B. The Culture of the School and the Problem of Change. Boston，MA：Allyn and Bacon. 148.

② Fred C Lunenburg，Allan C Ornstein. 教育管理学 [M]. 孙志军，等，译. 北京：轻工业出版社，2003：219.

③ 彭姗姗，张立明. 中小学校长专业发展的阶段特征与引领策略 [J]. 职业技术，2008（11）：99.

农村学校校长作为农村学校的领导者、教育者和管理者，引领着农村学校发展的方向，影响着农村学校教师的专业化发展，因此，农村校长专业化是农村学校可持续发展的重要保障，是农村学校教师专业化的前提和保障。哈佛大学校长中心的创始人罗兰德·巴斯（Roland Barth）曾经说过这样一段话："校长的领导奠定了学校发展的基石，它决定着学校的学习风气，决定着教师的专业水平和道德水平，决定着学生的发展能否受到关注。如果一个学校是生机勃勃的、不断革新的，是以学生的发展为中心的，学校的教学水平受到广泛的赞誉，学生能充分发挥自己的潜能，那么人们有理由相信校长的领导是学校成功的关键。"[①]为此，农村学校校长素质关系到农村教育发展水平，农村校长专业化是农村学校师生持续发展的重要保障。

当前，乡村偏远山区还存在着大量的"小规模学校"，这些小规模学校具有以下特点：学校建制不全，全校不足六个年级；学校规模小，在校生人数不足 100 人，班额多在 10 至 20 人；教师人数少，年龄偏大，一人兼任两门或以上学科教师，教学工作繁重，学校管理困难；辐射范围广，多数学校能覆盖周边数十个村子；家庭教育环境较差，多数学生为留守儿童或单亲家庭子女。[②]为破解乡村学校师资难题，有的学区整合各学校的教师资源，探索教师"走教制"。校长是一所学校的核心，他的领导能力直接决定了学校的未来发展方向。[③]在幼儿园，园长大部分是女性，小学以上，女性在校长群体中的比例却相对较少。在走教制下，作为小规模学校的校长，面对山区特有的文化背景、特殊的地理环境及有限的教育资源，在专业成长的过程中她们将会遇到怎样的压力与挑战？带着这个问题，我们走进了 Y 校长的教学生活，对校长及其同事、学生家长等进行访谈，详细描述其专业成长的故事，尝试揭示影响其专业成长的关键因素，期望通过对这位校长专业发展图景的呈现和解读引起大家对这类特殊群体的关注，以及为

---

① 杨宇红. 中小学女性校长成长研究 [D]. 南京：南京师范大学，2004.
② 朱旭东. 论教师专业发展的理论模型建构 [J]. 教育研究，2014（6）：81-90.
③ 杨锦兴. 改善农村中小学校长领导效能的研究 [D]. 上海：华东师范大学，2008.

乡村学校、乡村教育的发展提供一定的参考。

二、研究意义

1. 研究的理论意义

本章研究是以女校长的视角开展的个案研究，而且针对的是乡村小规模学校，丰富了校长专业发展的研究视角。本研究采用质的研究方法，以叙事的方式呈现，注重对事件的描述和解释，注重意义的建构，能够丰富质性研究的理论成果，并且为以后的相关研究提供研究方法上的参考。

2. 研究的实践意义

本章研究通过对一名乡村小规模学校校长进行深度访谈和参与式观察，真实全面地展现其专业发展的历程，探讨影响其专业发展的各种因素，并提出推进该小学校长专业发展的具体建议；采用叙事研究的方法，更加贴近乡村小规模学校女校长的实际生活，具有一定借鉴意义，也期望引起大家对这类特殊群体的关注，进而帮助相似学校的校长推进他们的专业发展。这为提高该农村小学校长的素质和能力水平、打造农村地区的教育管理专家提出了有效的建议和思路，同时也为相关的教育部门提供依据，有利于他们对现有的制度政策进行反思，制定更加贴近农村学校校长实际的政策。

三、文献综述

（一）概念界定

1. 专业发展

李·舒尔曼（Lee Shulman）提出，专业人员是有服务的理想和职业道德、充分掌握学术与理论知识、在专业范围内能够熟练操作、能够运用理论对实际情况做出判断的专业人员管理的专业团体。[①]

---

① 李·舒尔曼. 理论、实践与教育的专业化[J]. 王幼真，刘捷，编译. 对口比较教育研究，1999（3）：16.

我们将专业发展定义为专业人员在其专业领域中持续不断发展以使其专业性不断成熟和完善的过程。

2. 校长专业发展

吴志宏认为校长的工作从性质上讲是一种专业，因此作为从事该项专业工作的校长必然是具备专业素质的专业人员。[①]1994 年《国务院关于〈中国教育改革和发展纲要〉的实施意见》中提出要推进教育管理人员的专业化和专业发展，此后学者逐渐开始提出并研究"校长专业化"和"校长专业发展"。

赵其坤认为校长专业化是指校长群体的外在的专业提高，校长专业发展则是指个体的内在的专业的提高。[②]

褚宏启、杨海燕认为："从职业群体的角度看，校长专业化就是指校长职业由准专业阶段向专业阶段不断发展的过程。从校长个体的角度看，校长专业化是指校长个体专业持续发展、日臻完善的过程。专业化是专业不断发展的过程,而专业发展是指内在专业结构不断更新、演进和丰富的过程。"[③]

由此可知，校长专业化包含校长专业发展，校长专业化指校长群体的专业发展，校长专业发展指的是校长个体的发展。

我们中将"校长专业发展"界定为校长个体的发展，采用褚宏启对校长专业发展的界定，即"校长的专业发展是其专业精神、专业知识、专业能力、专业伦理、自我专业意识不断更新、演进和丰富的过程"[④]。

（二）校长专业发展相关研究

1. 校长专业发展阶段的相关研究

关于校长专业发展阶段的研究主要有职业生命周期、专业技能发

---

① 吴志宏，等. 学校管理理论与实践 [M]. 北京：北京师范大学出版社，2002：135.
② 赵其坤. 专业化挑战 21 世纪的校长——现代校长需有专业智慧 [N]. 中国教育报，2004-03-23.
③ 褚宏启，杨海燕. 校长专业化及其制度保障 [J]. 教育理论与实践，2002（11）：22.
④ 褚宏启，杨海燕. 校长专业化及其制度保障 [J]. 教育理论与实践，2002（11）：22.

展、专业技能与专业理解相结合三个取向。^①

吕蕾、褚宏启^②因职业生命周期的取向，将校长的专业成长阶段分为入职期、适应期、发展期、成熟期和退出期。奥普拉特卡^③将校长的专业生涯分为入职阶段、形成阶段、持续/更新阶段和醒悟期。

彭姗姗、张立明^④分析了校长的专业发展规律及特点，总结出校长的专业发展会经历适应期、发展期、成熟期与创造期。适应期的校长从教育者角色转变为管理者角色，处于这个时期的校长的主要工作就是管理好学校；发展期的校长由管理者角色转变为领导者，处于这个时期的校长要引领学校发展；成熟期的校长是专家型校长，要不断学习巩固专业知识和管理与领导艺术；创造期的校长是创新型校长。

2. 关于校长专业发展途径的相关研究

从校长专业标准的视角，龚玲^⑤提出了中小学校长实现专业化发展需要有内在动力和外在条件的支撑，校长可以通过储备深厚的知识基础、管理制度的保障、实施有效培训和不断自我提升等途径进行专业发展，并得出结论：基于教育实践的中小学校长自我提升是中小学校长专业成长的主要途径；基于实践的阅读、反思和研究是中小学校长自我提升的有效方式。

从政策的角度来研究校长专业发展，赵同祥^⑥认为校长的专业发展需要有政策和制度的保障，如实行校长职级制度，结合当前我国中小学校长职级制改革的问题，借鉴国外校长管理经验，他还提出了相关政策建议。

① 张佳伟. 中小学校长专业发展阶段的理论进展与批判性分析——与国际校长专业发展标准的制定取向相结合 [J]. 外国中小学教育，2015（11）：44-49.
② 吕蕾，褚宏启. 骨干校长的素质特征及专业发展策略 [J]. 今日教育，2008（9）：20-21.
③ Oplatka, I.The principal's career stage: an absent element in leadership perspectives[J].International Journal of Leadership in Education, 2004, 7（1）: 43-55.
④ 彭姗姗，张立明. 中小学校长专业发展的阶段特征与引领策略 [J]. 职业技术，2008（11）：85-86.
⑤ 龚玲. 专业标准视角下中小学校长专业发展的指向性思考 [J]. 吉林省教育学院学报，2014（3）：6-7.
⑥ 赵同祥. 中小学校长职级制研究 [D]. 长春：东北师范大学，2013.

孙中华、乞佳①在分析农村中小学校长专业发展在城镇化的背景下面临的困境及导致原因的基础上,提出通过采取建立城乡一体化机制、完善校长培训机制和农村教育特质等途径可以提升农村中小学的校长专业发展水平。

3. 校长专业发展影响因素的相关研究

校长专业发展不仅受到政治、经济、文化、社会、环境等外在因素的影响,也受到个人内在差异因素的影响。在这些因素的影响下,校长的专业发展逐步走上了内外兼修的道路。这些因素不断促进或者阻碍校长的专业发展。下面就从内在和外在两个方面对影响因素进行分析。

内在因素方面:杨海燕认为,影响校长专业发展的内在因素,主要集中在校长自身所具备的专业理念、专业伦理、知识构造、专业能力、专业发展意识以及专业自主性等方面。这些因素互相影响,互相依存。②方健华认为,校长的思维方式、角色意识、视野见识、决策能力、人格魅力、用人策略、激励方式等内在因素是影响校长专业发展的主要因素。③在程振响的观点中,校长的专业发展过程就是自身能力、学识等不断提升的过程,在这个学习和发展的过程中,校长只有抓住发展的关键时期,妥善安排好学校的各项科研工作、提升教职工的专业素质以及教学水平等,才能更好地促进个体的专业发展。④

外在因素方面:杨海燕通过相关领域的分析研究,发现各种各样的制度都会严重影响到中小学校长的专业发展,在一些特定环境下,这些因素甚至会直接影响到校长专业发展的进程。这些制度因素主要包括专业教育、任职资格、职位晋升、考核与评价和保障与激励等多个方面。

为了明确外在因素对校长专业发展的影响,雷丽珍开展了一系列中小学校长专业发展的影响因素研究。研究发现,校长管理制度是影

---

① 孙中华,乞佳. 城镇化背景下农村中小学校长专业发展面临的困境与出路[J]. 现代教育管理,2014(6):23-28.

② 杨海燕. 中小学校长专业发展的影响因素[J]. 教育理论与实践,2003(3):14-19.

③ 方健华. 成长滞后:校长专业发展问题的检视[J]. 中小学教师培训,2007(2):17-20.

④ 程振响. 中小学校长专业发展的涵义及策略思考——基于江苏省中小学校长的调查研究报告[J]. 江苏教育学院学报(社会科学版),2004(5):27-30.

响专业发展的一个重要原因，其他因素如经济收入、社会地位、职业声望、专业自主权等都会对校长专业发展产生影响。

（三）关于小学女校长的相关研究

我们通过搜集文献资料发现，关于女校长的研究并不是很多，相关研究主要聚焦在女校长素质研究、女校长决策形象研究、女校长领导力研究、女校长成长研究等方面。

1. 关于女校长素质的研究

陈雅芳[①]认为女校长的素质应包括开阔的理论视野、科学的工作方式、柔性的人文情怀和角色的和谐统一等，并提出女校长提高这些素质的途径和方法。

2. 关于女校长决策形象的研究

白丽波[②]对全国 35 个城市的中小学校长进行问卷调查，了解中小学女校长决策形象的现状（决策形象是别人对女校长决策行为和意识的看法和评价），最后得出结论：男女校长的差异主要体现在对问题的关注点不同上，女校长相比男校长情感更细腻，女校长的角色意识是中性的，在平衡自身不同的角色时面临更多挑战，成功女校长的决策形象同时具备两性人格的特点。

3. 关于女校长领导力的研究

在关于女校长领导力的研究文献中，很多学者的研究对象都是中小学的女校长，有的分别选取中学和小学的女校长进行对比，也有的只选取小学的女校长或初中的女校长。研究方法多为质性研究，并且都运用了不同的理论依据和研究视角。

彭韵芬[③]从领导特质论的视角分析中小学女校长的发展困境和优势，通过对比男校长的领导特质，分析挖掘出女校长独有的领导特质，

---

① 陈雅芳. 论成功女校长的素质特征[J]. 教育研究，2007（2）：89-91.
② 白丽波. 关于中小学女校长决策形象现状调查[J]. 教育发展研究，2005（4）：78-84.
③ 彭韵芬. 中小学女校长领导特质研究[D]. 北京：首都师范大学，2009.

认为女校长具有天然的沟通优势，善于合作，直觉决策，以及有独特的激励方式。最后从个体、家庭、组织和社会四方面分别提出提升中小学女校长能力的途径和策略。

马方丽[1]采用调查法与个案法相结合的方式，调查中小学校长领导力的现状，采用个案的形式呈现出三位女校长的领导力，通过对比男校长和女校长在教育管理过程中的表现，得出中小学女校长的领导力特征为：富有柔性情怀、社会家庭角色的统一和对时间的有效管理。认为女校长发展领导力的制约因素有：社会对女性角色的刻板印象、缺乏法律法规制度的保障、角色冲突以及成就动机。最后提出提升中小学女校长领导力的策略建议。

谢慧华[2]通过调查上海市初中女校长领导力现状，从女性的视角分析女校长的领导力特征和影响女校长领导力发挥的因素，认为女校长的领导力特征为：以人为本、刚柔并济、注重沟通、重视教师发展、善于规划生活和时间；认为影响女校长领导力发挥的因素有：性别角色的刻板印象、角色冲突、主体意识和成就动机等。最后提出突破困境的相关策略建议。

郭国燕[3]采用口述史的研究方法，选取一位中学农村女校长为研究对象，研究其职业和生活经历，发现影响她教学领导力的因素主要有性格特征、不怕吃苦和家庭成员的支持，制约她教学领导力的因素有多种角色的冲突、社会的认可等。

张苏[4]从女性主义的视角来展现某位女校长的成长经历与家庭生活、领导学校发展两个方面，从情景、行为和认知三个维度来分析女校长领导力的结构领导、人性领导、政治领导、文化领导和教育领导的特征，最后分析了女校长的特点、制约女性发展的因素，并提出女校长发展的建议。

---

[1] 马方丽. 小学女校长领导力研究 [D]. 重庆：西南大学，2011.

[2] 谢慧华. 上海市 P 区初中女校长领导力研究 [D]. 上海：华东师范大学，2009.

[3] 郭国燕. 女校长教学领导力影响因素的口述史研究 [J]. 陕西学前师范学院学报，2016（11）：115-118.

[4] 张苏. 女校长的领导力 [D]. 上海：华东师范大学，2009.

郭国燕[①]采用人类学的田野工作方式，对甘肃省某位农村中学女校长进行参与式观察与访谈，分析其领导力形成的过程与特点、如何发挥领导力以及影响领导力形成的因素，并得出研究结果：农村中学女校长的教学领导力形成过程比一般老师的发展经历更丰富，而这种生活经历和特殊的职业发展过程也是其教学领导力形成过程的关键。由于女性注重生活角色扮演的天然特性使得女校长在教学领导力方面也体现出这一特点，因此女性的教学领导力有柔性特点和母性的特质。

刘静云[②]采用个案研究的方法，研究女校长 A 的领导特质。她认为领导特质分为人格特质和领导技能特质，通过这两个维度来展现 A 校长的领导特质，并从女性的角度、教育环境和社会环境三方面来分析影响女校长专业发展的因素，最后提出促进女校长专业发展的策略和建议。

4. 关于女校长成长的研究

赵丽莹[③]研究美国女校长超越"玻璃顶"的过程，"玻璃顶"指的是女性在职业中遇到的隐形壁垒，尽管有足够的能力，但也很难晋升到高层。研究者通过描述分析美国北科罗拉多大学女校长的成长之路、治理理念及面临的挑战与应对策略，得出研究结论：家庭和社会环境是女性实现职业梦想的前提条件，女性自身的觉醒和努力是成功的关键，此外还需要家庭和外界的帮助。女性在成功过程中需要有超然的心态和执着的追求，才能克服重重障碍。

许晓[④]选取三位不同年龄阶段的农村女校长作为研究对象，从分析她们在学校管理过程中的行为、对自己的看法以及别人对她们的看法三个维度来展现和分析其成长过程，从外部因素和内部因素、男校长与女校长的成长比较、农村女校长和城市女校长成长环境的比较四个维度来分析农村女校长成长的影响因素，最后提出促进农村女校长成长的策略建议。

① 郭国燕. 农村中学女校长教学领导力形成过程的叙事研究[D]. 兰州：西北师范大学，2015.
② 刘静云. 中学女校长的领导特质及其发展研究[D]. 湘潭：湖南科技大学，2012.
③ 赵丽莹. 超越"玻璃顶"：美国大学女校长案例研究[J]. 理工高教研究，2008（12）：23-26.
④ 许晓. 农村中小学女校长成长的案例研究[D]. 南京：南京师范大学，2011.

（四）文献综述小结

关于校长专业发展的研究数量很多并且内容丰富，主要包括校长专业发展的阶段研究、校长专业发展的途径研究、校长专业发展的影响因素研究和提高校长专业发展的策略研究等。研究的角度以宏观切入的居多，以个案来研究校长专业发展的多为研究影响校长专业发展的因素，其研究方法是通过分析校长的个人成长经历来分析影响因素，其中体现校长个人特征的研究很少。研究校长的个人专业发展就不能忽略其个人的特征，因此，研究校长个人的专业发展需要从微观的视角来切入。

综观国内相关研究，有关女校长专业发展的研究还需要在以下几个方面逐步完善：

第一，随着社会以及人类的进步，公众对学校的教学质量要求越来越高，这要求学校不仅要提高教师的教学水平，还要促进校长的专业发展。校长专业发展在我国起步较晚，没有形成一套行之有效的管理体制，相对于教师的专业发展，我国的校长专业发展，特别是女校长专业发展还不尽如人意。关于女校长的研究主要为成功女校长应具备的素质研究、女校长决策形象的研究、女校长的领导力研究、女校长的成长研究，女校长专业发展方面的研究目前还很少。研究的角度大都是从微观切入的，以质性研究居多，研究校长领导力的居多，难以真正地促进女校长专业发展的实现。

第二，国内对女校长专业发展的理论研究以及实践研究起步较晚，在过程之中遇到了许多阻碍，这一不仅使我国女校长专业发展落后于其他国家，还难以形成一套行之有效的制度。在研究方法的选取上，国内女校长专业发展的相关课题研究往往只停留在理论上，同时在实践过程之中也难以提供一定的框架和依据，导致实践难以做到科学化。

另外许多学者对这方面的研究往往只是进行简单的描述，仅仅通过理论的探索来进行一定的论证，没有注重女校长专业发展过程之中的多样性和实践性，许多研究浮于表面，并没有解决实际性的问题，也无法认识到女校长专业发展过程之中的实质性内容和核心所在。因此，对女校长的专业发展进行深入的个案研究具有重要的实践意义。

第三，从目前我国已有的诸多研究文献之中可以看出关于女校长专业发展的重要文献相对较少，并且许多学者的研究重点放在了城市女校长专业发展之上，缺乏对农村女校长专业发展的关注。许多农村地区办学水平较差，女校长专业发展尤其体现出重要的作用。从实践可以看出，农村地区的女校长专业发展面临着诸多障碍，不管是行政体系上的缺失还是自我组织的缺乏，这些都成为阻碍农村地区女校长专业发展的因素。另外，在推动女校长专业发展的过程中，除了需要促进整个体系的建设之外，还需要促进农村地区的经济发展，加快农村地区的基础设施的建立，从而有效地提升农村地区的教育水平。

第四，研究视角的缺失。国内对女校长专业发展的研究模糊了校长的职责。在大环境下，我国的女校长普遍面临角色冲突。在这方面的研究中，研究者们总是有意无意地去强调女校长作为管理者的角色，而忽略学校组织最本质的要素——人的成长。

由此可以看出，女校长专业发展的研究存在着许多不足之处，因此本章研究需要在吸取前人研究精华的基础之上，对女校长专业发展研究中的不足进行弥补。本章将以农村地区的一位小学女校长为具体的研究案例，站在个人生活史的角度来进行充分的分析，通过对女校长个人生活工作以及各方面实际工作生活经验的介绍来对农村地区女校长的专业发展进行跟踪研究，挖掘推进或阻碍农村小学女校长专业发展的重要因素，以期为农村小学女校长专业发展的研究提供素材。

四、研究思路与研究设计

（一）研究思路

首先通过文献研究，对"校长专业发展"核心概念进行界定，同时归纳出校长专业发展所包含的内容，并梳理出目前女校长专业发展研究现状。然后根据文献研究的结果，选取研究的视角，选定研究的对象，对研究对象进行为期一个月的非参与式观察与访谈，并结合观察与访谈获得研究对象专业发展的资料，在整理观察资料与第一轮访谈资料之后，对其进行第二轮的补充访谈。最后整理材料撰写论文。

（二）研究设计

1. 研究对象

研究对象的选择，关乎研究能否成功。选择一位优秀的校长，才能了解她的专业发展的过程，以及在这个过程中是怎样不断前进的，是哪些因素在推动她前进。这些正是我们需要研究的内容。出于研究伦理的考虑，以下我们以 Y 指代这位女校长。Y 是一所乡村小规模小学的女校长，五十岁出头，教龄三十年。从一个每月只领 40 块钱的代课教师成长为学校教学的骨干力量，再到校长，她的专业成长过程较为丰富，是一位对教育充满热情、真正把教育当成一种事业的农村小学教育工作者。正是这些条件，使 Y 校长成为一个非常合适的研究对象。

2. 研究方法

（1）叙事研究

叙事（narration）是对事件的叙述与描述。叙事是文学中的要素，在文学中，叙事是指通过散文或诗的形式来叙述一个真实的或虚构的事件。"叙事学属于以小说为主的叙事文学的理论。"[1]人们可以通过叙事"讲述"世界，也可以通过叙事"理解"世界。它作为一种行为方式，具有明显的过程性。叙事是让读者可以参与进来以自己的方式去理解，多角度切入，给读者一个开放的空间。同时，叙事又是一种表达与推理模式，使理论丰满起来，把思辨性内容还原到真实的生活中去，将故事展现在人们面前。使抽象复杂、难以理解的观点因叙事而变得通俗易懂。研究教师的最佳方式是抓住人类经验的故事性特征，记录有关教育经验的故事，撰写教育经验及其他阐述性故事。[2]

---

[1] 朱立元. 当代西方文艺理论[M]. 上海：华东师范大学出版社，1997：256.
[2] 丁钢. 声音与经验：教育叙事探究[M]. 北京：教育科学出版社，2008：5.

后现代主义理论家利奥塔（Lyotard）认为叙事知识比科学知识更具有人文学科的价值关怀。20 世纪 80 年代以后，教育研究开始从探究普适教育规律转向寻求情景化的教育意义。①在教育研究中，叙事研究就是通过描述与分析真实教育事件与教育情景，分析和解释教育事件与教育情景背后的深层原因，挖掘教育理念、思想和意义，以达到启迪的作用。教育叙事研究的重要意义在通过对教育生活经验的叙述促进人们对于教育及其意义的理解，寻找一种合适的话语方式或理论方式呈现和揭示生活经验乃至穿透经验。②杰克逊最早使用叙事方法对学校现场活动进行研究。克兰迪宁和康纳利的叙事研究成果是教育叙事研究作为一种科学的教育研究方法的标志。20 世纪末，教育叙事研究开始在我国兴起，学者和教师对教育叙事研究进行了理论探讨和实践探索。

我们将以叙事的方式呈现研究过程与研究结果。

（2）叙事研究与小学校长专业发展的适切性

研究方法"决定着研究工作的成败优劣"，但其"是为所研究的内容服务"的。对于教育者而言，教育是一种生活方式，也是一种日常生活方式。要了解教育，发展教育，就必须了解这种生活方式。当然，生活方式多种多样，以经验事实的方式流动就会构成丰富多彩的教育图景，而要揭示它，教育叙事研究就会成为重要的理论方式。教育叙事在学校和教师中的展开，使我们不仅仅看到了一些具体的行动与做法，更重要的是当这些行动与生活的关联在叙事过程中形成一种富有意义的联系时，教育叙事已经成为解读和研究校长专业发展的一种重要方式。农村小学校长是在日积月累、年复一年的领导管理、教育教学生活中不断历练成长起来的。他们的专业发展状态是与叙事交织融合在一起的。通过倾听、诉说，理解其专业发展故事，分析其影响因素，是校长专业发展的显著探究方式。校长在教育生活实践中所获得的教育经验、教育知识和发展意义用叙事的研究方法呈现尤其具有天然适切性。教育叙事研究的反思性、建构性、微型性、培育性和实践性特征更是与研究校长

---

① 王枬. 教育叙事研究的兴起、推广及争辩[J]. 教育研究，2006（10）：13.

② 丁钢. 声音与经验：教育叙事探究[M]. 北京：教育科学出版社，2008：55.

专业发展过程性不谋而合。因此，农村小学校长专业发展这一问题的研究，选择叙事研究的方法是切合研究的实际需要的。研究者回溯农村小学校长的专业发展历程，探究其专业发展故事，是教育理论关照教育实践走向融合的一种需求，是教育研究走向纵深发展的新趋势。

（3）访谈法

"访谈"是研究者"寻访""访问"被研究者，并进行"交谈"和"询问"的一种活动[①]，通过研究性交谈从研究对象那里收集第一手资料。本章对 Y 校长进行深度访谈，旨在全面了解 Y 校长的个人成长经历、专业发展经历、教育理念、人生观和价值观等。研究者与被研究者在具体的访谈交流过程中，观点、思想的碰撞会构建出一些值得探究和关注的点以及拓展所探讨问题的深、广度。准备好访谈提纲之后进行具体的访谈活动。访谈提纲只是对问题的一个总体预设，在实际访谈过程中应该随机应变，适当地容许片刻"沉默"。当受访者在讲述自己故事的时候，应给予他们足够的空间去表达；当受访者在讲述自己的经历与感受的时候，研究者需要扮演好一个倾听者的角色。同时，访谈之前应该在受访者同意的情况下进行录音和记录工作。

五、理论基础

1. 角色理论

角色理论是研究个体在互动的过程中所扮演的角色及其活动规律的理论。角色理论认为，人的角色行为会受到角色地位及社会对角色期望的影响。人在社会中的地位规定了人的行为，处于何种地位、拥有何种身份需要执行何种行为、履行何种职责。人的社会地位和身份可以通过其任职资格和选拔过程来集中体现，不同的资格和过程都会对于其角色行为产生不同的影响，资格和过程越严格、越专业，角色对其角色的认识就越深刻、越到位，从而表现出更为专业的角色行为。在研究某种社会角色时，不能简单地将注意力只集中在角色的地位、

[①] 陈向明. 质的研究方法与社会科学研究[M]. 北京：教育科学出版社，2000：165.

身份和角色期望上，重点是要研究角色行为。角色行为是角色的外部表现，也是考察一类角色特征的关键。角色又是多元的，一个人可以同时拥有多个角色。

从教师到校长这个成长历程中，人要不断地经历角色转换的过程。校长在此过程中要将每一个角色都扮演好，就需要运用角色理论进行逐一分析，要意识到处于不同的角色中时，自己所处的地位、所拥有的身份、所执行的行为和所履行的职责都有所不同。大多校长都是教师出身，当校长处于教师位置上时，他的主要角色就是教师，他的工作任务就是教书育人，上好每一节课，教好每一个学生。当他处于学校中层领导位置上时，他的角色就发生了转变，他更多是扮演学校的管理者，需要用管理者的思维去思考问题，去进行学校管理。当他成长为校长时，他集教育者、管理者和领导者三个角色于一身。这个时候校长就需要对角色的多元化有一个清晰的认识，并需要在扮演不同角色时，从不同角色的工作需要出发，完成工作任务。

2. 校长专业发展理论

随着社会的发展，职业的专业化范围在扩大，越来越多的社会职业加入专业化进程，专业化的速度也日益加快，内涵越来越丰富。校长专业化是这一大趋势的具体反映。沃特金斯（J.Watkins）认为，社会要求专业人员拥有更多的知识和技能来适应日益复杂的社会变化，专业组织和专业人员面临的压力也越来越大，"持续的专业发展"（continuing professional development，简称 CPD）近年来成为各种社会职业领域专业化的"一个新方向"。

近年来国内系统对校长专业化问题展开研究的是学者褚宏启。他的研究表明，校长专业化有助于提高校长职业的社会地位。不同的职业由于其专业发展的水平不同，其社会地位也有很大差异。"由于那些被社会认可为专业的职业群体一方面对社会有不可或缺的功能，社会赋予从业人员极大的责任并提出了很高要求；另一方面，从业人员在掌握专业知识和技能、履行社会职责过程中要花费更多的社会必要劳动时间，因此专业群体拥有更多的社会地位资源，如权力、工资、晋升机会、发展前途、工作条件、职业声望等。换言之，能占据社会分层中的较上层。因此，对于一些新兴职业来说，其专业化的过程就是提升职业群体社会地位的过程。"校长是社会分层中的一个阶层，校长专业化的一个重要目标就在于争取专业的地位、权力和权利，力求集体向上流动。

赵其坤指出，校长专业化主要是强调校长群体的、外在的专业性提升。而从专业化到专业发展，则是校长个体的、内在的专业水平的提升。陈玉现进一步解释，校长的专业发展首先是校长专业精神的增强。其次是指校长领导与管理水平的持续提高。由这两个定义来看，校长专业发展主要是指校长内在专业品质的提高与发展。因此，校长要自觉承担专业发展的主要责任，激励自我，通过自我反思、专业结构剖析、专业发展设计与计划拟订、专业发展计划实施和专业发展方向调控来实现专业发展和自我更新。

褚宏启提出，一个校长实现专业发展，可以从以下五个方面体现出来：

第一，专业理念。专业理念是主体在对专业工作本质理解的基础上形成的关于专业性质及专业发展的观念和专业情意。校长的专业理念包括学校管理观、教师观、学生观、教学观等，它们决定着校长管理活动的目标、过程及方式，决定着校长对教师、学生的态度以及校长为促进教师和学生的发展所从事的具体实践活动，决定着学校的特色及未来发展方向。

第二，专业知识。校长作为学校教育管理专业人员，必须具备系统、完善的专业理论知识。校长要通过各种途径不断更新自己的专业知识结构，丰富自己的知识内涵。

第三，专业能力。校长的专业能力主要指校长有效地开展学校管理工作所必备的个性心理特征和实际技能，如组织能力、决策能力、人际沟通能力、创新能力、指导科研能力、信息能力、应变能力、抗挫能力和持续发展能力等，这些能力是校长进行专家型管理的基础，是学校高效管理的决定因素，也是确立校长为专门职业的重要条件。

第四，专业伦理。专业伦理是指在专业环境下，专业人员所具有的道德标准、行为规范、专业服务态度、专业人员与客户间的关系以及专业服务的社会影响等。校长的专业伦理包括职业道德、行为规范以及校长的专业态度和动机。作为一名专家型校长，拥有崇高的职业道德和职业操守、端正的专业态度和动机是必不可少的。

第五，专业发展意识。专业发展意识是保证校长不断自觉地促进自身专业发展的内在主观动力。校长的专业发展意识，包括对自己过去专业发展过程的意识，对自己现在专业发展状态水平所处阶段的意识以及对自己未来专业发展的规划意识。一个校长如果具有高度的专业发展意识，他就能不断调整自己的专业发展方向，始终努力向自己的专业发展目标前进。

由此可见，校长专业发展是一个逐步提升专业素养和专业技能的过程，需要通过不断努力才能实现。

第二节　乡村小规模小学女校长专业发展的深描

一、关爱同事和学生

1. 她像妈妈一样温暖

女性拥有自身独特的性别优势，会在管理活动中表现出不同的领导风格和管理方式。加拿大著名管理学家亨利·明茨伯格曾说，组织需要培育，需要照顾关爱，需要持续稳定的关怀。关爱是一种更女性化的管理方式。

访谈中，Y校长的同事 A 说：

Y校长经常会从家里给大家带些好吃的，她自己做的凉粉、包子，等等，有时候中午她也在学校，带饭大家一起吃。九月刚开学，山里天气多变，我感冒了，新生报名等工作又需要人手，我心里着急，可整天头昏沉沉的。Y校长的家就在村子里，她看在眼里，回家专门给我做了清淡的稀饭和菜，还把家里的药拿给我，把家里自己种的菜拿给我，她还让我到有空调的教室去上课。我感觉她像妈妈一样温暖，心里好感动。我要好好上课，回报她。

由于走教制的实行，每一年都会有走教教师到这个学校，更换频率比较高，而且来的大多是新手教师。Y 校长给了他们母亲一样的关爱，他们也给这所小规模小学带来了新鲜的血液和活力。

2. 让孩子们漂漂亮亮地过节

有了走教教师的校园也有了生机，"六一"的演出虽然是头一次，但学生和老师们都很重视，投入了大量的心血。访谈时同事 B 老师说：

经过近一个月的排演，大家对"六一"的节目充满了期待。记得"六一"儿童节的早晨，一大早 Y 校长就叫来了学生，说要给学生收拾衣服、洗脸之类的。我当时很惊讶，就问她为啥不让家长来做，她说不放心，多数孩子只有爷爷奶奶在家，这些事做不来。其实平常她也会到学生家里帮忙收拾衣服的，更何况今天对于孩子们来说是一个很重要的节日，一定要让他们开开心心、漂漂亮亮的。给孩子们收拾完，她还交代我们要给学生画个可爱妆。

我当时默默地说了句"老师做到这种地步真的是太了不起"，内心的敬佩之情油然而生，榜样就在眼前。

3. 给每个孩子一本书

教学中要做个有心人，从点滴入手、从小事做起，这是 Y 校长最突出的品质。她说：

义务教育免费发放课本，但是个别学校的音乐、美术等新课本是不够的，我和家长说把孩子用完的书放到学校，家长也很通情达理，每年升高一年级同学的书就这样留下来，一年一年攒起来，一个班十个人左右，慢慢地每个学生在开学时就都有课本了。

二、勇于面对变革与挑战

1. 学习教育技术手段

Y 校长所在的学校配备了较为先进的教学设备，开通了班班通。访谈时她说道：

自我任教以来，通信设备发生了巨大的变化。学区开会由最初的捎话、写信通知，变为后来的电话通知，再到现在的QQ、微信通知，再加上 Word 文档的制作、表格的创建与上传，这给乡村学校的发展带来了极大的便利，但同时也给我们这些年龄稍大的教师带来了挑战，没有退路，只能硬着头皮去学。有一次我想用课件上一节语文课，并且请了年轻老师来指导。课前只是开机找课件这个环节就练习了好多遍。

同事 B 也介绍说：

她说你们年轻人想法新颖，教育理念先进，我常年不出门，需要不断向你们学习。在课件制作过程中，Y 校长对我说："我在这方面是零基础，你真的可以教我吗？我年龄大了，我能学会吗？"可以看出她还是在怀疑自己的能力，但为了提升自身的教学水平，她还是愿意去尝试。

刚开始她只是会按电脑上的电源键开机，慢慢地对于一些简单的操作，她还是能够跟着我说的步骤去完成，比如找到桌面上的一些软件、输入汉字搜寻想要的结果、下载一些简单的图片。对她来说最困难的是下载课件进行修改，并插入音频和动画。第一遍说了，忘了；第二遍说了，也忘了……如此重复了好几遍，她才能勉强做下来。其间，她告诉我，她想过放弃，但最终还是坚持了下来，她是这样告诉她自己的，"教的人还在教，学的人就更应该上点心。"

Y 校长好学的脚步从未停歇过。班班通对教学而言是必不可少的。班班通孩子们喜欢，新老师用得熟练，语文、数学两科的图片很丰富，小学生感兴趣，她也试着学了很久。同事 B 说：

记得在一次课外活动时间，学校老师都在一年级教室研究班班通的使用方法，当然，Y 校长也在场，在说到每一步具体操作时，她都要求我们说慢点。我看到她往本子上记操作步骤，听得极其认真。当真正打开里面的东西时，她满脸惊讶，说道："哇！竟然这么好，能把练习题设计成游戏动画，也有现成的课件，有范文朗读，有动画，有教学设计……空闲时间还可以让学生看个小电影。"反正是一边掐着指头一边感叹了很多条。她内心的激动、兴奋难于言表，她有着对新事物的强烈的探究欲，在她的教学概念里，永远有"学习"二字驻存。

2. 蜕变中的课堂教学

"课时重、活动多、压力大"是小规模学校教师的共同感受。Y校长所在学校的老师也不例外，教师基本是包班的，Y校长除了音乐、美术和体育不上，一年级的所有课程包括科学、品德等她都要上，学校几乎没有任何教研活动。走教制实行后，学区每周二、四晚上是集体备课时间，由教育园区教研教改中心统一组织开展，以镇中心小学的教研组为主体，建立各小学和教学点的互动联合体，把全学区教师统一编为语文、数学、英语、音体美四个教研组。各学科组分年级进行集体备课，研讨交流。为了方便教师及时学习借鉴，园区建立了QQ群、微信群和个人空间，将优秀教学课例、教学叙事、教学课件等资源上传到教学资源网上，并及时更新。通过集体备课形成教案，统一打印。但是Y校长认为集体备课有精华的部分可以保留，不同学校的学生也有自己的特点，要求自己学校的教师根据学生特点重新修改，再次备课，形成新教案。她是一个在工作中喜欢琢磨、不断反思的人，一次县里组织的送教下乡活动深刻影响了她：

原来最少的时候是8名学生，我一个人教一、二年级和一个学前班，根本没办法排课表，两个教室轮流跑，在这个教室上课，还要操那个教室里孩子的心。每天连轴转，音体美课根本就没办法开，除了身体累，心里的压力也特别大。现在有了走教教师，课不仅开齐了，我的工作量也小了，有时间思考怎样改变教学方法问题了。以前的语文课教学，我认为低年级教怎么读、怎么写就可以了，课堂上我是主角，老让他们死记硬背，根本就没想过用"形象记忆法"这种方式，一节课下来，我可以说是讲得口干舌燥，学生们也听得筋疲力尽，最终学生还是什么不知道。听了培训老师的课，我进行了反思总结，应该充分发挥学生的主动性。我深有感触，改变了以往的传统灌输的教学方式，备课难度大了，课前准备多了，教学效果提高了，而且我还发现学生变得比以前有胆量了，遇到问题，主动跟老师沟通，语言表达能力方面也有了相应的提高。

为了适应低年级学生学习的特点，她不仅掌握了学校的现代化教学手段，最基本的绘画也不放过。同事C是这样描述的：

有一次她看见二年级教室里新换了墙报，她很喜欢，想学着画，我以为她只是说说，结果课外活动我去教室检查卫生时，发现她坐在教室最后一排正认真地画着，画得很入神，我示意学生不要打扰她，然后悄悄退出了教室。第二天，她拿着着了色的画让我看，每张画上面一次次用橡皮擦改过的痕迹以及一笔笔涂上去的色彩深深感染了我。我感动于年过五旬的她那份执着与坚定。

她鼓励我们针对小学生的年龄特点使用教具。教具的制作需要很多原材料，尽管学校经费紧张，她还是很支持。为了激发学生的学习兴趣，更好地配合教学，她还给学生们购买了许多小奖品。

三、我是最小学校的校长

校长不仅需要提升自身专业发展水平，更担负着带动乡村教师专业发展甚至促进乡村学校变革的重要使命。而"没有教师合作文化的深层次支撑，任何教师发展和学校教育革新改善都将是表面和临时的"[①]。平时 Y 校长常说年轻人一定要有教学热情，要有创新，要坚持学习。她自己就是与年轻人一起成长的。

1. 学校有了幼儿园

走教制的实行引起了全国各地的关注，前来学习、观摩的人也很多。Y 校长争取到了一个企业项目二十多万元资助，建了一个幼儿园。对此，Y 校长说：

因为有了幼儿园，家长都很高兴，孩子可以就近上学了，村民们还夸我有本事，我常想我快退休了，要尽量把这个学校建好，留住尽可能多的学生。夏天热，冬天冷，家长接送孩子到镇子上的中心校上学不容易，现在孩子渐渐多了，老师负责任，家长也很放心。

新教师在音乐、美术和体育方面都比较强，给校园带来了变化，学校有活力了，原来在中心幼儿园上学的孩子也转回来了，从原来的

---

① 饶丛满，张贵新. 教师合作：教师发展的一个重要路径[J.]教师教育研究，2007（1）：12-16.

10 个、11 个，到现在已经有 19 个孩子了。

"希望多来一些好老师，我们也就不想把娃转到县城去了。"学生家长 A 说，"娃娃喜欢唱歌，现在有了这些专业的好老师，我们也就心安了。"

以前整个学校就我一个代课老师，每天教完数学教语文。像音乐、美术等这些课程我没学过，也没给孩子们开过。从这学期开始，来了这几位"走教"的教师后，孩子们更爱学习了。

2. 我们一起建设美丽的校园

学校需要有一种共同愿景，这种愿景是校长倡导的，是由校长的视野决定的，是与学校全体成员共享的精神追求①。Y 校长利用乡村小学的资源，带领教师改善学校校园和班级环境，打造出富有特色的校园文化氛围。对此，Y 校长说：

学校的文化氛围塑造是十分重要的，它可以潜移默化地影响学生形成良好的行为习惯。以前的校园学生少，老师少，我一个人，不会写，不会画。这几年有了幼师和小教专业的毕业生来学校走教，我和他们一起商量，在教室和校园的墙壁上画点什么，写点什么，装饰校园，影响学生。我们以农村孩子常见的蔬菜、植物、动物的简笔画为主，设计了一些励志板块。学生们特别喜欢美术课，总是围着老师问这问那，画画，填色，想象力可丰富了。花草树木、小动物，他们熟悉，染色很漂亮，和老师一起动手装饰了校园。

园区实行的整合师资后的配送制让山村教师们由"固定人"变成了"公共人"，成为"公共人"的教师。镇政府和学区按各小学教师的余缺情况统一调整，教学点所需教师由所分包的完全小学派教师轮流包教。农村尤其缺少英语及音、体、美等专业教师，通过资源整合，政府接送这些专业教师以巡回走教的形式促进全镇各校学生均等享受教育资源，提高教育教学质量。

小规模学校受师资编制限制，班级管理和教学大多采用原始的教师"包班"方式，一些专业性很强的课程如音乐、美术、体育、信息技术等由于缺少专业教师无法开设，课程开设不全是普遍存在的问题。

---

① 张俊华. 教育领导学[M]. 上海：华东师范大学，2008.66.

教师"走教制"打破了传统的空间、班级的制约，整合了教师资源，使优秀师资得到共享，让比较稀缺的音、体、美等专业教师流动起来，而不是只局限于一个学校，保证了整个片区的教育教学能够达到国家规定的标准，顺利完成教学任务。[①]

王老师的音乐课每学期给学生们教 10 多首歌，老师将课堂录像了，放在学区的网页上，激发了学生们的学习热情，家长看了也高兴。这在我们农村学校已经很不容易了。家长也说，学校有新老师，有学习机的朗读声、学生上操时的广播声、音乐课上学生的歌声，等等。学校有声音了，学生的潜力发掘了，这些以前是不敢想的。以前几乎只有我一个人，校园里孩子们静悄悄的，我也不愿意多说话。气氛很沉闷。现在不一样了，我自己也心情愉快了。

在与 Y 校长聊天的过程中，她尽量说着普通话，她说学校提倡师生说普通话，走教的新老师说普通话，课上课下都说，与学生很亲近，这种影响特别好，她自己也就带头学着说。学生们有礼貌了，上学放学见到老师都能主动向老师问好。提到校园文化，"六一"儿童节文艺演出是必须要说的。

"六一"我们准备了九个节目，有唱歌，有跳舞还有朗诵。老师们认真排演节目，全体学生都要求积极参加，家长提前给孩子订好了服装。像过年一样，我们热热闹闹地演了一回，家长们看到了孩子的变化。

第三节　影响乡村小规模小学女校长专业发展的因素分析

一、教育变革

L 教育园区建成运行，实行教师走教、校点一体化管理，教师由

---

① 王翠，车丽娜. 走教制：乡村学校课程资源开发的新举措——以西营地区课程资源开发实践为例［J］. 当代教育科学，2012（1）：25-28.

园区统一调配，教学由园区统一安排，教研由园区统一组织，教师住宿由园区统一保障。园区通过整合教育资源，改善农村教师的工作和生活条件，最大限度地解决农村孩子上学难的问题。每一所学校包括教学点都接通了互联网，配备了电子白板、一体机、实验仪器、手风琴、图书、体育活动器材和课程资源，保证可以流动交互使用。这有效保证了山区各校学生享受公平优质的教育，走出了探索贫困乡村教育均衡发展新路子的第一步。变革的发生需要局内人与局外人的共同作用。教育变革带来了机遇与挑战，Y 校长面对挑战，在日常工作中不仅自己不断加强学习，提升专业化水平，发挥引领和示范作用，还与教师们一起构建学校发展愿景，积极争取项目资源，创建良好的校园文化，体现对师生的人文关怀。她鼓励教师们相互帮助、相互学习，开展听课、评课、集体备课等教研活动，使自己所在的乡村小规模小学焕发了生机与活力。

二、自主发展意识

现代社会"时空重组加之抽离化机制的拓展"①使个体从特定的地域和场所的控制中脱离出来。随着城乡教育均衡发展速度的加快，Y 校长作为乡村教师的自我身份认同也随着社会身份规定性与期待的转化而发生了变化。她开始选择而且更为注重自我发展和生活方式。当新教师带来了新的教学理念、教学方法，带来了生机与活力，也使 Y 校长不得不面对新的挑战。"自我不是由外在影响所决定的被动实体。……对于那些在后果和内涵上都带有全球性的社会影响，个体也会对此有增强和直接的促进作用。"②此时，自主发展意识显得尤为重要。教师的自主发展意识是教师专业发展的核心，是教师专业发展的起步，也是教师专业发展的内在动力。独立的自主发展意识使教师的专业发展呈现出更加旺盛的自觉性和主动性。自我发展意识增强是校

① 安东尼·吉登斯. 现代性与自我认同［M］. 北京：中国人民大学出版社, 2016.1.
② 安东尼·吉登斯. 现代性与自我认同［M］. 北京：中国人民大学出版社, 2016.2.

长专业成长的前提。①

有了渴望自身成长的动机才能形成自我发展意识，进而促进校长专业上的成长。作为农村小规模小学女校长的 Y 校长抓住了机遇，根据学校和自身实际情况制定发展规划，树立自我发展信念，对学校和自身发展进行清晰定位；明确自身担负的责任和使命，积极学习在城乡一体化转型发展过程中面对不同学生所需的知识和技能，不断把握发展契机，强化自身能力。她经常告诫自己："不试试怎么知道。"

三、其他人的支持

1. 同　事

近年来，研究者认为校长的教学领导角色应从"教师能力检测器"转向"教师成长调解器"②，"与教师进行协作探究，提供反思、交流、专业成长的机会，发展专业化的学习社区是校长教学领导角色转变后的主要职能"③，Y 校长的专业成长离不开她个人的勤奋努力，周围同事的合作支持也是必不可少的。在她面对教育技术的挑战时，同事们不厌其烦地一次次手把手教她；当她在接手管理工作有所退缩时，又是同事们及时伸出帮助之手。这使她认识到：在前进的道路上，困难算不了什么，只要你敢闯，就一定能有所成就。人一定要自信，不要因自卑心理而毁掉放在自己眼前的机会。

园区有一位领导，时常来我们学校检查教学工作，他明确告诉我，我在创新方面很欠缺，但是在教学各个方面还是比较扎实的。新学期开始之际，他打来电话叫我到园区开会。让我诧异的是，去了才知道他是想让我来接手学校校长之职。我当时就推脱，因为我觉得我没有

---

① 张凌云. 一位农村小学校长专业发展的个案研究[D]. 曲阜：曲阜师范大学，2012：23-32.

② Mark H M & Printy S M. Pricipalleadship　and　school performance：An integration of transformational and instructional leadship.Educational Administration Quarterly，39（3），370-397.

③ Mitchell C & Sackney L. Building school, building people：The school principal's role in a leaning community.Journal of school leadship，16（5），627-639.

能力胜任，更何况，我们学区所属学校里没有一个女校长，我决定不当这个校长。在被我拒绝之后，他当时表情还是很淡定，说道："小路走尽还有大路，只要不停地走，就有数不尽的风光，我之所以把校长之位托给你，是因为我相信你肯定能做好，你不试怎么知道？就这么定了，以后有什么问题，你打电话给我，我们帮你。"就这样我被迫上任，做了一名校长。

任何事，要大胆放手去做，顾虑得太多，在一定程度上会阻碍前进的步伐。

2. 家庭成员

（1）父母

上学期间，家长的支持是每个学生得以成功的基石。父母作为子女的第一监督人，引导子女向目标前进。父母的思想及处事模式直接影响子女的生活方式。Y校长也提及：

我之所以今天能站到讲台上，主要受母亲的影响。为什么这样说呢？主要是我自小就在母亲的呵护下成长，她也时常告诉我当老师多好哇！而且她有时还会举出很多例子来，教育我要好好学习，朝教师职业努力。她也不了解其他行业，只觉得教师有威望，一旦进入这个行业，就等于抱住了属于自己的"铁饭碗"，对于我们女性而言，是不二选择。她也告诉我，她不要求我大富大贵，只希望我可以改变命运，不要重复她的老路，有个稳定的职业，生活平稳就可以了。所以在我的脑海中，好像我的奋斗目标从来都是当老师，没有变过。

（2）配偶

社会生活中人们所扮演的角色是"一定社会身份所要求的行为方式及其内在的态度和价值观基础"[①]。当代女性的社会角色主要体现在社会生活和家庭生活中。在社会生活中扮演现代职业女性角色，在家庭生活当中充当女儿、妻子和母亲的角色。当个体的角色行为与角色认知或角色期待不协调时，角色冲突就会发生。这种现象普遍存在于职业女性身上。Y校长能以一个代课教师的身份从事教育工作 30

---

① 乐国安. 社会心理学[M]. 北京：中国人民大学出版社，2009：128.

多年，当然与她丈夫的支持密不可分。说到这一点，Y校长脸上充满幸福的表情说道：

打从我当教师开始，丈夫基本上常年在外打工，只有在农忙时才回趟家。平时，我都是上班带着孩子。下班了，让孩子们都待在家里，让大的照顾小的，自己就匆匆忙忙赶到地里干会儿农活，打理一下家里面的琐事。如果丈夫回家了，他比较勤快，知道我也没太多时间忙那些，就自觉安排他自己的活儿，有时甚至忙完之后还会帮我打理一些学校事务。总体而言，他的理解、包容与支持在一定程度上也推动了我事业的发展，使我将更多的心思投入教育事业当中。

我丈夫确实在这方面对我很理解，有时，上级领导要来检查学校，他都会来帮我。如果上面要一些文件，我晚上加班赶，他看到我辛苦，便会帮我一起做，即便他忙到很晚，也会让我早点休息。在这方面，他确实做得好，我也感到很欣慰。

我从来不在乎村里的人说什么，我也很明确自己的职业究竟是怎样来的，如果没有经济压力和丈夫的退让，我不可能走上教师职位，顶多待在家照顾子女，扶持丈夫事业的发展，所以在心里，我从来没有觉得丈夫不如自己，甚至在家庭事务方面，我也始终听从丈夫的。

小　结

乡村教师作为乡村知识分子、是乡村教育的主体，主动承担着教育乡村儿童的作用。学校作为一个开放系统，必然会与社会环境发生某种相互作用。当前我国正处于社会转型期，城镇化进程日益加快，虽然国家重点扶持乡村教育，但是乡村小学发展仍然面临许多困难。实现乡村教育现代化仍然需要各界人士共同努力。

叙事研究注重"谁讲故事"，既可以"我讲他的故事"，也可以"他讲自己的故事"。在讲述乡村小学女校长专业发展故事的过程中，为了尽量保证故事的真实性，我们选择了"她讲自己的故事"。用故事的形式来展现校长真实的专业生活，并由此更清晰地认识和理解乡村小学女校长，理解她是如何面对职业生涯中遭遇的困境与压力的，理解她的专业发展。我们用"两条腿走路"的方式，即一脚踏着理论、一脚紧跟实践，在实践与理论之间来回穿梭。透过 Y 校长的专业发展故事，了解实际的专业发展是以行动、以做好当下之事来体现的。读者可以通过故事感受女校长专业发展的行为表现，通过理论分析透视其专业发展的内在结构。

在教育领域中，尤其是中小学校里，女性教师比例很大，然而女校长却很少。校长需要付出大量的精力，而女性要面临养育孩子、照顾家庭等问题。这些对女教师成长为校长提出了重大挑战。我们研究者发现优秀的女校长身上兼具男性和女性的不同品质，她们不仅意志坚定，善于统筹规划，而且还比男校长多了心思细腻、富有情感、观察敏锐和善言辞等特点。她们富有创新意识和想象力，善于倾听教师的想法，通过引导的方式促进教师的发展；善于用情管理，通过建立和谐氛围来凝聚教师力量，进而促进学校整体的发展。

在农村小规模学校中，营造和谐温暖的氛围将会更加有利于学生的成长。女校长有男校长所没有的许多优势，但是要成长为校长却需要比男性付出更多的努力，面临更多的挑战，因此我们应该多重视女校长的培养，关注女性校长成长，加强女性校长专业发展建设，为女性校长的专业发展提供更多的便利通道和条件。

专题二

乡村小规模学校教师专业发展研究

- 引　言
- 乡村小规模学校教师专业发展的困境
- 乡村小规模学校教师专业发展困境的原因分析
- 乡村小规模学校教师专业发展走出困境的对策和建议

第一节 引 言

一、问题的提出

乡村教育问题关乎我国整体的教育水平和质量。乡村教育是我国教育的重要组成部分和薄弱环节，乡村教育质量的提高在缩小城乡差距、保证教育公平、推动城乡一体化建设、推进社会主义新农村建设等方面发挥着不可替代的作用。教育事业的发展关键在教师，提高乡村教师专业发展水平有利于提高乡村整体教育教学质量。

国务院在《乡村教师支持计划（2015—2020年）》中提出："全面提升乡村教师能力素养，把乡村教师培训纳入基本公共服务体系，整合高等学校、县级教师发展中心和中小学校优质资源，建立乡村教师、校长专业发展服务体系。"[①]这反映出国家对于乡村教师的职后发展的关注和重视。但是目前乡村教师的专业发展现状并不乐观，存在着诸如职业认同感低、职业倦怠、学历偏低、专业培训机会少、自身专业发展意识淡薄、专业技能水平低、专业发展经费短缺，合作交流机会少、专业引领资源匮乏等一系列问题。

乡村学校中有一类特殊的学校，即乡村小规模学校。据教育部统计，截至2017年年底，全国有乡村小规模学校10.7万所，占乡村小学和教学点总数的44.4%；在校生384.7万人，占乡村小学生总数的5.8%。[②]由此可见，乡村小规模学校数量占比相当高。但是乡村小规模学校教师的专业发展现状令人担忧，具体表现在专业发展基础薄弱、

---

① 国务院办公厅关于印发乡村教师支持计划（2015—2020）的通知. 国办发〔2015〕43号. [EB/OL]. http://www.gov.cn/zhengce/content/2015-06/08/ content_9833.html.
② 教育部解读《国务院办公厅关于全面加强乡村小规模学校和乡镇寄宿制学校建设的指导意见》. [EB/OL]. http://www.gov.cn/zhengce/2018-05/11/content_5290308.html.

专业发展条件缺乏、专业提升意识欠缺、代课教师所占比例大、教师职业认同感低、职业倦怠、专业发展动力不足、资源稀缺、专业发展途径有限、培训低效、培训内容学用脱节等方面。

乡村小规模学校教育的质量关乎乡村整体教育，乡村整体教育质量影响全国的教育水平。国家对乡村教育的关注度和投入力度逐年增强，但乡村小规模学校因老师、学生、班级数量少，地理位置偏远，交通不便而长年受到忽视。其中，乡村小规模学校教师的专业发展存在困境，找不到突破口，长期停滞不前。因此，政府和社会有必要把注意力转移到乡村小规模学校，提出促进乡村小规模学校教师专业发展的应对策略。

笔者曾是一名乡村小规模学校的教师，在甘肃省有两年的工作经验，所在学校地理位置偏远、交通不便、学校硬件设施落后、师资力量薄弱。该校经 2008 年后重建，从教学点升级为小学，是典型的乡村小规模学校。笔者深知乡村小规模学校发展的速度非常慢，教师的专业发展面临困境，存在各种问题。笔者因对其中存在的问题和发展的状况有亲身体悟，故在后来读研期间一直思索目前整体乡村小规模学校教师的专业素质结构是怎么样的，具有什么样的特性，专业发展意识怎么样，到底是哪些具体因素影响了乡村小规模学校教师的专业发展。因此，本章以乡村小规模学校教师专业发展中存在的问题为切入点，并在相关研究的基础上提出相应的建议。

二、研究目的

乡村小规模学校教师的专业发展影响着教师的整体素质，也影响着教学的质量。本章立足于乡村小规模学校教师专业发展的现状，通过对乡村小规模学校教师队伍进行问卷调查和访谈，探讨乡村小规模学校教师专业发展面临的困境，并剖析和整理影响其专业发展的因素，为乡村小规模学校教师专业发展找寻行之有效的策略，以期为其他乡村小规模学校教师的专业发展提供参考。

三、研究意义

1. 理论意义

乡村小规模学校教师具有其特殊性，以乡村小规模学校教师专业发展困境为主题的实证研究可以拓宽研究视野，积累实证研究素材，对于丰富乡村教师专业发展的相关理论研究具有积极的意义。

2. 实践意义

本文选取 T 市 S 镇 15 所乡村小规模学校的 102 名教师为研究对象，对其进行调查研究分析，了解教师队伍的专业发展现状，对乡村小规模学校教师的专业发展困境进行分析，找出影响小规模学校教师专业发展的因素，最后提出促进小规模学校教师专业发展的有效策略，从而引导教师们反思，促进其教学水平的提高，提升教学质量。笔者期望借此能引起政府、社会、学校对乡村小规模学校教师专业发展的关注，对乡村小规模学校教师的专业发展有一定的推动作用。

四、研究思路

笔者选择 T 市 S 镇为实地调研地点，走进 15 所乡村小规模学校，以学校的 102 位乡村小规模学校教师为研究对象；通过问卷调查法和访谈法了解乡村小规模学校教师专业发展的困境，并挖掘影响小规模学校教师专业发展的各方面因素，最后探讨乡村小规模学校教师专业发展脱离困境的对策和建议。

五、研究对象与方法

1. 研究对象

本研究以 T 市 S 镇 15 所乡村小规模学校的教师为抽样样本进行调查，发放调查问卷 106 份，剔除无效问卷 4 份（如表 2.1）。本研究选取 2 名校长和 7 位教师为访谈对象，深入访谈了解乡村小规模教师专业发展存在的问题和影响因素。

表 2.1 调查对象分布表

学 校	学 生	教 师	师 生 比
PT 小学	51	11	1：5
GJ 小学	42	5	1：8
JW 小学	25	9	1：3
DD 小学	59	12	1：5
TX 小学	16	6	1：3
SY 小学	19	4	1：5
YS 小学	7	4	1：2
DP 小学	37	10	1：4
LC 小学	47	8	1：6
HB 小学	41	8	1：5
ZB 小学	27	5	1：5
ZP 小学	31	14	1：2
TY 小学	1	1	1：1
HX 小学	13	5	1：3
ZW 小学	11	4	1：3

之所以选择 T 市 S 镇源于以下考虑：第一，T 市 S 镇的乡村小规模学校偏多，给样本的选取提供了方便。第二，T 市 S 镇乡村小规模学校有较长时间的办学历史。特岗教师和代课教师是乡村小规模学校的重要组成部分，能代表当前大多数乡村小规模学校教师专业发展的现状。第三，调研之前，笔者对该地区进行了了解，在跟学区校长和教师说明调研的内容和目的后，他们对教师专业发展课题很感兴趣，加上自己在专业发展方面也存在困惑，所以愿意积极配合完成调研，这使得调研具有针对性，调研过程顺利。

2. 研究方法

（1）文献法

文献法是通过文献资料进行查阅、分析、整理从而探索研究问题的一种研究方法。笔者搜集和梳理了有关教师专业发展、乡村教师专业发展以及乡村小规模学校教师专业发展的文献，借鉴了相关领域的研究成果，为本章的开展做铺垫。

（2）问卷调查法

问卷调查法是指根据研究主题涉及的内容，制定系列调查项目及反应选项，以书面的形式形成问题册，要求被调查者以书面形式对每个调查项目进行反应。研究者在问卷回收后进行数据处理和分析，得出研究结论。

本章对 T 市 S 镇 15 所乡村小规模学校的 102 名教师进行了专业发展困境问卷调查，问卷涉及教师个人基本情况、专业发展的理念、专业发展知识、专业发展能力以及专业发展影响因素等。通过分析问卷结论，发现问题，为研究提供科学的数据和材料。

本次调研采用的问卷，笔者参考了邓泽军教授《中国西部农村教师专业发展策论》附录的调查问卷 "城乡教育统筹背景下西部乡村教师专业化发展问卷调查"，并根据乡村小规模学校教师的特殊情况，采纳乡村小规模学校教师的建议进行了修改（如表 2.2）。

表 2.2　调查问卷纬度和题目

类　目		题　项
教师基本信息	性别、年龄、教龄、身份、学历、最高学历获取方式、工资	第一部分 1～7 题
教师专业发展状况	专业理念	第二部分选择题 11、14、22、29 题
	专业知识	第二部分选择题 16、17、18 题
	专业能力	第二部分选择题 12、13、19、20、27 题
教师专业发展影响因素		第二部分选择题 1、2、4、5、6、15、23、24、25、26、28 题

（3）访谈法

本章研究主要采用非结构性访谈，根据事先设计好的访谈提纲与被研究者进行访谈。访谈提纲只有访谈项目，没有选择项，访谈对象依照具体情况，根据项目所询自由回答。通过多次访谈，对访谈者所说的内容进行详细的记录，最后进行编辑、整理、分析和综合。T市S镇被访谈的对象包括5名男性教师和4名女性教师，其中2名是校长，7名是教师。通过访谈以了解乡村小规模学校教师专业发展面临的困境，了解他们真实的内心想法。以下是访谈提纲和访谈教师的基本情况（如表2.3）：

表2.3 访谈教师基本情况表

访谈序号	性别	年龄	教龄	学历	任教科目
A老师	男	40	18	大专	语文和英语
F老师	男	50	32	中专	数学、体育和美术
W老师	男	27	5	本科	数学和体音美
Z校长	男	48	27	大专	数学
L校长	男	53	34	中专	数学和美术
B老师	女	55	35	初中	语文和体音美
Y老师	女	24	2	大专	英语和体音美
C老师	女	36	15	大专	数学、科学和英语
D老师	女	50	30	中专	语文和美术

访谈提纲包括教师访谈提纲和学校领导访谈提纲。

教师访谈提纲包括六个方面：第一方面主要针对乡村小规模学校教师教学中的困境；第二方面主要针对乡村小规模学校教师对专业发展的认识；第三方面主要针对乡村小规模学校教师的工作量和压力；第四方面主要针对乡村小规模学校教师的职业倦怠和专业发展动力；第五方面主要针对乡村小规模学校教师的专业发展主动性；第六方面主要是对乡村小规模学校教师培训情况的探讨。

学校领导的访谈提纲包括三部分：第一方面主要针对学校在乡村小规模学校教师专业发展中面临的困境；第二方面主要针对目前学校在乡村小规模学校教师面临专业发展困境时而采取的措施；第三方面是在促进教师专业发展方面，乡村小规模学校教师对政府和社会的诉求和建议。

六、文献综述

（一）概念界定及理论基础

1. 概念界定

（1）乡村小规模学校

由于国内外研究者们有关小规模学校研究的理论基础不同，因而对乡村小规模学校的定义界定不同。

Sigsworth A. Solstad（2001）认为："（乡村小规模学校）是指位于乡村偏远地区，为满足当地学生就近入学的需求而设立的学校，学校具有规模较小、学生人数较少、教师数量少等特点。学校的规模大小也没有一定的标准。"[①] 雷万鹏教授（2011）认为："小规模学校中的学生数量较少，远低于教育部门规定的学校的标准。教学点、一部分完全小学和不完全小学都属于小规模学校，这些学校主要分布在经济落后而且交通不便、人口较少的乡村地区。我国在实施义务教育学校布局调整中，把在校学生人数是否达到100人作为一个标准。"[②] 赵丹（2012）认为："复式学校也属于小规模学校，中国的教育统计口径中，往往将其称为教学点或者村小。"[③]

本章中乡村小规模学校指地理位置偏远、交通不便、师资力量薄弱、教师人数少、学生人数少于100人的学校，包括村小和教学点。我们参考雷万鹏教授的定义，将在校学生人数少于100人作为界定小规模学校的一个标准。问卷调查中选取的学校在地理环境、学生人数、班级的数量、师资情况等方面都符合乡村小规模学校的要求。

（2）教师专业发展

关于教师专业发展，我国学者有两种观点：第一种观点是教师专

---

① Sigsworth A, Solstad K J. Making small schools work: A Handbook for Teachers in Small Rural Schools [M].UNESCO International Institute for Capacity Building in Africa, 2001.11.13.

② 雷万鹏，张雪艳. 论农村小规模学校的分类发展政策[J]. 教育研究与实验，2011，（06）：7-11.

③ 赵丹，范先佐. 国外农村小规模学校研究综述[J]. 外国教育研究，2012，（2）：98-105.

业发展是教师的"职业"的发展。第二种观点是教师专业发展是教师专业素养不断演变完善的过程。叶澜教授把教师专业发展定义为教师的专业成长或教师内在专业结构不断更新、演进和丰富的过程。按教师专业结构，教师专业发展可包括观念、知识、能力、专业态度和动机、自我专业发展需要意识等方面。[①]李艳红教授把教师专业发展理解为以教师专业自觉意识为动力，在个人与环境、空间与时间的相互作用下，其自身专业素质（包括知识、技能和情意等方面）不断完善、不断提升的动态发展过程。[②]

本章中教师专业发展是指乡村小规模教师在自身所从事的教师专业领域里通过外因和内因的相互作用使其专业观念进一步更新、专业知识进一步拓展、专业能力进一步提升、职业认可和荣誉感提升，职业信念更加坚定，小班教学的胜任度提高，经验进一步积淀的动态过程。

2. 理论基础

（1）马斯洛的需要层次理论

马斯洛需要层次理论将人的需要从低到高分为生理需要、安全需要、社交需要、尊重需要和自我实现需要。五种需要像阶梯一样从低到高，按层次逐级递升。[③]教师的专业发展是一个递进的、积极的、向前的过程。教师专业发展建立在生存状态得以保障的基础之上。教师专业发展是教师高层次自我实现需求满足的过程，也是教师自我价值得以体现；主体价值得以发挥的过程。

（2）罗尔斯正义论

约翰·罗尔斯在其《正义论》中提出公平正义理论，该理论主要探讨了在优先保障公民基本自由前提下，如何使各种社会资源的分配达到尽可能的平等。教育作为达成社会公正的一个重要途径，教育公

---

① 叶澜，白益民，王枬，陶志琼. 教师角色与教师发展新探[M]. 北京：教育科学出版社，2001，226.
② 李艳红. 东乡族女教师生涯发展研究[M]. 兰州：甘肃教育出版社，2012，173.
③ 陈志沛. 马斯洛需要层次理论在学校管理中的运用[J]. 教育与职业，2007，（20）：37-38.

正问题也逐渐成为公众所关注的话题。[①]

乡村小规模学校教师因为工作的学校地理位置偏僻、教育资金匮乏、优秀教师专业引领机会少等原因，一直以来都是弱势群体。罗尔斯提出的教育公平对目前教育资源和机会不均衡问题有所启示，更多的资源应该用在弱势群体身上，应关注弱势群体乡村小规模学校教师的教育专业发展。

（3）终身教育理论

终身教育强调教育要贯穿人生的始终，把教育看成个人一生中持续不断的学习过程。它包括人的各个阶段，是一切时间、一切地点、一切场合和一切方面的教育。它要求人们不断地更新知识观念来适应社会的快速发展。教师终身教育理论要求教师必须是自觉的终身学习者。在持续和动态的发展过程中，教师获得自身专业发展所需要的知识、学习技能和态度价值观念的转变，增强了教师自身的教育实践能力。乡村小规模学校教师是教师队伍中的特殊群体，其专业发展是终身学习理论的凸显，也是小规模学校教师保持良好职业素养的必备能力。教师只有自觉地坚持学习，才会获得专业的真正发展，实现自己的职业理想。

（二）相关文献研究

1. 教师专业发展的研究现状

（1）教师专业发展内涵的相关研究

国外学者科特曼（Geert Kelchtermans）提出教师培训即教师持续专业发展活动，指教师在与周围背景有意义的互动中发生的一次学习过程，是最终能够导致教师专业实践与专业思维改变的教师学习活动。[②]富兰和哈格里夫斯（Fullan & Hargreaves）认为教师专业发展可以从知识与技能

---

① 杨可. 约翰. 罗尔斯社会公正理论下我国的教育公正问题研究[D]. 重庆：西南大学，2012.

② KELCHTERMANS, G. CPD. For Professional Renewal: Moving beyond Knowledge for Practice[M] //C. Day, J. Sachs. International Handbookon the Continuing Professional Development of Teachers. Maidenhead: Open University Press, 2004: 229-237.

的发展、自我理解和生态变化三方面来理解。①威迪恩认为教师专业发展包括五层含义：教师充分理解工作、提高教师的教育水平与技巧、有利于学生的学习、提高学校教育水平以及教师自身的专业成长。

国内叶澜教授认为教师专业发展是教师专业理念、专业知识、专业能力不断丰富和完善的过程。②学者朱宁波认为教师专业发展指教师通过职前培训、在职培训的不断学习，提升其专业内涵，从而提高自身的专业水平。③饶从满认为教师专业发展强调教师的可持续发展性，要求把教师视为专业人员，扮演多重角色。

（2）教师专业发展阶段的相关研究

20世纪60年代末，美国得克萨斯大学的富勒（Fuller）是最早研究教师专业发展的研究者，他提出了教师专业发展阶段理论：执教之前关注阶段、早期关注求生阶段、教学情境关注阶段和关注学生阶段。④美国学者卡茨（Katz）采用问卷调查法和访谈法，提出教师专业发展的四阶段理论：求生存阶段、巩固阶段、更新阶段和成熟阶段。⑤美国研究者费伯顿（Burden）提出教师生涯循环发展理论，将教师专业发展阶段分为生存阶段、调整阶段和成熟阶段。⑥

学者王秋绒认为教师专业发展是专业社会化的过程，可分为师范生的专业社会化、实习教师的专业社会化、合格教师的社会化三个阶段。⑦连榕等从认知、人格、工作动机、职业心理等方面将教师专业

---

① Fullan, M.& Hargreaves, A. Teacher Development and Educational change. In Michael Fullan &Andy Hargreaves（Eds.）. Teacher development and educational change. London &Washington, D.C.: Falmer press, 1992, 8-9.

② 叶澜，白益民，王枬，陶志琼. 教师角色与教师发展新探[M]. 北京：教育科学出版社，2001，230.

③ 朱宁波. 新课程与教师专业成长[J]. 教育科学，2004（06）：23-24.

④ Fuller, F.and Brown, O..Become a Teacher. In: K. Ryan(ed.).Teacher Education, Seventy-fourth Yearbook of the National Society for the study of education, Part 2.Chicago: University of Chicago Press, 1975.

⑤ Katz, L. G..Development stages of Preschool Teachers.Elementary School Journal, 1972, 73（1）：50-54.

⑥ Ralph Fessler & Judith C. Christensen. The Teacher Career Cycle: Understanding and Guiding th professional Development of Teachers. Boston: Allyn&Bacon, 1992.24.

⑦ 王秋绒. 教师专业社会化理论在教育实习设计上的意义[M]. 台北：师大书苑，1991，33-48.

发展分为专家型教师、熟手型教师和新手型教师。①姜勇和阎水金以教师个体的自主发展为依据，将教师专业发展分为五个阶段：新手—动机阶段、适应—观念困惑阶段、稳定—行动缺失阶段、停滞—缺乏动力阶段以及更新—动机增强阶段。②

（3）教师专业发展影响因素的相关研究

费斯勒与格拉特霍恩的教师发展因素论是当代美国比较有影响力的教师发展理论。美国约翰霍普金斯大学学者费斯勒提出了动态的教师生涯循环理论，梳理出影响教师专业发展的两大方面因素：一是个人环境因素，包括家庭因素、积极的关键事件、个人的性情与意向、兴趣、生活危机与生命阶段。二是组织环境因素，包括学校规章、管理风格、社会期望、公共信任、专业组织和教师协会。③格拉特霍恩认为影响教师发展的因素是与教师生活、工作相关的因素，促进教师发展的特殊活动相关的因素以及个人相关的因素。④

熊英、朱晓芳（2013）指出教师的专业知识、专业品质及教学水平等相关因素影响着教师的专业发展。咸富莲（2012）通过问卷和访谈方式进行实证研究，指出教育政策与制度、学校组织文化、家庭的理解与支持度、教师自身专业发展意识是影响教师专业发展的主要因素。于鸿雁等（2010）认为影响教师专业发展的因素包括教师培训缺乏实效、教师评价的错误导向以及教师文化的障碍等。

2. 乡村教师专业发展的研究现状

（1）乡村教师专业发展困境的相关研究

王凯（2011）采用问卷和访谈两种方式，调研了浙江乡村中小学

① 李亚真，潘贤权，连榕. 新手—熟手—专家型教师主观幸福感与教学动机的研究[J]. 心理科学，2010，33（03）705-707.
② 姜勇，阎水金. 教师发展阶段研究：从"教师关注"到"教师自主"[J]. 上海教育科研，2006（07）：9-11.
③ Judith C. Christensen& Ralph Fessler，The Teacher Career Cycle：Understanding and Guiding the Professional Development of Teachers[M]. Allyn and Bacon，Boston，1992.
④ Glatthorn，A.，Teacher Development[J]. International Encyclopedia of Teaching and Teacher Education. Oxford：Elsevier Science Ltd.，1995.

教师、校长、县教育局分管领导。调查研究显示乡村教师专业发展存在的困境是专业发展经费缺乏、专业引领资源匮乏以及专业学习时间不足。张进良（2010）从生态学原理出发，剖析乡村教师专业发展出现失衡现象的原因，指出乡村教师专业发展存在资源配置失衡、观念和素养失衡、培训内容和模式失衡的问题。① 毛菊等人（2012）对河南省、江苏省和安徽省2552名乡村中小学教师进行了调研，调查结果显示乡村中小学教师专业发展面临的困境包括合作探究氛围不浓、缺乏教育理论知识、政府经费投入不足、以及培训缺乏针对性。② 李明善（2012）通过问卷和访谈的方式，从内在因素和外在因素分析了乡村中小学教师专业发展的问题，包括教师的职业责任感缺乏、教师的专业知识结构和学历层次不匹配等。③ 郭红霞（2012）用问卷调查的方法对山西省运城两个贫困县进行了调研，发现乡村贫困地区小学教师对自身专业发展现状不满、自主学习欠缺、外出学习机会不够，专家引领不足。④

（2）乡村教师专业发展对策的相关研究

葛孝亿（2012）提出要关注乡村场域的特殊性和乡村教师的文化境遇，通过基于乡村文化、深挖乡村文化内涵以及重构其专业发展的文化场域，开展校本教研来促进乡村教师的专业发展。⑤ 李华君、龚彩云（2011）仔细记录研究了湖南省泸溪县由教研所、教育行政部门和中小学三方合作研究的实践模式，即周期循环递进的建设方式和学校领导组织的深度变革的路径，通过合作研究实现乡村教师的专业发展。⑥ 张睦

---

① 张进良. 面向信息化的农村教师专业发展的生态学思考[J]. 电化教育研究, 2010（06）：24-28.

② 毛菊，康晓伟，管廷娥，李先启. 基于发展需求与外部支持的农村教师专业发展调查研究[J]. 教育科学, 2012, 28（05）：43-47.

③ 李明善. 农村中小学教师专业发展问题探析[J]. 社会科学家, 2012（S1）：219-220.

④ 郭红霞. 运城农村贫困地区小学教师专业发展问题探讨[J]. 教育评论, 2012（01）：105-107.

⑤ 葛孝亿. 农村教师专业发展范式转换——"地方性知识"的视角[J]. 中国教育学刊, 2012（03）：82-85.

⑥ 李华君，龚彩云. 民族地区农村教师专业发展路径探索[J]. 中国教育学刊, 2011（09）：77-79.

楚（2012）指出移动学习对乡村教师专业发展有着重要的价值和意义，提出健全乡村教师专业政策建设，关注与提升乡村教师移动学习素养以及创建乡村教师移动学习资源支持体系来保障乡村教师的专业发展。①孙来勤、秦玉友（2012）提出：充分地认识校本教研的阶段性和周期性、从教师日常的教学问题中选择校本教研课题、组织和依托专业指导团队形成检察监督机制以及构建网络校本教研平台是促进教师专业发展的有效措施。②

（3）乡村教师专业发展专题的相关研究

邓琴（2008）认为乡村语文教师专业发展是一个动态的过程，乡村语文教师普遍存在专业化程度低、专业知识贫乏、教育专业化水平低、无法适应新课改的要求等问题，并针对此提出了应对策略。③白玲（2011）对黑龙江省15个地（市）85名乡村地理骨干教师的学科专业结构进行了调研，认为教师学历结构不合理、教师存在教学困惑、新课程理念与实践脱节等问题，提出要激活教师内驱力、营造良好的环境、搭建学习平台、完善教研制度，以此促进乡村初中地理教师的专业发展。黄涛、段海燕、黄艳（2013）对南昌市 138名暑假培训的乡村英语教师进行了问卷调查，结果显示：教师专业态度良好，系统学习过教育学和心理学的教师较少，教师多媒体技术运用情况不乐观。他们提出了具体发展策略来促进乡村小学英语教师专业素质。刘英洁、林菲菲（2012）指出乡村音乐教师专业发展存在专业知识贫乏单一、专业能力欠佳、专业训练有待加强的问题，建议从个人层面和学校制度层面提出具体的对策。④郭敏刚、王健（2014）采用文献资料法，并咨询相关专家，对我国 9 个省的乡村体育教师进行了问卷调查，调查结果表明乡村体育教师专业发展

① 张睦楚. 移动学习：农村教师专业发展之有效路径[J]. 中国教育信息化，2014（16）：60-62.
② 孙来勤，秦玉友. 校本教研与西部农村教师专业发展的契合及促进[J]. 教育理论与践，2012，32（02）：29-31.
③ 邓琴. 从教师专业化视角看农村语文教师专业发展[J]. 教育探索，2008（03）：91-93.
④ 刘英洁，林菲菲. 农村音乐教师专业发展中存在的问题及对策[J]. 电影评介，2012（10）：88-90.

现状存在问题，提出要让教师转变专业理念以及转变教学研究方法，以此促进教师专业发展。

3. 乡村小规模学校的研究现状

（1）乡村小规模学校的相关研究

孙颖（2013）从乡村小规模学校的历史使命与现实博弈、撤留博弈的本质及发展准则方面对乡村小规模学校撤留背后的实质进行了深层次的分析和探讨。[①]雷万鹏和张雪艳（2012）对全国11省1161所乡村小规模学校展开调查，根据质化和量化研究，发现教师总量短缺、师资结构不合理、教师专业发展匮乏。曾新和付卫东（2014）从教育公平和社会正义的角度对乡村小规模学校教师队伍的现状进行了呈现，并切合实际地提出乡村小规模学校的发展应当重在培养本土的优秀教师。[②]雷万鹏和张雪艳（2011）认为乡村小规模学校应当准确定位，分类发展，从"小而差"努力向"小而优"转化。[③]

（2）乡村小规模学校教师专业发展的相关研究

安晓敏和殷丽（2017）经过问卷调查，表明乡村小规模学校教师存在基础薄弱、动力不足、渠道过窄、条件缺乏四方面困境，并提出以实行弹性的教师编制标准、开展校际联系、提升教师培训的实效性、增强教师的职业认同感来突破乡村小规模教师专业发展困境。[④]饶飞玲（2014）对乡村小规模学校教师的边缘化处境进行了研究，调查结果表明乡村小规模学校教师备课教学的工作任务重、学生管理工作压力大，专业发展的困境是对教师激励不够，常规教研工作难以有效开展。郭静（2017）认为乡村小规模学校教师专业发展具有重要的价值，面临的困境包括存在职业倦怠、专业发展动力不足、

---

① 孙颖. 试析农村小规模学校撤留博弈[J]. 中国教育学刊，2013（04）：11-1.

② 曾新，付卫东. 内生发展视域下农村小规模学校教师队伍建设[J]. 教育发展研究，2014，33（06）：73-79.

③ 雷万鹏，张雪艳. 论农村小规模学校的分类发展政策[J]. 教育研究与实验，2011（06）：7-11.

④ 安晓敏，殷丽. 农村小规模学校教师专业发展调查研究[J]. 上海教育科研，2017（07）：5-9.

资源稀缺、专业发展途径有限、培训低效、培训内容学用脱节等，并提出要通过建立校本研训制度、搭建区域内研修共同体、建立网络化的培训平台等措施来推动小规模学校教师专业发展。[①]王飞（2016）采用问卷的方式对双峰县乡村小规模学校教师的专业发展现状进行调查，得出教师的专业理念、专业知识结构、专业能力存在问题的讨论，从社会层面、学校层面、个人层面分析影响因素，并提出相应的对策。[②]刘鹏（2015）以叙事研究的方法对三位乡村小规模学校教师专业发展的整体历程和影响因素进行剖析，并提出靠教师自身和外界的力量来促进教师专业发展。朱海雁（2018）以龙山县为调研地点，采用问卷法和访谈法分析出乡村小规模教师在专业发展中存在的问题和主要影响因素，并从国家、学校、自身三方面提出了相应的策略。

4. 已有文献的研究述评

乡村小规模学校教育作为一种特殊的教育形式，在解决乡村偏远地区学生上学难、上学远问题，在提供平等的受教育机会、促进义务教育均衡发展、丰富乡村文化、维护社会公平等方面发挥着不可替代的作用。通过阅读并梳理教师专业发展、乡村教师专业发展以及乡村小规模学校教师专业发展相关文献，笔者发现不同研究者从不同的角度进行分析和阐释都有其科学性和合理性。笔者通过对相关文献的研究梳理得出以下结论：

乡村小规模学校的存在具有其必要性和合理性，在解决教育公平和维护社会稳定方面具有重要的意义。绝大多数研究者赞成保留乡村小规模学校，并且近几年的文献对乡村小规模学校的关注度在持续上升。关于教师专业发展，国内外都有一定的理论研究。国外研究起步比国内早，在教师专业发展理论、专业发展知识、专业发展能力、专业发展阶段、影响因素等方面都取得了一定的研究成果，为我国教师专业发展研究提供了经验和参考。国外的研究方法主要是质性研究和

① 郭静. 农村小规模学校教师专业发展的困境与出路[J]. 教育导刊，2017（11）：73-76.
② 王飞. 农村小规模学校教师专业发展现状与对策研究[D]. 长沙：湖南师范大学，2016.

定量研究相结合，用大量的数据和对许多国外研究学者的采访来呈现事实，凸显发展中国家和发达国家乡村小规模学校存在的状态、面临的困境和存在的差异性。在研究取向方面，国外学者对于乡村小规模学校的作用研究比较全面，为我国乡村小规模学校的发展研究提供了新视角。但是国外研究很少具体关注到乡村小规模学校的教师这个方向，笔者的研究会从教师切入进行研究。

国内与国外乡村的实际情况、发展速度完全不一样。针对我国乡村教育特殊的发展过程，笔者主要梳理了国内乡村教师专业发展资料。国内关于乡村教师专业发展的文献非常多，侧重于不同学科教师的专业发展、教师专业发展现状及对策、教师专业发展的困境研究，教师专业发展政策研究、教师专业发展路径等。分析关于国内乡村教师专业发展的文献发现，研究主要集中在乡村教师专业发展的现状和对策方面，专门针对乡村小规模学校教师专业发展的研究比较少。近几年关于教师专业发展话题的热度在降低，关于乡村小规模学校教师专业发展的文献并不多，关于乡村小规模学校教师专业发展实地调研和实证研究的文献更是稀少，只有湖南师范大学王飞和湖南师范大学朱海雁两篇硕士论文。这说明以乡村小规模学校教师专业发展困境为研究方向的实证研究有很大的研究空间和研究价值。本章以乡村小规模学校教师专业发展困境与对策为主题进行实证研究，力图为 T 市 S 镇乡村小规模学校教师的专业发展提出切实可行的建议。

第二节　乡村小规模学校教师专业发展的困境

一、乡村小规模学校教师基本情况分析

本次调查问卷共发放 106 份，回收 106 份，有效问卷数量 102 份，回收率和有效率分别为 100% 和 97.14%，对调查对象的基本情况进行

描述统计分析，结果如表 2.4 所示。

表 2.4　调查教师特征分布表

变量	类别	人数	百分比（％）
性别	男	41	40.2
	女	61	59.8
年龄	30 岁及以下	48	47.1
	31～40 岁	9	8.8
	41～55 岁	30	29.4
	56 岁及以上	15	14.7
教龄	5 年及以下	45	44.1
	6～15 年	10	9.8
	16～25 年	21	20.6
	26 年及以上	26	25.5
月工资	1 000～1 500 元	29	28.4
	1 500～2 000 元	13	12.7
	2 000～2 500 元	3	2.9
	2 500～3 000 元	35	34.3
	3 000 元及以上	22	21.6

1．教师队伍中，代课教师与特岗教师比例较大

表 2.5 是样本学校的教师类别，从表中可以看出，选取的 15 所乡村小规模学校中代课教师和特岗教师的占比很高。总样本量中，特岗教师约占 37%，代课教师约占 34%。这两类教师为乡村小规模学校的教育事业做出了很大的贡献，但他们却面临着没有事业编制的困境，这导致人心不稳定，很容易出现离职倾向，势必会限制他们专业水平的提升。

表 2.5　教师类别分布表

题目	选项	人数	百分比（%）
教师类别	代课教师	35	34.3
	特岗教师	38	37.3
	支教教师	7	6.9
	中专/中师	22	21.6

2. 教师的学历基础薄弱

教师学历层次是教师专业发展的重要基础，也是凸显教师素质高低的显著指标之一（如图 2.1）。

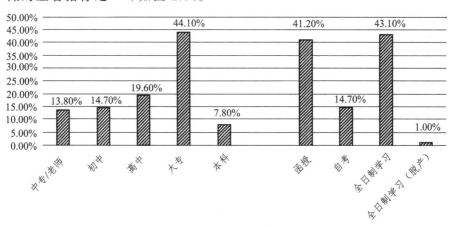

图 2.1 教师学历情况与最高学历获取方式分布图

图 2.1 显示，第一学历是中专或者初高中的教师占很大一部分，约 48.1%，大专学历的教师占 44%，高中学历占 19.6%，本科学历的占比只有 7.8%，由此可知教师学历方面非常薄弱。最高学历的获取方式函授和自考占 55.9%，可见在乡村小规模学校中教师专业发展起点低，基础薄弱。在最高学历的获取上大多数是自考或者函授。通过自考和函授让学历在表面上达标，但实际上对教师的专业发展无太大价值。正如访谈中的两位教师所说：

函授简单，就是为了涨工资没学到什么真正实用的知识，不过现在也是本科了，我很知足，没有其他奢望了。

（摘自 2018 年 11 月 19 日对 D 老师的访谈记录）

我是一名县聘的代课教师，初中毕业后一直在这所学校教语文和数学，英语课上起来有困难。每个寒暑假的培训都以我们是代课教师为由，将我们拒之门外，我们一直学不到什么新东西。

（摘自 2018 年 11 月 19 日对 B 老师的访谈记录）

从访谈中可以了解到，有事业编制的正式教师取得自考或函授文凭后处于满足的现状。代课教师长期处于思想固化和基础薄弱的困境中，再加上培训门槛高，代课教师的知识体系得不到及时的更新，他们对自身专业发展不再抱太大希望。目前国内许多一线城市和二线城市，将招聘小学教师的门槛设为全日制大学本科学历或研究生学历，与大城市和县城的教师相比，乡村小规模学校教师的学历基础相当薄弱。

二、乡村小规模学校教师专业发展困境分析

1. 教师专业发展理念存在偏差

（1）教师的职业认同感较低

在 102 位被调查的乡村小规模学校教师中，如果有机会重新选择职业，有 46%的教师选择"收入更好或社会地位更高的工作"，说明乡村小规模学校教师的职业认同感相对较低（如图 2.6）。

表 2.6　教师职业认同感分布表

题目	选项	人数	百分比（%）
如果有机会重新选择职业，会选择什么？	做老师	36	35.3
	收入更高的工作	24	23.6
	社会地位更高的工作	23	22.6
	其他	19	18.7

ZP 小学的一位教师谈道：

我们一起的同学读书的时候没我优秀，现在人家做水果生意挣得多。如果可以重新择业，我渴望成为一名医生，职业稳定，受人尊敬。

乡村小规模学校教师真是没什么社会地位，学校很小又落后，有时候真渴望能调到城里工作。

（摘自 2018 年 11 月 21 日对 Y 老师的访谈记录）

从访谈中了解到，对农村小规模学校教师来说，医生、律师、工程师、公务员等有更高收入和社会尊重度的职业更有吸引力。也有教师虽然对乡村小规模学校的落后感到失望，但如果有机会要是调到城里工作，依然会选择教师职业。

（2）教师的职业规划与目标不明确

教师迅速专业成长依托于良好的职业规划，为了高效地达成教师事业和学校长远发展双赢的目的，合理的职业规划起着重要作用。

对调查对象职业规划和目标情况进行描述统计分析，结果如图 2.2 所示。

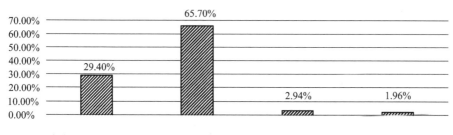

图 2.2　职业规划和目标情况分布图

由图 2.2 可以看出，在 102 位被调查的乡村小规模学校教师中，有清晰长远发展目标的教师所占的比例为 29.4%，近七成的教师仅有近期目标，这说明乡村小规模学校的教师普遍缺少职业规划，职业目标不太明确。这对教师长久的专业发展是无益的。

以下为对 YS 小学一位教师所做的访谈：

问：您目前有什么职业规划吗？

答：我中专读的学前教育专业，可是被分到了小学教课。现在就"当一天和尚，撞一天钟"，把工资混到手。假期给孩子们教教舞蹈，额外挣点钱。

问：你有想过再继续努力寻求好的发展吗？

答：竞聘到城里要考试，我们一天忙得晕头转向没有时间复习，目前没有什么长远的职业规划。我感觉职业规划是大城市教师考虑的，我自己未来十年都是这样了。

（摘自 2018 年 11 月 21 日对 Y 老师的访谈记录）

从访谈中可以了解到乡村小规模学校教师的生计问题是他们更多考虑的，有清晰长远目标的教师非常少，可见乡村小规模学校教师并没有给自己制定长远职业目标的习惯，缺乏对职业规划的认识，缺乏职业期望，认为职业规划距离自己很遥远。教师的专业发展是建立在清晰的职业规划的基础上的，一个个专业发展目标的实现离不开有效的安排和规划。

（3）教师专业发展的主动性整体不强

对调查对象寻求自我发展中的表现进行描述统计分析，结果如表 2.7 所示。

表 2.7　教师寻求自我发展中的表现情况表

题目	选项	人数	百分比（％）
自己当前在寻求自我发展中的表现	非常积极	10	9.80
	比较积极	29	28.4
	一般	59	57.84
	比较不积极	3	2.94
	非常不积极	1	0.98

由表 2.7 可以看出，在 102 位被调查的乡村小规模学校教师中，在回答当前在寻求自我发展过程中表现如何时，接近 58% 的乡村小规模学校教师选择了"一般"这一选项。这说明乡村小规模学校的教师在寻求自身专业发展方面的主动性不够强。

教师自我导向学习的自主意识是教师对本职业热爱程度的体现，同时也彰显着教师专业发展的态度，从表中可以看到乡村小规模学校教师中高达一半的人选择了"一般"这一选项，表明其主动寻求自身专业发展的意愿不是很强。

2. 教师专业发展知识结构不合理

（1）教师偏重学科专业知识

马云鹏等指出，教师专业知识与教师自我发展密不可分，提供高质量的教师教育和专业发展机会，常基于对教师专业知识状况的了解。[①]由此可见，教师的专业知识在教师的专业发展中起着重要的作用。

对调查对象进行现有专业知识满足学生需求的情况统计分析，结果如表 2.8 所示：

表 2.8　现有专业知识满足学生需求的情况分布表

题目	选项	人数	百分比（%）
在工作中现有的专业知识满足学生需要的情况	完全满足	14	13.70
	基本满足	80	78.43
	不能满足	7	6.86
	其他	1	0.98

由表 2.8 可以看出，在 102 位被调查的乡村小规模学校教师中，认为自身专业知识对教学需求的满足度为"完全满足"的仅有 14 人，所占的比例为 13.7%。这说明乡村小规模学校的教师专业知识基本满足教学需求。在做问卷调查的同时，我们还利用课外活动的时间对 B 老师进行了访谈，她谈道：

语文、数学科目我得心应手，我从小爱画画，美术课也可以带，但是有一学期全学校唯一的英语教师突然腿摔骨折了，三年级的英语课没人带，校长让我来兼任三年级一学期英语课。就这样我临危受命，使劲地回忆以前上学时学的英语，晚上回家后把不会的知识点汇总起来问我念高中的儿子，把课堂上要讲的阅读逐词逐句查字典翻译到旁边，以免第二天在讲台上愣住，最后我还是慢慢学习，坚持了下来。

（摘自 2018 年 11 月 19 日对 B 老师的访谈记录）

---

① 马云鹏，赵冬臣，韩继伟. 教师专业知识的测查与分析[J]. 教育研究，2010，（12）：70-76.

虽然问卷中乡村小规模学校教师专业知识基本满足学生需要，但从访谈中我们可以了解到更多的信息：谈到专业知识，乡村小规模学校教师提到的是知识点、课程等与学科专业知识相关的概念，对于其余的知识分类提及的不多，对专业知识的理解不是很完整，所以教师专业知识的扩充空间非常大。关于问卷第二部分第16题"您认为教师专业知识结构中哪一项最重要？"，表2.9的描述统计也佐证了乡村小规模学校教师偏重学科专业知识的现象。

表 2.9　最重要的教师专业知识结构分布表

题目	选项	人数	百分比（%）
教师专业知识结构中哪一项最重要	一般文化知识	6	5.90
	教育学科知识	29	28.40
	学科专业知识	46	45.10
	实践性知识	21	20.60

由表 2.9 可以看出，在 102 位被调查的乡村小规模学校教师中，认为学科专业知识最重要的有 46 人，所占的比例为 45.1%；认为教育学科知识和实践性知识最重要的分别占 28.4% 和 20.6%。这说明在乡村小规模学校教师的心中，学科专业知识占据着重要的位置。在跟几位乡村小规模学校教师谈及专业知识时，他们提道：

我认为学科专业知识是最主要的，学生主要来学校学习知识，学知识是学生来学校的首要任务。之前我师范毕业觉得教小学挺容易的，但实际上好多古诗、名家著作还是需要自己好好准备学习才能教授给同学，例如人教版二年级下册唐诗《望庐山瀑布》中有一句：日照香炉生紫烟，这里的"香炉"并不是一般概念的物品，而是指"香炉峰"，教师一定要自己先弄懂才能教给学生，不然就是误人子弟。类似的古诗学习贯穿整个小学阶段，当中的字词细节一定要给学生讲清楚，不然考试要出错。

（摘自 2018 年 11 月 20 日对 W 老师的访谈记录）

目前学区每学期末要统考、要排名的方式让教师很紧张，只能使劲追求成绩，及格率、语数外三合率、优秀率的达标值影响成绩排名，是一学期工作的体现。如果学生考不好、排名靠后的话，自己觉得没面子，领导也不满意，所以我认为如果一个教师自身学科知识丰富，教出来的学生成绩肯定差不了。

（摘自 2018 年 11 月 20 日对 A 老师的访谈记录）

我认为学科专业知识和教育学科知识都很重要，学生时期在学校里学了教育学、心理学知识，入职前教育学、心理学开卷考过试，时隔多年知识点有些忘记了。实践性知识的具体概念我就不是很理解了，指的是上课和批作业吗？

（摘自 2018 年 11 月 20 日对 C 老师的访谈记录）

从调研中可以了解到，在期末评比成绩的压力下，乡村小规模学校的教师是被学生的分数牵着走的，大多数教师很自然地认为，在教师专业知识结构中，学科专业知识是最应当受到重视的，因为教师良好并且完备的学科专业知识可以保证知识传递的丰富性与准确性，可以保证教学质量，同时会影响教学成绩的高低。有的教师提到教育学、心理学知识很重要，但由于各种原因，对其中的知识点有些遗忘，不重视深入其中继续学习。姜美玲指出：教师实践性知识主导着教师的教育教学行为，有助于教师重构过去经验、预示未来计划直至把握现时行动。[①]可见，实践性知识在教师的专业发展中起着举足轻重的作用。在访谈中，对于实践性知识概念，教师们都不是很理解其内涵。乡村小规模学校教师偏重学科专业知识、实践性知识薄弱以及教育学心理学知识的欠缺凸显了乡村小规模学校教师专业知识结构的失衡与不合理。

（2）教育理论知识难以有效运用于实践

教育理论知识主要指教育心理学知识和教育学基本理论知识，教育教学的顺利进行离不开教育理论知识的指导，教育理论知识宛如一盏明灯，指引着教师教育教学的方向。对乡村小规模学校教师在教育教学中运用教育理论知识的情况进行调查和统计分析，结果如图 2.3 所示：

---

① 姜美玲. 教师实践性知识研究[M]. 上海：华东师范大学出版社，2008，13.

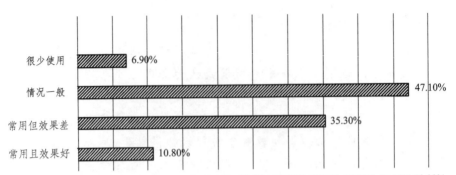

图 2.3　教育教学中运用教育理论知识的情况分布图

　　由图 2.3 可以看出，在 102 位被调查的乡村小规模学校教师中，教育教学中运用教育理论知识情况一般的占比最高，达到 47.1%；经常用但效果差的达到 35.3%。这说明在日常教育教学工作中，乡村小规模学校教师难以将教育理论知识有效运用于实践。有教师在访谈中表达了自己的观点：

　　　　作为代课教师，我没有接受过师范教育，所以掌握的教育理论知识非常有限，仅有的一些理论知识来源于和同一个办公室大学生的交流，或者来源于他们职前学校发的教育学和心理学教材。我借来读了读，发现好多理论很抽象，尤其是心理学的知识非常不容易理解。迄今为止我记得最清楚的教育理论知识就是"启发式教学"理论，我觉得其他很多理论太枯燥难懂，很难理解，更不可能运用于课堂。

　　　　　　　　　　　　　　　（摘自 2018 年 11 月 19 日对 B 老师的访谈记录）

　　　　学校里除了代课教师，其余教师晋升中级职称必须通过电大的教育学、心理学考试，在备考的过程中还是会学到一些知识，但是考过试后就继续"理论学习归理论学习，上课归上课"，好多教育学生的理论都来源于经验总结。

　　　　　　　　　　　　　　　（摘自 2018 年 11 月 19 日对 L 校长的访谈记录）

　　　　好多前沿的教育理论知识，我们小学校的教师听都没听过，有时候觉得旧的教育学和心理学观念陈旧，难以适应目前的课改形势，也难以应用于目前的教育教学。

　　　　　　　　　　　　　　　（摘自 2018 年 11 月 19 日对 Y 老师的访谈记录）

从问卷调查和访谈中不难看出：乡村小规模学校教师的教育理论很难有效运用于实践，这一是由于代课教师在乡村小规模学校中所占比例大，大多数没有接受过系统的师范教育，教育理论知识薄弱，应用能力更是不足。二是因为乡村小规模学校教师学习教育理论知识是被动的，从职前学校教育学、心理学课程考试到职称评定考试，有的教师把教育学、心理学的学习当作升学和晋升的途径，并没有真正做到主动地去潜心阅读、内化其中的理论内涵并有效地运用于教育教学实践。三是因为大多数乡村小规模学校所处的地理位置相对偏远，信息相对闭塞，教育理论知识更新较慢，教师无法掌握动态发展的教育学、心理学知识，也就难以有效运用于实践。

总之，乡村小规模学校教师的专业知识结构是失衡和不合理的：偏重学科专业知识，教育学科知识和实践知识等相对欠缺，教育理论知识难以有效运用于实践。如何积极获取、理解、内化和拥有丰富的专业知识是摆在乡村小规模学校教师面前的一道难题。

3. 教师专业发展能力欠佳

（1）教育技术应用能力弱

关于教师的教学方法和教育技术应用能力，问卷中设计了一道多项选择题，对结果首先进行多重响应分析，然后进行描述统计，结果如表 2.10 所示。

表 2.10　教师教学应用能力分布表（多选题）

题目	选项	样本量	百分比（%）
在新课程改革背景下您明显感到	现有知识技能不够用	51	50.0
	新教学方式不好适应	49	48.0
	多媒体技术懂得少	65	63.7
	课程资源不会利用	39	38.2
	师生不会互动	11	10.8

由表 3.7 可以看出，在 102 位被调查的乡村小规模学校教师中，在新课程改革背景下感觉到"多媒体技术懂得少"的人数为 65 人，所占百分比高达 63.7%；感觉到"现有知识技能不够用"的教师有 51 人，所占百分比为 50%；感觉到"新教学方式不好适应"的教师有 49 人，所占百分比为 48%。这充分说明乡村小规模学校的教师教育技术应用能力较弱。

以下是对 LC 小学一位教师所做的访谈记录：

问：目前新课程改革后，您觉得自身现有的知识技能足够吗？

答：运用多媒体设备太复杂了，我用不来。做课件需要制作视频、插入音乐、动画效果等技能，我一窍不通。有次城里学校听公开课，我才认识到自己现有的知识技能的不足。我们乡村小学校，多媒体设备缺乏，懂多媒体技术的教师非常稀缺。

（摘自 2018 年 11 月 20 日对 C 老师的访谈记录）

访谈也佐证了乡村小规模学校教师多媒体技术懂得少，认识到现有知识技能不够用的事实。教学中多媒体技术运用可以提高学生的学习兴趣，促进学生认知的发展，对学生记忆领悟知识点有所裨益。乡村小规模学校教师教育技术应用能力与素养亟待提高。

（2）教师的科研能力不足

我国新课程的深刻改革要求教师必须转变自身角色定位：教师不再作为传统意义上的教书匠去一味地传递知识，教师应当站在科研的角度去审视自己，去探索，去思考。在教师的专业发展过程中，教师的专业发展水平离不开教师的科研能力，教师科研能力的提高必不可少。

调查问卷中设计了与教师科研能力相关的两个题目，对其进行描述统计分析，结果如表 2.11 所示。

表 2.11　教师科研能力分布表

题　目	选　项	人数	百分比（%）
论文发表量	0 篇	57	55.9
	1～2 篇	31	30.4
	3 篇及以上	14	13.7

题目	选项	人数	百分比（%）
	没兴趣参与	3	2.9
	部分参与	52	51.0
对教育科研工作的参与度	积极参与并有一定成绩	10	9.8
	想参与但没有科研能力	11	10.8
	想参与但学校无课题	18	17.6
	没时间参与	8	7.8

由表 2.11 可以看出，在 102 位被调查的乡村小规模学校教师中，有 57 为教师没有发表过学术论文，所占的比例为 55.9%；而发表的论文量为 3 篇及以上的仅有 14 位，所占的比例为 13.7%。关于教育科研工作参与度选"积极参与并有一定成绩"的教师仅有 10 人，所占的比例为 9.8%。这充分说明乡村小规模学校的教师科研能力相对偏弱，需要加大力度去提升其科研能力。

以下访谈了 HC 小学的王老师：

问：您参与过学校科研课题吗？

答：什么是科研课题？我没听说过，我们乡村小学校和科研根本靠不上边。

问：那您发表过论文吗？

答：没有发表过，发表论文一般城里优秀教师晋升职称用的，我们乡村小学校的教师上好课就行了。

（摘自 2018 年 11 月 20 日对 W 老师的访谈记录）

从调查中可以看出乡村小规模教师在科研能力方面是非常薄弱的，他们认为每天上好课是教师工作的全部，教育科研的话题距离他们的生活很遥远。他们缺乏发现科研问题的思维能力，同时繁重的教学任务让教师无暇去阅读大量的科研论文，学习论文撰写的工具性知识。教师科研能力的高低是评价和衡量教师专业发展能力的关键指标。乡村小规模学校教师科研能力偏弱使得其专业发展陷入了困境。

（3）教师的教学系统反思意识和能力匮乏

教学反思是促进教师专业发展和成长的重要路径，不经过反思而形成的教学经验是肤浅的，教师要经常以一种批判与发现问题的方式来挑战蕴含在自己实践中的假设和信念，及时纠正自己教育教学观念，构建正确的教育教学行为。

对调查对象书写教学日记和有关教育教学的体会进行描述统计分析，结果如表2.12所示。

表2.12　教学日记和有关教育教学体会情况分布表

题目	选项	人数	百分比（%）
写教学日记和有关教育教学体会的情况	经常主动写	20	19.61
	经常写，但是被学校要求的	60	58.82
	偶尔写	21	20.59
	从不写	1	0.98

由表2.12可以看出，在102位被调查的乡村小规模学校教师中，教学日记和有关教育教学体会的书写频率为"经常主动写"的仅为20人，所占的比例为19.61%；有近六成的教师经常写，但是是被学校要求写的。这说明乡村小规模学校的教师教学系统反思意识和能力相对匮乏。

以下是对DD小学教师的一段访谈记录：

问：您经常撰写教学日记，教学反思或者教学体会吗？

答：教学日记哪有时间写啊，我一般都交给我们班字写得漂亮的学生帮着记录。镇上学区每学期末会统一检查教案上的教学反思，要求必须用红笔反思，我们办公室的教师都是在百度上搜集一些套话，然后写上去完成任务。

问：那您在抄写反思的时候有收获吗？

答：我感觉虽然在抄写，但是还是会引起我的思考，让我回忆自己的教学，发现自己的不足。

（摘自2018年11月19日对B老师的访谈记录）

教师访谈和问卷调查结果是一样的，乡村小规模学校教师主动反思的意识不强，教学日志和教学体会作为重要反思方式被教师轻视，但教师还是从抄写反思的过程中有所收获。教学反思是教师获得专业发展的主要策略，有利于教师终身发展所需各种能力的培养，也是教师改善形象、提升地位和扩大专业自主权的有效手段。必须加强乡村小规模学校教师的教学反思意识与能力，以促进教师的专业发展。

第三节　乡村小规模学校教师专业发展困境的原因分析

教师的专业发展贯穿教师整个职业生涯。在这个过程中，有些困境和问题无法规避，这些困境与问题受到各种因素的影响，因此只有在剖析和了解影响教师发展的各种因素的前提下，才能更加适切地帮助教师发展。乡村小规模学校教师专业发展面临重重困境，是一个动态并且漫长的过程，受到外部因素和内部因素共同影响和作用。

一、教师物质待遇低，学校管理制度不完善

1. 个人基本需求未满足

笔者在梳理乡村小规模学校教师的文献中了解到，针对教师生存现状的研究很多，乡村小规模学校教师的生存状况确实存在问题。改善教师生存现状、满足教师个体基本需求是教师专业发展的保证。笔者在 HX 小学校园中访谈了 A 老师：

这小沟沟里的学校冬天没有暖气，我们要起得很早给孩子们生炉子。下午没有课的时候，我还要劈柴，很多事情需要亲力亲为。由于离家远，周末进城大包小包采购一星期所需的生活用品，中午饭一般都在学校自己做。学校的茅厕一下雨，就房顶漏水。每个月微薄的工资又要还房贷，又要供孩子，赡养老人，还要人际交往随份子钱，每

个月我们都是"月光族"。和老同学聚会才发现我们与城里同学差距越来越大，他们的福利待遇真让人羡慕。

（摘自 2018 年 11 月 20 日对 A 老师的访谈记录）

乡村小规模学校由于交通不便、条件简陋、地理位置偏远的客观原因，教师的生存状态影响着教师的专业发展。国务院办公厅印发的《乡村教师支持计划（2015—2020）》明确指出：提高乡村教师生活待遇，各地要依法依规落实乡村教师的工资待遇政策，依法为教师缴纳住房公积金和各项社会保险费。[①]从调研学校笔者了解到，乡村小规模学校中有一个群体不容忽视，即代课教师（包括县聘代课教师、乡聘代课教师以及临时校聘的代课教师）。县聘和乡聘代课教师的工资由政府拨款，临时校聘的代课教师的工资由学校负担。入职多年的 B 老师谈到了目前代课教师的收入：

我们镇上，县聘教师一个月工资 1300 元，乡聘教师一个月工资 800~900 元，临时校聘老师一个月工资 500~600 元，代课教师拿着捉襟见肘的收入辛苦度日，没有五险一金，心里没有安全感。

（摘自 2018 年 11 月 19 日对 B 老师的访谈记录）

乡村小规模学校的物质条件令人担忧，校园基础设施匮乏，教师宿舍环境简陋，教学辅助设施缺失。这些恶劣的客观条件日复一日地考验着教师的意志力，严重影响着教师的专业发展和职业幸福感。

根据马斯洛需要层次理论，物质需要作为最低层次的基础性需求是人们从事一切活动的原动力。乡村小规模学校教师的工资收入和福利待遇是保证其个人基本需要的前提，在提高教师的薪酬，落实偏远小规模学校的乡镇补贴经费、交通补贴和职务津贴，加大教育投资力度的保障下，教师会有更大的信心去调动自我积极性，实现自我的价值。人的需求的发展就是从个人基本物质需求得到满足向内在精神需求不断丰富的过程。乡村小规模学校教师的特殊之处在于，代课教师占很大比重，代课教师的个人基本需求需要引起国家和社会足够的重视。访谈中代课教师微薄的工资达不到大多数有事业编制正式教师工资的一半，而且职

---

① 国务院办公厅关于印发乡村教师支持计划（2015—2020）的通知. 国办发〔2015〕43 号.[EB/OL].http://www.gov.cn/zhengce/content/2015-06-08/content_9833.html.

业没有稳定性和持久性。当乡村小规模学校教师，尤其是代课教师这个群体的个人生存状态得到改善，大多数乡村小规模学校教师才会有更多的精力和时间去考虑专业发展和自我实现，才能激发自身潜能在教育教学上发挥创造力，积极主动地实现自身的价值。

2. 教学设备和资源匮乏

教师专业发展离不开人、财、物的支持与保障。在回答"学校的教学设备情况？"这一问题时，102 位被调查的乡村小规模学校教师有45.1%的人认为乡村小规模学校的教学设备不太齐全。教师教学设备不太齐全为教师教育教学带来了不便，教师的专业发展受到客观条件的限制（如图 2.4）。

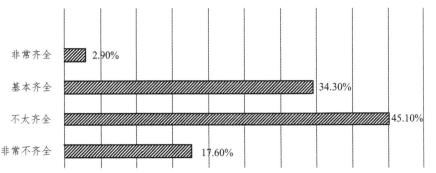

图 2.4 学校教学设备齐全度分布图

在调研中，许多乡村小规模学校的教学设备配套不太齐全，教师们有时候想把书中抽象的概念用教具或实物直观地展现给学生，但由于教学设备资源短缺，他们"巧妇难为无米之炊"，只好放弃这个想法。正如刚刚上完科学课的 C 老师谈到的：

在科学课中有一节课是讲《听听音》，有音叉的振动，我借用图片仔细的讲解音叉振动的原理，但学生半节课过去了还是一脸茫然，我在想：如果这时有一个实物的音叉教具，让学生直观感受，或者可以打开多媒体让同学们听一听各种声音，也许这堂科学课会更加丰富多彩。不过在我们偏远乡村，能上一节科学课，已经很不容易了。大多数时候，课表上写的科学课都被语数外主课占用了。不过这个学科也不参加统考，不看最终考试成绩，没什么教学压力。

（摘自 2018 年 11 月 20 日对 C 老师的访谈记录）

在乡村小规模学校教室里几乎看不到多媒体、投影仪、一体机这些教学设备，教师用粉笔和黑板延续着传统教学，课堂没有鲜活的教学方式。谈到此话题，L 校长表达了自己的看法：

我们去参观发现市里中心小学的学生，还有计算机室可以感受怎么去用鼠标画图，我们的孩子们见都没见过。T 市的小学在走廊设置了图书角，旁边配备着小凳子，课间活动的时候，有愿意读书的学生沉浸在阅读的快乐中，而我们的孩子从来没享受过这些。起跑线本来就不一样，再加上教学设备资源的不均衡，我们小规模学校的发展更是举步维艰。

（摘自 2018 年 11 月 20 日对 L 校长的访谈记录）

教育设备的缺失严重制约小规模学校的进步和发展，而这本是教师专业发展和成长的基本物质保障。

根据约翰·罗尔斯公平正义理论，义务教育资源配置要尽可能做到公平和公正，为了让弱势群体享受同质量的教育待遇，政府应当反向歧视、体现差异原则，更加重视乡村学校、教育薄弱地区和弱势群体教育资源的投入与配置，达到教育公平。[1]约翰·罗尔斯的正义理论

---

① 张传萍. 强化公正价值导向促进教育均衡发展——罗尔斯《正义论》对我国义务教育资源配置的启示[J]. 新课程研究（上旬），2013（10）：4-7.

给我们的启示是：教育设备和资源属于义务教育资源的一部分，政府和教育部门应当本着公平、公正和平等的原则来关注乡村小规模学校，并把教育设备和资源向小规模学校倾斜，给予乡村小规模学校教师专业发展的教育物质保障，让教育资源的均衡配置惠及乡村小规模学校的教师和学生。

3. 学校管理制度不完善

学校的管理制度能够保证学校各项工作有序进行，使教师和其他工作人员的工作规范化，使学生在校行为规范化，确保教育教学工作顺利进行，提高工作效率。制度的制定、修改和完善既要有领导的智慧凝结，又要有全体教职工的民主参与，但是管理制度的建立必须要考虑对教师和学生人文关怀。如果一个学校的管理制度无视人的需要和存在，没有充分尊重教师权利和需求。那么这样管理制度就无法真正发挥作用。

完善的学校管理制度是一个学校持续发展和进步的关键环节和保障，在实际调研中，笔者发现乡村小规模学校管理和制度方面存在一些问题，这也严重地制约着教师们的专业发展。在访谈两位教师时，他们说出了自己的心声：

在乡村小规模学校好多年了，这个学校只有一到三年级，一个年级一个班，我们三个人每人包一个班，进行包班教学。从早到晚孩子们看着一个老师，真要出现审美疲劳了。怕孩子们出现安全事故，下课我们几乎没出过教室，改作业和写教案都在教室中进行。包班制度没有人替换你，什么课都一个人带。但是没办法，要挣钱养家糊口，只有坚持，咽炎和颈椎病都是工作累出来的。真希望可以改变这种包班制教学。

（摘自 2018 年 12 月 4 日对 D 老师的访谈记录）

我们乡村小规模学校活动少，竞争少。和大学校的热闹相比，我们小学校有时候真冷清，仿佛一潭死水，不够鲜活。本该嬉笑欢闹的课外活动，我们小学校的孩子安安静静的，我觉得这是反常态的。我心疼我们小规模学校的孩子和老师，他们内心不够快乐。教师们在散漫的状态下，积极性、成就感和幸福感不高，专业成长相对非常缓慢。希望学区可以在管理制度上做出调整，一些活动也让我们乡村小规模学校的学生和教师可以加入其中。

（摘自 2018 年 12 月 4 日对 W 老师的访谈记录）

从以上的访谈可以清晰地看到乡村小规模学校在制度管理上存在的问题——包班制度严重、活动少等。这使教师承担着繁重的教学任务，不完善且单一的管理制度减缓了乡村小规模教师专业发展的速度。

二、教师工作压力大，尊师重教氛围不浓厚

1. 教师身兼数职，工作量偏大

乡村小规模学校由于学校教师人员少的特殊性，在调研的 S 镇大多数乡村小规模学校没有行政部门和后勤部门，所有的工作都教师承担，教师的工作量偏大。以下是与乡村小规模学校教师工作量相关的问卷题目，对其进行描述统计分析，结果如表 2.13 所示：

表 2.13　教师工作量分布表

题目	选项	人数	百分比（%）
一周课时数	11～15 节	27	26.5
	16～20 节	60	58.8
	20 节以上	15	14.7
是否还承担教学以外的工作任务	是	59	57.8
	否	43	42.2
一周的劳累感	非常累	47	46.1
	比较累	45	44.1
	一般累	8	7.8
	不太累	2	2.0

由表 2.13 可以看出，在 102 位被调查的乡村小规模学校教师中，

一周课时数为 16 节及以上的多达 75 人，所占的比例为 73.5%，并且有 57.8%的教师还承担教学以外的工作任务。关于劳累感，感觉"非常累"和"比较累"的人数多达 92 人，所占的比例为 90.2%。这充分说明乡村小规模学校的教师工作量过大。

鉴于此，笔者特意访谈了 HX 小学的一位老师：

问：在小规模学校，有没有除教学以外的工作？

答：我们学校好多教师都是身兼数职：有的兼职图书馆管理，有的兼职营养餐分发管理，有的兼职学校后勤的设备维修。

问：那每周的课时量怎么样？

答：我目前二年级三班包班，一周 22 节课以上，还要负责营养餐的发放、值周工作、图书馆管理工作，下课改作业都在教室。真的非常累，有时候都不想坚持了。

（摘自 2018 年 11 月 20 日对 A 老师的访谈记录）

通过问卷还了解到，乡村小规模学校多学科现象普遍，教师的工作量非常大，这无疑也为乡村教师专业发展增加了难度。从表 2.14 可以看出，在 102 位被调查的乡村小规模学校教师中，任教三门及以上科目的比例高达 61.76%，而任教一门科目的比例仅为 8.82%，这充分说明了乡村小规模教师多学科任教现象较为普遍。

表 2.14　教师所教学科数量情况分布表

题目	选项	人数	百分比（%）
在学校任教科目数	一门	9	8.82
	两门	30	29.41
	三门以上（含三门）	63	61.76

从以上的问卷调查和访谈中可以了解到：一方面，乡村小规模学校教师在校兼任的科目繁多，教师的代课量和代课压力非常大，多学科教学成为教师专业发展的阻碍，师资补充问题需要得到广泛重视。乡村小规模学校教师任教多学科现象对于孩子是非常不利的，孩子们的性活泼，每天面对同一个老师，会产生"审美疲劳"，

降低课堂的学习效果。另一方面，乡村小规模学校里，教学工作、行政工作和后勤工作都由学科教师兼任，这一现象比较普遍。人的精力有限，教师课时量大，又身兼数职，回家还要料理家务，这让乡村小规模学校教师无暇顾及自身的专业成长，也使教师的专业发展陷入困境。

2. 教师职业认同感不高

随着城镇化的推进，乡村的许多年轻父母选择去大城市做"打工族"，他们想着多赚点钱，把孩子转到县城去读书。目前乡村小规模学校教师面对许许多多这样的"打工族"家长和留守儿童，无法与城市教育水平比肩的农村教育水平让乡村小规模学校教师内心自卑，缺乏职业的自信心和认同感。

A：你目前在哪个学校工作？

Y：在 S 小学。

A：这个小学很偏远，是教学点吧，怎么听都没听过？你们那学生少，一天的工作也就哄哄几个孩子，下雨下雪天，把孩子们叫到宿舍把课也就上了，蛮轻松的，就是太偏僻了。

（摘自 2018 年 11 月 21 日对 Y 老师的访谈记录）

这是 Y 老师谈起的她和同学 A 的一段对话。这样类似的谈话有很多，乡村小规模学校教师的社会价值是被低估的。在普通人的观念中，乡村小规模学校教师的工作是轻松的：学生比较少，教学内容简单。殊不知，越小的学校越考验教师的管理质量和水准，小班化教学中"为了每个学生"的核心理念目标并不容易达到，从学生课桌椅的摆放、小组合作方式到课堂的组织管理方式，每一项都考验着乡村小规模学校教师的能力。

乡村小规模学校中，留守儿童占很大比例。这部分学生父母常年外出务工，只有爷爷奶奶在身边。留守儿童管理不易，家长又不能与老师很好地配合。乡村孩子知识基础差，需要老师付出更多的精力和耐心，但部分家长并不理解老师的苦衷，把孩子的成绩好坏归咎于老师，并没有给予老师应有的肯定与尊重。久而久之，教师的社会地位和职业幸福感下降，职业认同感不高，专业发展更是无从谈起。

三、专业发展路径受限，交流合作意识不强

1. 适切性培训机会匮乏

培训对于职后教师专业发展有着显著的作用。刘胡权提出：对于乡村小规模学校，教师专业发展主要依靠对外培训和对内研修。[①]我们对乡村小规模学校教师每年外出培训的次数和校本教研情况进行了问卷调查。

在 102 位被调查的乡村小规模学校教师中，每年外出培训次数为 2 次或 3 次的教师所占的比例为 16.6%，高达 83.4% 的教师仅参加 1 次或从未参加，这说明乡村小规模学校的教师外出培训机会较为稀缺（如图 2.5）。

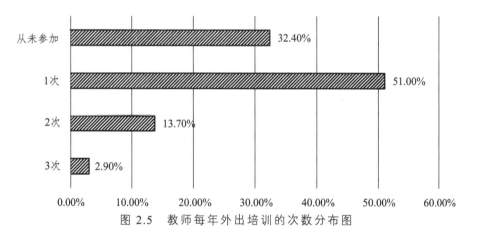

图 2.5　教师每年外出培训的次数分布图

教师专业发展的重要途径——校本研修在乡村小规模学校开展的次数是比较少的，102 名参加调查的教师中有大约一半的人每学期固定参加一次校本研修，每周都参加的只占到 14.71%。关于校本研修的意义，受调查对象中有 62.74% 的教师认为是有积极意义的，但具体的积极意义并不清楚（如图 2.6）。

---

① 刘胡权. 底部攻坚——农村小规模学校的振兴[M]. 北京：北京理工大学出版社，2015，99.

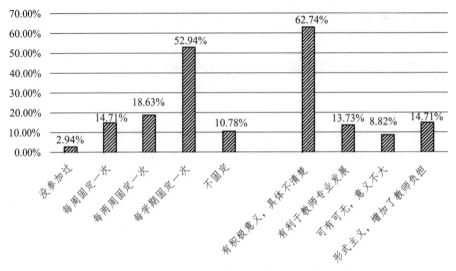

图 2.6　校本教研次数与校本研修意义情况分布图

在对乡村小规模学校 Z 校长和教师的访谈中，他们谈道：

培训的机会我们一般留给镇上中心小学和一些大规模学校。乡村小规模学校就那么几个老师，要是去培训了，学生的课就没人上了。学生没人管，要是安全方面出现问题，我们都是要被追究责任的。大规模学校教师去培训，有人替补上课，不耽误教学，也不存在安全隐患。

（摘自 2018 年 12 月 4 日对 Z 校长的访谈记录）

外出培训的机会非常少。我们内心也渴望与外面优秀的骨干教师交流，学习新的教学理念和方法，但这样的机会很少落在我们这样的小规模学校，我们仿佛总是被遗忘的。硬性要求的培训在附近县里举行，在假期中进行，每次培训的东西都差不多，没有新意。培训的内容和我们小规模学校实际教学不吻合，一般都是上面的专家满堂灌，下面培训者在玩手机、睡觉、看其他的书，只有极少数教师在做笔记，认真听讲。

（摘自 2018 年 12 月 4 日对 F 老师的访谈记录）

在问卷调查中，许多教师表达了外出培训的诉求。

从以上调研中，可以了解到教师对于外出培训的诉求和渴望。培训是促进教师职前、职中、和职后专业发展的重要途径，可是在乡村小规模学校教师眼中，好的机会是相当少的。对于低效的、不符合他们需求的培训，他们的态度是消极的。这使乡村小规模学校教师自身专业发展陷入困境当中：教学形式单一，教学思维陈旧，专业发展非常缓慢。

根据终身发展理论，教师个体面对现代科技的飞速发展和知识信息日新月异的现状，必须要从思想和态度上进行转变，清醒地认识到原地踏步带来的危机感，树立不断更新自我知识体系的观念，自觉地发展专业，不断利用外在支持和内在鼓励进行自我充实、自我完善和自我发展，积极参加各种职后继续教育，坚定专业理念，丰富专业知识以及提升专业能力。培训作为乡村小规模学校教师继续教育的重要方式，在教师的专业发展方面扮演着重要的角色。与教师入职前的师范教育不同，教师继续教育不是轻而易举就能实现的，这要求教师转变思维方式，更新思想理念，倡导乡村小规模学校教师从专业知识的丰富、专业经验的积累以及专业服务学生的意识等方面提升自我。

另外，乡村小规模学校教师的培训机会少以及不切合实际的培训等问题，也应当引起教育部门和学校的关注和重视。

2. 教研活动合作理念的缺失

教师专业成长得益于校内外教师间的沟通与合作。可见，教师教研中积极地与同事互动交流合作，在对话的过程中共同进步是促进专业发展的有效路径。兹对乡村小规模学校教师参加校际交流合作的频率进行描述统计分析，结果如表 2.15 所示：

表 2.15　教师参加校际交流合作分布表

题目	选项	人数	百分比（%）
参加不同学校教师之间的教学交流和合作机会	非常多	9	8.82
	一般	55	53.92
	非常少	38	37.25

由表 2.15 可以看出，在 102 位被调查的乡村小规模学校教师中，参加校际交流合作的频率为"非常多"的仅 9 人，占调查对象的 8.8%。这说明乡村小规模学校的教师校际交流与合作并不多。

从教师的问卷和访谈来看，教师们提及教研活动多数是形式主义并为应付检查而进行的，教师之间缺乏合作，对于"教师共同体"的概念知之甚少。谈到此话题，三位教师表达了自己的想法：

上次安排教研活动是参加网上视频学习的教育活动，我们根本没时间去看，开着视频播放，下班时候关了，播够时间完成任务就行了。谁会一本正经去仔细参加教研呢，手头的作业要批，教案要写，课要上，一大堆事等着做，老师们都是各忙各的，交流的机会很少，闲暇聚在一起也就是聊聊家常。

（摘自 2018 年 12 月 5 日对 Y 老师的访谈记录）

我们小规模学校实行"奖优罚劣"的规定，教师们都是各自上各自的课，因为期末要评比教学成绩，成绩不好就要扣钱，同事之间都在暗暗竞争，教师交流教学心得的机会非常少，教师之间合作很少，像刚提及的建立"教师学习共同体"，我没听说过。集体备课更不可能，教师集体备课，学生就没人管了，再者我们小学校学生的管理是重点，孩子们不要出安全问题是重中之重，教研是其次的。

（摘自 2018 年 12 月 5 日对 C 老师的访谈记录）

我们不懂现在那些花里胡哨的教学方式和教研活动，其实我感觉那些还没有我们用一根粉笔、一块黑板的传统方式教出来的孩子成绩考得高。

（摘自 2018 年 12 月 5 日对 F 老师的访谈记录）

在调查中发现，教师校际交流与合作的机会并不多，教师们比较封闭保守、竞争激烈，彼此之间缺乏思想的沟通和观念的碰撞，时间一长会造成一种以自我为中心的恶性循环，对教师专业发展毫无益处。乡村小规模学校许多年迈的教师对传统教学方式有执念，很难打破固有思维去合作，去创新。紧张繁重的教学任务和学校的琐事让小规模学校教师之间很少交流心得。教研只为应付检查的消极心态让乡村小规模学校教师的专业知识和专业理念得不到更新和提高，建立"教师共同合作发展共同体"的新理念并没有深入小规模学校教师的内心，教研缺乏合作非常不利于教师专业的发展。

饶从满指出，同事是教师专业发展的重要潜在资源，同事成为教师发展现实资源的重要路径是教师同事间的合作。①现代社会在提倡合作意识和团队价值，强调"抱团发展"的理念，教师教研的时候也要树立终身学习的先进理念，积极倡导同事之间的合作与交流，建立"教师学习的共同体"。毕竟个人的视野和经验是局限的，教师在封闭中寻求自身专业发展的速度是缓慢的，只有在与同事的相互观摩课、讨论、评价、交流、分享学习心得的过程中才能打开视野，吸取他人的思想精华，进行自我反思，才能相互促进，共同进步。

四、自主发展意识淡薄，角色定位不准确

1. 职业倦怠问题突出

职业倦怠的界定有很多种：饶从满认为职业倦怠是身心疲惫的状态，是个体无法妥善减轻压力或处理工作而造成的内心挫败的体验。皮特斯（Peters）认为：职业倦怠是指燃尽或耗尽个人的心智、生理、情绪资源，主要表现为疲乏、冷漠、理想幻灭等。②乡村小规模学校教师产生职业倦怠的原因有三方面：第一，乡村小规模学校地处偏远，贫穷，落后，条件艰苦，再加上学校活动少的缘故，教师们内心感到失望和孤独。教师人数偏少，往往身兼数职，教学任务和其他琐碎的工作繁重，让小规模学校教师身心俱疲。第二，乡村小规模学校教师缺乏先进的教学理念和方法的专业引领，缺乏与同行的交流合作，在日复一日机械地重复相同教学内容中耗尽了专业发展的热情。第三，乡村学生家长的不理解和不配合，以及领导一味追求教学成绩的不合理的评价体系让乡村小规模学校教师在生存和工作的双重压力下，逐渐出现了职业倦怠。

在对乡村小规模学校教师的访谈中，许多教师表现出了或多或少的职业无助感和倦怠感。谈到此话题，三位教师表达了自己的观点：

参加工作15年了，从前站在讲台上有使不完的劲儿，总想把自己会的才能都展示给可爱的孩子们。现在每天日复一日重复相同的课，

---

① 饶从满，杨秀玉，邓涛. 教师专业发展[M]. 长春：东北师范大学出版社，2005，143.

② Barry A.Farber.Crisis in Education：Stress and Burnout in the American Teacher.San Francisco：Josser-Bass Inc.Publisher，1991.

批作业、备课、处理教学外的琐碎事，不服管教肆意吵闹的学生，反复强调知识点依旧错误连连的学生，对学生学习持不在乎态度的家长让我烦躁不安。多少次我气冲冲地从教室出来，火气和怨气压在心底，时间久了，真是厌倦了。

（摘自 2018 年 11 月 20 日对 C 老师的访谈记录）

我大专毕业后来到这所学校，教室零零散散坐着的几个孩子淳朴、天真的笑容让我下决心要把课堂弄得新颖，让班级充满活力。教英语的我，为了让学生们能直观地体会，准备了可乐、牛奶、饼干、面包等教具。用丰富的游戏环节穿插、情景式教学导入，一堂课下来，学生们非常开心，反馈也很好。但期中考试学生成绩只排中游，这时校长找我谈话说我的英语课堂太过于花哨，唱唱跳跳，嘻嘻哈哈，显得无秩序。不能多布置作业，课堂不能以玩为主，教学成绩提高是重点。从那以后，我教学创新的热情被浇灭了，我就开始按部就班地上课。

（摘自 2018 年 11 月 20 日对 A 老师的访谈记录）

我们小学校没什么活动，显得冷冷清清的，学生和教师都有孤独感和无助感。教师工作晋升的机会空间小，这一切都让我无精打采，心生倦怠，想要逃离。

（摘自 2018 年 11 月 20 日对 W 老师的访谈记录）

调查中乡村小规模学校教师队伍存在明显的职业倦怠，这种不良的状态若不能及时缓解，教师会在教学上消极懈怠并且逐渐丧失自信心，从而影响乡村教育的质量，教师专业发展更无从谈及。

2. 主动发展意识薄弱

从参加调查的 102 名教师的结构来看，特岗教师和代课教师最多，其次是有事业编制的教师。可见国家政策有意在乡村小规模学校中增加年轻特岗教师。特岗教师的知识层次相对要高一些，但其职业适应性和稳定性都不高。从富勒的关注阶段说我们了解到，刚参加工作的特岗教师处于关注生存阶段。他们对乡村艰苦的条件不适应，缺乏教学经验，往往更关注的是如何尽早与同事建立良好的关系，完成教学任务，不能将注意力集中到关注学生上，自身主动地去寻求专业发展的可能性不大。服务期满后特岗教师面临着二次择业的问题。以下是对一位特岗教师的访谈：

问：你当初为什么会来这里当老师？

答：当时师范学院毕业，能报名的考试就去参加，没想到分到了离家这么远的小学校。

问：服务期满了你会继续留在这里当老师吗？

答：不会，我觉得这里条件太艰苦了，离家也远。我打算报考公务员或乡镇干部，不想再当老师了。

（摘自 2018 年 11 月 20 日对 W 老师的访谈记录）

另外，部分乡村小规模学校有事业编制的教师处于一种自满的状态，专业发展比较消极。以下是与两位教师的访谈：

虽然小学校离家远点，但人际关系简单，同事之间关系比较融洽。我今年晋升了高级教师职称，工资也已经上去了。学校管得也不严，我也不想太累，我不会让自己再辛苦了。

（摘自 2018 年 11 月 20 日对 D 老师的访谈记录）

教师专业发展方面，我没有多么大的志向去规划，我就走一步看一步吧。小规模学校竞争压力小，晋升自然先轮到我们正式教师。

（摘自 2018 年 11 月 20 日对 C 老师的访谈记录）

教师自主发展意识强调教师主动肩负起专业发展的责任，促使教师个体自身持续不断地自我反思、自我设计、自觉调整实施，从而使自己的专业素质得到更新。[①]自主发展的意识是教师专业发展必不可少的影响因素和条件。教师自主发展是靠教师自身的自觉性、自我发展意识的觉醒，以及对教师所肩负的教书育人神圣职责的清醒认识，在积极的自我反思中发现自己知识或者能力方面的问题和不足，明确自己的现阶段的专业水平，去主动激发自己内心自我发展的愿望，制定阶段性和长久性的发展目标和规划，去积极实施计划，去接受评价和反馈，进而获得专业发展的过程。教师自主发展的意识需要教师首先端正专业发展的态度，利用好身边的环境资源和人力资源，主要靠

---

① 杨馥卿，葛永庆，王京华. 自主意识、自主行动、自我管理——教师自主发展的必由之路[J]. 教育探索，2008（10）：97-98.

自己的内驱力去获得自我实现。

访谈中，小规模学校教师主动寻求专业发展的意识并不强烈，消极的学习态度影响着他们追求更高层次发展。特岗教师职业认同感削弱、在编教师处于自我满足状态、代课教师处于"边缘化"的地位，他们寻求自我专业发展的意识是淡薄的。乡村小规模学校教师的专业发展态度需要各方面的努力，教师内心寻求专业发展的想法需要激活，教师专业发展的自我规划、自我反思的能力需要提高。薄弱的自主发展意识只会阻碍乡村小规模学校教师的专业发展，也会使乡村小规模学校整体的教学质量和水平停滞不前。

3. 传统的角色定位难改变

乡村小规模学校中许多教师并未从传统的"师道尊严"中走出来，角色定位一直是知识的"传授者"和"管理者"。这种观念固化阻碍着师生之间的交流与对话，教学活动在寂静无声的世界延续着。

访谈中 SY 小学的 F 教师说起了自己对教师角色的理解：

问：您能谈谈对新课改中教师角色转变的看法吗？

答：教师角色就是教好课，听说过新课改传递的合作探究，但是说实话，合作探究新理念有什么用，最终期末成绩考不好还是要扣工资，被领导训话，被同事们瞧不起。只有管好学生，踏踏实实用"题海战术"的方式保证成绩是最直接有效的。我们小学校乡村孩子父母常年外出打工，爷爷奶奶对孩子缺乏管教，你给他们好脸色，课堂就变成"菜市场"，根本震慑不住他们。

（摘自 2018 年 12 月 5 日对 F 老师的访谈记录）

从访谈中可以了解到，教师制定纪律，学生遵守纪律；教师选择教授的内容，学生唯命是从；教师追求成绩分数，学生乖乖配合是乡村小规模学校教学的常态。乡村小规模学校班级少，学生少，留守儿童多是突出特征。这些孩子长年缺少父母的陪伴，更加渴望教师的关爱与沟通。学生在成长过程中面临的各种各样的问题其实可以刺激教师不断去阅读教育学和心理学的书籍，从而打牢理论知识基础，运用到现实的教育教学中来丰富实践知识，是教师专业发展的契机和催化剂，但前提是教师可以转换自身传统的角色来了解、关爱学生并相互学习。乡村小规模学校教师陈旧的教学模式和传统的角色定位只会束缚其专业发展。

第四节　乡村小规模学校教师专业发展走出困境的对策和建议

一、提高教师物质待遇，给予制度保障

1. 提高福利待遇，满足教师个体基本需求

国务院《乡村支持计划（2015—2020）》文件中指出：全面落实集中连片特困地区乡村教师生活补助政策，依据学校艰苦边远程度实行差别化的补助标准，中央财政继续给予综合奖补。各地要依法依规落实乡村教师工资待遇政策，依法为教师缴纳住房公积金和各项社会保险费。[①]《乡村支持计划（2015—2020）》的颁布表明了国家对乡村教师的生存现状越来越重视，但是文件的落实是重中之重，国家颁布的教育文件应当落到实处，真正惠及最基层的、最贫困地区的乡村教师。

乡村小规模学校由于地理位置偏远、工作环境艰苦，不容易吸引到教师前来任教从教。政府应当设立乡村小规模学校教师特殊岗位津贴来提升小规模学校教师岗位的吸引力，让乡村小规模学校教师的工资待遇略高于一般乡村教师的收入，从而吸引更多优秀的教师心甘情愿地来到乡村小规模学校从教。只有解决了乡村小规模学校教师的生存顾虑，才能保证教师专心于自身的专业发展。

《乡村教师支持计划（2015—2020年）》同时指出：职称（职务）评聘向乡村学校倾斜。各地要研究完善乡村教师职称（职务）评聘条件和程序办法，实现县域内城乡学校教师岗位结构比例总体平衡，切

---

① 国务院办公厅关于印发乡村教师支持计划（2015—2020年）的通知. 国办发〔2015〕43号. [EB/OL].http://www.gov.cn/zhengce/content/2015-06-08/ content_9833.html.

实向乡村教师倾斜。^①但实际上有的政策并未落到实处，大量的职称晋升机会给了中心学校或大规模学校，职称晋升考核标准存在不公平的现象。国家政策从颁布到执行，中间存在偏差。建议政府在颁布教育政策的同时，也制定落实该政策的相应监督制度，确保职称晋升机会可以落到乡村小规模教师身上。职称晋升是对教师专业发展的肯定与鼓励，落实职称晋升政策向乡村小规模学校教师倾斜有利于鼓励小规模学校教师在专业发展的道路上越走越好。

笔者在调研中发现，特岗教师和代课教师是乡村小规模学校任教的主要力量。但这两类教师存在同样的顾虑和心事：编制问题。年轻的特岗教师面临服务期满重新择业的风险；工作了 20~30 年的代课教师直到退休为止也无养老保险。这对于其专业发展是相当不利的。呼吁政府可以对乡村小规模学校教师进行编制倾斜，让教师在物质保障的前提下，无后顾之忧地全身心地投入教育教学和自身的专业发展中。

保障教师的物质需求是教师专业发展的前提，也是改善乡村小规模学校整体生存状况直接、有效的方法。

2. 设立专项资金，丰富教学设备资源

在笔者调研的 15 所乡村小规模学校中，学校的硬件配置率非常低，例如多媒体、一体机、计算机、教具、图书馆、运动器材等的配置。政府应当设立专门针对乡村小规模学校的硬件专项配套资金，调动地方乡镇的积极性，使乡村小规模学校整体的教学资源丰富化、各种学科教具完备化。

乡村小规模学校在办学方面的资金是短缺的，国家应该设立针对乡村小规模学校设立专项的教育经费，做到公平分配教育资金，完善教育教学设备，为乡村小规模学校教师的专业发展提供硬件支持。在教育资金的分配方面，必须本着公平公正的原则，重视乡村小规模学校，确保乡村小规模学校的专项资金可以专款专用，真正做到教育资金惠及教师和学生。

---

① 国务院办公厅关于印发乡村教师支持计划（2015—2020 年）的通知. 国办发〔2015〕43 号. [EB/OL].http：//www.gov.cn/zhengce/content/2015-06/ 08/content_9833.html.

3. 完善学校管理，杜绝包班制度

笔者在调研中了解到，乡村小规模学校教师任教科目较多，在担任一门主课的同时还兼顾一两门副课，工作量比较大。学生课程表上有体美课程、地方课程、校本课程，但实际上这些课程并没有好好开设。建议学校提高体育美术教师"走教活动"的频率，让中心学校或大规模学校教师送教到乡村小规模学校进行专业引领。一方面完备孩子们的知识，另一方面也使乡村小规模学校教师在观摩走教教师送教的活动中拓宽视野，提高自己的专业水平。

包班制度在小规模学校中普遍存在：从早到晚一个教师一个班级，学生容易产生"审美疲劳"，教师也非常容易陷入职业倦怠。学校应当杜绝包班现象，转变管理思路，让有限的教师交叉进行不同年级的教学，或用复式教学来代替包班制度。运用复式教学打破年级限制和学科限制，动态教学环境可以达到用有限课时和有限的教师来完成规定教学的目的，更加凸显师生互动性和生生互动性，注重学生的自主合作、自主探究。复式教学有利于高年级同学回忆旧的知识点，也有利于低年级的学生拓宽学习的思路。目前甘肃在推广复式教学的"垂直互动模式"，即由高年级学生指导低年级学生，让低年级学学协助高年级学生，利用问题情境，让不同年级的学生积极主动地建构知识。渭源县和康乐县采用复式教学"同动同静模式"，即相邻年级编班，同学科搭配，以小组教学为主。[①]这两种复式教学都取得了良好的结果，可以进行推广并应用到许多乡村小规模学校，杜绝包办制度，让教师学习新的教学方法，促进教师的专业发展。

二、缓解教师压力，创设具有人文关怀的校园氛围

1. 增加师资数量，给予教师人文关怀

面对乡村小规模学校教师身兼数职、工作量大的情况，增加教师

---

① 刘胡权. 底部攻坚——农村小规模学校的振兴[M]. 北京：北京理工大学出版社，2015，128-129.

资数量是缓解教师工作压力的重要途径。赵忠平和秦玉友提出：从编制改革的角度来解决师资短缺的现象，呼吁根据校际教师工作量相等原则分配教师。[①]用这种方法来公平分配教师可以有效加强乡村小规模学校师资力量、解决教师身兼数职的困难、缓解教师的工作压力，让乡村小规模学校可以实现教学部门与后勤服务部门相分离，让教师全心全意投入教学，不会为后勤工作方面的杂事分心，也使教师有精力和时间去追求自主的专业发展

同时要努力创设具有人文关怀的乡村小规模校园氛围，教师面临各种职业病，身心健康问题堪忧，教师的健康影响着教育教学的进度和质量，学校应当在每年政府组织的健康体检之外，给予乡村小规模学校教师群体心理方面的关怀、理解和抚慰。建议在社区提供娱乐设施和运动器械，让小规模学校教师在业余时间可以充实自我，放松身心，以便更好地投入教育教学工作当中。开展一些校园活动，例如歌唱比赛、乒乓球运动、教职工联谊会等，以缓解工作压力，防止职业倦怠，从而调动乡村教师的工作热情。

政府增加乡村小规模学校教师数量以及学校营造人文关怀氛围对于乡村小规模学校教师是极大的鼓励和支持，对于提高小规模学校教师的素质、缓解教师身兼数职的困难、有效缓解工作压力和促进教师的专业发展均有所裨益。

2. 加强家校合作，提高教师职业认同

教师自我职业认同感的低下和不自信，以及学生家长的不理解是造成乡村小规模学校教师职业认同感低的主要因素。因此，乡村小规模学校教师要自己树立职业自信心和认同感，肯定自我的职业价值和社会价值，利用一切资源去丰富自己的专业素养，培养良好的道德情操，树立崇高的职业理想，摆正心态面对现实，去努力发展自我。

尊师重教是中华民族的优良传统。师者，传道受业解惑者也。教师在国家人才培养和塑造人类灵魂方面起着不可替代的作用。但是随着城

---

① 赵忠平，秦玉友. 农村小规模学校的师资建设困境与治理思路[J]. 教师教育研究，2015，27（06）：34-38.

镇化速度加快，目前乡村小规模学校中的留守儿童较多，乡村小规模学校教育和家庭教育不同步，家庭教育基本缺失，乡村家长在外地务工的非常多，孩子留给老人照顾，教育的重担大部分落在了乡村小规模学校教师的肩上，许多家长认为乡村小规模学校教师与务工城市学校教师的教学能力水平差距太大，所以对小规模学校教师的尊重度不高。

教师工作是一份走心的工作，需要教师情感的投入和付出，同时也需要与学生、家长、同事、社区互动沟通，重点是家长大力配合和支持，要强调学校教育和家庭教育双管齐下的作用，形成家校合作的良好氛围。要加强乡村文化建设，切实提高社区村民的文化素质，强调教育的重要性和有用性，让家长转变观念与学校大力配合，家庭教育与学校教育齐头并进，理解教师的不易，建立良好的家教关系。把尊师重教付诸行动，而不是一句空话。针对家长对学校工作配合度不高的问题，要倡导乡村小规模学校家长积极关注孩子在学校的动态，尽量多地抽时间配合教师的工作，体恤小规模学校教师的工作，给予他们更多的尊重和肯定。提升教师的职业声望和社会地位，给予教师更多的精神支持。

三、拓展教师专业发展渠道，促进教师共享交流

1. 开展多样化适切性的培训

笔者在对 15 所乡村小规模学校教师的问卷和访谈中，许多教师表达出自己想外出培训开阔眼界并学习新的教育理念的愿望，但考虑到无资金支持只好放弃。2012 年为提高中小学教师特别是乡村教师队伍的整体素质，教育部、财政部实施了"中小学教师国家培训计划"（简称国培计划），但这样的培训机会基本被给了条件好的乡村中心小学和大规模学校。

有的乡村小规模学校教师想要提升自我，但是又找不到途径。近几年大力开展乡村教师各种各样寒暑假培训，有的培训交通费、住宿费用、伙食费开销很大，部分费用要自掏腰包，这让小规模学校教师望而却步。所以要提升小规模学校教师专业素质，首先要解除乡村教师培训经济上的担忧。

笔者在调研学校得知乡村小规模学校教师所参加的为数不多的培训形式单一、不切实际、效果不佳。建议教育部门在培训开始之前对乡村小规模学校教师的培训需求通过问卷或访谈的方式进行了解,然后有针对性地根据大部分乡村小规模学校的教师的培训需求制定切实有效的培训方案,例如,小学全科教师培训、新课改方面的培训、复式教学培训等。开展多样化的培训来提升教师参与培训的积极性,使培训的效果凸显出来,从而促进日常教学,促进乡村小规模教师队伍的专业发展。

　　不仅如此,教育部门还应当对培训的有效性进行监督和回访,各级教育部门要加强培训的考核评价制度。以往乡村教师寒暑假培训有完成任务的心态,对于培训的新教学理念和先进多媒体教学方法,听时很触动,培训结束就将其抛在脑后,继续坚持传统的应试教育教学模式。教育部门和学校管理者应对培训的效度和持久进行追踪考察,例如:开培训经验分享会让教师们畅所欲言、对培训人员进行考核检查、对培训要点开展主题汇报、检查教师的培训心得体会、尝试将培训知识做成创意课程展示、对培训成果进行不定期测试等。要把乡村教师培训落到实处。所以培训的监督和回访机制是非常有效的。在一次次的监督和回访中,新的教育思想和理念会不自觉地融入参加培训的乡村小规模教师心中。

　　面对乡村学校规模小、小班化、教师资源匮乏的情况,培养小学全科教师、实施全科教育是目前的最佳方案。[1]乡村小规模学校大多是不完全小学和教学点,存在教师师资力量薄弱、教师人员缺乏等问题。目前师范院校开始积极培养"全科型教师",但需要很长的时间,所以乡村小规模学校教师向"全科型"教师转变势在必行。"全科型教师"要求小学教师各方面的知识储备比较完整,各个学科都可以胜任。进行全科教师培训对于解决乡村小规模学校小、班级少、学生人数少、教师缺乏等问题是非常必要的选择。在全科教师培训的过程中,乡村小规模学校的教师要有终身发展的教育理念,端正自己的专业发展态度,转变自己的教育理念,丰富自己的学科知识,提高自己的教育理论水平以获得专业发展。

---

① 陶青,卢俊勇. 免费定向农村小学全科教师培养的必要性分析[J]. 教师教育研究,2014,26(06):11-15.

2. 加强专业引领，促进教师合作交流

在调研中发现乡村小规模教师教研的参与度比较低，校本教研的次数也非常少。教研活动直接影响着教师的专业发展水平。乡村小规模教研形式单一，教师长期处于自我封闭、缺乏合作、缺乏专业引领的瓶颈状态中得不到进步。在外出离岗培训不易实现的情况下，学区中心校应发挥其动态管理的作用，转变重视完小、忽视小规模学校的态度，校际教研活动开展要遵循公平的原则，让小规模学校的教师加入，共同共享与交流。每人每周抽一个晚自习的时间轮流参加集体备课。针对小规模学校教师理论层面薄弱、解读教材能力不够、教师竞争力不够、科研能力不够的问题，学校可以邀请市区优秀骨干教师到校上示范公开课或者开座谈会。乡村小规模学校与市区大学校进行校际合作有助于为小规模学校的教师打开专业发展的渠道。

乡村小规模学校应充分利用校际教师资源，基于学校网络合作的理念，由邻近村庄的若干所小规模学校和一所大规模学校或者中心学校组成学校联合体。联合体内设一个中心委员会，负责管理各学校事务。[①]县城的学校与乡村小规模学校开展校际合作，定期派小规模学校的教师到县城学校进行观摩学习和培训，给县城学校的教师分配每学年送教下乡的任务，派优秀的骨干教师定期去小规模学校进行专业引领。同时可以在邻近的村小和教学点间建立起联盟关系，使教学资源在各个学校间得到共享。

四、激发内在动机，提升教师专业发展主动性

1. 缓解职业倦怠，重燃职业热情

乡村教师产生职业倦怠，表现为职业情感枯竭、自我效能感下降、职业认同度降低。职业倦怠导致乡村教师专业自我发展缺乏应有的心理基础，使教师无法产生自主发展的驱动力，从而限制自身专业发展。

克服乡村小规模学校教师的职业倦怠现象，之前提到要满足教师

---

① 曾新，付卫东. 内生视阈下农村小规模学校教师队伍建设[J]. 教育发展研究，2014，（6）：73-77.

个人基本需求。提高教师地位、加强教师的人文关怀是一方面，更重要的一方面是教师自己要勇敢地面对职业倦怠这种现象，努力去改变，去克服。首先，教师应当养成规律健康的生活习惯，保证足够的睡眠，多参加体育运动，保证自己的身体处于良性状态。其次，教师要为自己建立合理的期待水平，设定专业发展的阶段目标和最终目标，提升自己各方面的素质，肯定自己的进步，提高自己的自我效能感，循序渐进地提升自己的专业能力。再次，积极和同事交流，与学生沟通，与家长建立良好的关系。教师要用积极的心态、真诚的态度去打开心扉进行交流，排解自己内心的压力和焦虑，正确认识职业倦怠，拒绝职业给自己带来的负面影响，重燃职业热情。

2. 树立终身学习理念，增强教师自我专业发展意识

乡村小规模学校教师应当树立终身学习的理念，使专业发展贯穿于自己的整个职业生涯，要在不断的实践学习中培养自我职业规划意识、自主学习的意识、自我反思的意识，加强自我评价和自我发展的能力，具备积极的职业认同感。乡村小规模学校教师队伍要主动积极地去学习新的教学理念和先进的教学方法，提高自己的专业研究能力。要转变传统僵化的教学理念，对新的知识要树立终身学习的信念和正确的职业发展理念，把专业发展当作一生的功课，利用有限的教育资源，有目的、有规划地逐渐实现自己的专业发展。全面地审视自我，包括课后反思和科学地问题归因。姜静提出：课后反思是教师根据自身的感受，在课后进行总结反思的自我监控方式。①乡村规模学校教师还应当全面地审视自我，学会科学地归因，从内因的角度去剖析自我。例如，利用严格书写进行教学反思、积极采纳学生和家长的反馈意见、在多元化的评价中寻找到自身的不足，积极利用互联网资源去搜索最新的教学理念与方法，并付诸教学实践。教育理论知识的缺乏是小规模学校教师普遍存在的问题，教师应当正视这些问题，努力阅读学习去拓宽自己的知识面，提高自身的科研水平，从而在目标制定、教学实践、自我反思、自我调整、自我改进的过程中去实现自身的专业发展。

---

① 姜静. 教师自我反思能力培养的实施策略[J]. 教育探索，2004，(11)：107-108.

3. 重塑教师角色定位，树立"为了每个学生"理念

乡村小规模学校有其特殊之处：学校是小班化教学，这意味着学生少、班级少。虽然有缺陷，但从另一个角度看，乡村小规模学校的教师会有更多的精力和时间去因材施教，注重学生质的提高。这是乡村小规模学校的优势和特色所在，教师要积极转变自己的角色定位，从原来的"传授者"和"管理者"向"引导者"或"帮助者"转变，突出小规模学校"小班化"办学的特色，提升自己的专业发展。调研中大多数乡村小规模学校教师都采用传统的授课方式，教师是整个课堂的主角。乡村小规模学校由于班级人数少，使得教师与学生有更多的交流、合作及辅导的机会。这为学生全面、富有个性的发展提供了契机，可以帮助教师更好地挖掘每个学生的潜力。

教师要树立服务意识和"为了每一位学生"的核心教育教学理念，摒弃"用新方式走老路"的形式主义，切实去转变角色和教学方法。例如，乡村小规模学校教室由于人数少，后面还有大量空间。可以改变学校传统的课桌摆放模式，采用"马蹄形""茶馆型""H型"或者"U型"摆法，教师多从讲台上走下来，多深入学生。从教学中学生的质疑到学生的语言训练，再到学生动笔写感想，教师都要一步步地引导学生，体现自主合作的教学理念，培养学生的互助精神和自信心，创造更多的机会去实现师生互动和生生互动。由于班级人数少，作业的批阅直接可以在课堂上完成并做到现场纠错。课堂中根据学生不同的特点去关注不同层次学生，把课堂互动、课堂鼓励、课堂评价牢牢结合起来，进行个性化教学。真正发挥小规模学校的特点，因班施教和因材施教相结合，在自主探究中反思自我，注重合作和效率，注重每个学生的进步和发展，打造具有乡村小规模学校特色的"高效课堂"，提高教师的教育教学能力，促进乡村小规模学校教师的专业发展。

专题三

乡村小学师德建设现状的调查研究

- 引　言
- 乡村小学师德建设现状的调查
- 乡村小学师德建设的问题及成因分析
- 乡村小学师德建设的途径和对策

第一节　引　言

一、研究缘起

教师作为学校教育的主导者，培养学生最主要的手段便是"言传身教"，即通过自己的"言行"来影响学生，因此教师的师德在学生道德品质形成与发展的过程中起着重要作用。但是，目前我国一部分小学教师因种种原因出现了一些师德问题：一是怠慢教学工作，热衷于第二职业。如对教学工作敷衍了事，缺乏"敬业爱生"的职业态度，热衷于办辅导班。二是存在教育歧视，缺乏教育公平。如部分老师喜欢关心爱护成绩优异的学生，对于学习困难的学生则会大声威吓、罚抄、罚站。三是故步自封，安于现状。如缺乏职业认同、职业目标和职业动力，平时忙于工作，疏于学习。四是看重个人利益，不善团结。如将个人利益放在首位，对别人的成就与进步冷言冷语，人际关系紧张。五是以教谋私，为教不廉。如强制要求或变相引导学生购买一些复习资料，随意收费补课等。这就凸显出师德建设的必要性以及建立健全师德建设相关法律法规的迫切性。

近几年，我国政府为了切实转变中小学教师的师德观念、提升教师的师德品质、改善教师的师德行为，从中央到地方出台了许多规章制度：2013 年，教育部印发《关于建立健全中小学师德建设长效机制的意见》；2014 年，教育部印发《严禁教师违规收受学生及家长礼品礼金等行为的规定》；2018 年《中共中央、国务院关于全面深化新时代教师队伍建设改革的意见》颁布；2018 年，教育部修订印发《中小学教师违反职业道德行为处理办法（2018 年修订）》；2018 年教育部印发了《新时代中小学教师职业行为十项准则》等文件，完善师德建设的相关制度与法律法规。

通过浏览相关的新闻报道可以发现，总体上我国小学教师队伍的整体素质和师德水平是好的。他们长期坚守在一线岗位、艰苦朴素、依法执教、廉洁从教、爱岗敬业、热爱学生，为我国基础教育事业做出了重要的贡献，也赢得了社会的赞誉和尊重。但仍有小部分教师失范、失德的现象存在，并且笔者在乡村小学实习时发现部分乡村小学教师存在职业倦怠、体罚学生、消极工作、职业发展被动等问题。由此可见，仅依靠国家政策的支持，并不能完全改善我国乡村小学教师的师德问题。那么，我国乡村小学师德建设的情况如何？怎样提升我国乡村小学教师的师德修养？这一系列问题引起了笔者对乡村小学师德建设的深入思考。

因此笔者着眼于乡村小学师德建设的现实状况，着重探讨小学内部成员对师德建设的重视程度、校长在师德建设中的领导和管理方式、教师在师德建设中的处境和地位、小学师德建设中的保障机制和人文环境等方面。

二、研究目的与意义

1. 研究目的

笔者以甘肃省 C 县部分乡村小学校长和教师为研究对象，通过问卷调查和个别访谈的方式来考察乡村小学校长领导的意识与方式、教师的态度与地位、学校的人文环境和师德建设机制等，并在梳理国内相关文献的基础上，从道德领导、教师人本管理和师德保障机制的角度提出改善乡村小学师德建设的策略，希望能切实提高乡村小学教师队伍的师德水平，满足社会对提高乡村小学教育质量的诉求，促进我国乡村小学形成"道德共同体"。

2. 研究意义

（1）理论意义

研究乡村小学师德建设是丰富乡村小学师德建设相关理论的有效途径。该研究重点从"意识与态度""领导方式""人文环境"和"保障机制"等方面,找出乡村小学师德建设中存在的问题,分析乡村小学师德建设存在问题的原因,结合学校道德领导理论和教师人本管理理论提出有效的师德建设措施。相信这对于完善乡村小学师德建设的研究,特别是丰富我国乡村小学教师的师德内涵具有一定的参考价值。

（2）实践意义

从关于师德建设的研究中可以发现,关于学校师德建设的文献虽然从总数上看比较多,但有关乡村小学师德建设的文献却很少。笔者以甘肃省 C 县部分乡村小学为例,从校长的师德建设领导意识和方式、教师的师德建设处境和态度、学校的师德建设保障机制和人文环境等方面,深入研究乡村小学师德建设存在的问题并提出可行之策,期望在提升乡村小学教师师德修养和改善教学行为的同时,能够提高乡村小学教师的职业幸福感,为构建"学校道德共同体"打下一定的现实基础。

三、文献综述

1. 核心概念界定

（1）乡村小学

乡村在《辞源》一书中被解释为"主要从事农业、人口分布较城镇分散的地方"。目前我国对乡村的解释有两种,一是乡、镇、村等行政区域;二是指县镇、乡（镇）地区以及村庄等区域。

关于乡村小学的概念界定,目前学术界主要有两种:一是乡（镇）和乡（镇）以下的小学,不包括县级地区的小学;二是县域内所有的小学。

本章提到的乡村小学是指乡镇以及村庄中的公办小学和完全小学。

（2）师德

《邓氏族谱·邓氏宗范》云:"择师以师为人表,非品隆学优者,子弟将无从取法也。"[1]从上述家训中也可以看出,传统私塾教育中的

---

[1] 王烁生. 传统私塾教育中的师德理念窥探[J]. 教育评论,2016（04）:161-165.

"师德"是指良师的道德形象，包括"为人师表""品行端正"和"学业优秀"等三个方面。蔡颖（2010）认为："师德不是简单的说教，而是一种精神体验，一种深厚的知识内涵和文化品位的体现"[①]。王宏（2016）认为："师德是每一位从事教书育人工作者必须具备的核心素养之一，也是构建其专业发展的重要基础。师德即教师职业道德，是教师在从事教育教学活动中必须遵循的道德规范和行为准则，以及他们所表现出来的道德观念、道德情感和道德行为。"[②]师德是教师外在必须遵守的师德行为，也是内化了的师德素养。师德不仅需要教师在职业道德中奉献和牺牲的精神，还需要提升教师的职业认同感、自豪感、幸福感等。师德不仅是教师个人的道德修养，还关系到教育质量。所以，要永远将"师德"摆在学校教育实践中，并不断赋予其新的内涵。

综上所述，该研究中的"师德"是指教师在"教育职场"这个大环境中应具备的师德观念、师德品质与师德行为规范。贯穿于教师专业发展全过程的师德修养，是引领教师专业发展的核心灵魂。

（3）师德建设

"建设"一词的释义有三种：一是建立、设置；二是陈设布置；三是创建新事业或增加新设施。师德建设既要坚持教师的自觉和自律，又要贯彻自律和他律相结合的原则，根据教师的特点进行引导、培养、监督、评价和激励，以强化外在的影响与节制，从而提高教师素质。[③]师德建设，就是通过一系列政策、措施等外部因素，促使教师全面而深刻地理解并内化师德规范，进而表现为教师自觉、自主地履行教育职责，提高教育质量的过程。[④]因此，师德建设强调外在的力量、外在的制度在师德养成中的作用。[⑤]

笔者认为，师德建设不仅是教师外在师德行为规范的建设，还是

---

① 蔡颖. 新时期师德修养[M]. 长春：东北师范大学出版社，2010.
② 王宏. 教师师德建设长效机制构建研究[J]. 教学与管理，2016（03）：56-58.
③ 南文化. 概念、派别、批判：高校师德建设问题研究综述[J]. 教育文化论坛，2014，6（01）：69-73.
④ 臧雷. 基础教育师德建设内涵、着力点与方法[J]. 中小学教师培训，2018（10）：1-5.
⑤ 王毓珣，王颖. 师德培育与生成[M]. 北京：教育科学出版社，2013.

教师内化师德品质的建设。所以，师德建设在强调外围支撑的过程中也强调内部吸收。本章所关注的师德建设就是让教师坚持正确的导向，强化其师德修养、师德观念和师德品质，增强其教书育人的自觉性和以身立教的责任感。

2. 乡村小学师德建设的内容

（1）增强教师的家国情怀

所谓家国情怀，就是指对家乡和祖国所表现出来的深厚情感，是对家乡和祖国高度认同的一种责任感、使命感和归属感。师德不仅是个人修养问题，还关系到教育质量。所以，教师在日常的教学工作中，必须树立爱国意识，培养爱国情怀。因此，家国情怀是教师师德修养的基础，是每位教师应该履行的责任和义务。[1]

（2）强化教师的职业认同

2019年1月18日，教育部部长陈宝生在全国教育工作会议上表示，现在教师负担很重，各种与教育教学科研无关的社会性事务压得老师喘不过气来。2019年教育部专门出台中小学教师减负政策。这从一个方面可以看出我国中小学教师工作非常繁忙琐碎，容易让教师产生职业倦怠、丧失工作热情、缺乏爱岗敬业精神；从另一个方面也可以看出减轻中小学教师的职业负担、加强中小教师的职业认同，进而升华中小学教师师德修养和职业情感的重要性和急迫性。

（3）引导教师关爱学生

教育是关乎国计民生的头等大事，是为祖国建设培养接班人，而中小学作为基础教育，又是重中之重。教师在学校完成的每一项教育工作，都必须以学生为中心，为学生的发展而服务。因此，当教师必不可少的，甚至几乎是最主要的品质就是关爱学生。

3. 关于乡村教师队伍建设的研究

如何振兴乡村教育？改革开放40多年，党和政府颁布了一系列振兴乡村基础教育的政策与措施，在国家宏观政策的推动下，乡村教师

---

[1] 桑国元，郑立平，李进成.21世纪教师的核心素养[M]. 北京：北京师范大学出版社，2017.

队伍建设取得了显著的成效。乡村教师队伍建设的研究主要围绕着乡村教师的数量、补充渠道、质量、职业吸引力、专业发展、教师流动、师德建设、社会角色和社会地位等方面。[1][2]目前，经过大量人力、物力和财力的长期投入，乡村学校师生比已经与全国平均水平基本持平了，这说明我国乡村教师师资的数量总体上已基本达标。[3]补充乡村教师师资的数量，必须完善乡村全科免费师范生与乡村教育硕士的定向招生、定向培养、定向就业的渠道；提升乡村教师的编制指标；加强乡村特岗教师的招聘计划。[4]乡村教师队伍总体数量得到基本保障之后，就要开始解决乡村教师的质量问题。提高乡村教师质量的前提是要"留得住、教得好"。所以，在乡村教师的待遇上、编制上、招考条件上、政策制度的倾斜上都要有足够的吸引力[5]。乡村教师质量的问题除了从师资源头上来解决，更重要的是加强乡村教师的专业发展。研究发现，提升乡村教师的专业素养，一是要强化乡村教师的专业知识、专业能力和职业幸福感；二是要改善乡村教师的学习环境，增加学习时间和学习经费；三是要完善乡村教师的培训体系、教研体系。[6]缩小城乡师资队伍差距、提高乡村教育质量除了要提升乡村教师职业的吸引力、加强乡村教师的专业发展，还要执行城乡教师之间的轮岗交流政策。因为，城乡教师之间相互流动、交流与学习是缩小城乡师资队伍差距、促进义务教育均衡发展的有效手段。[7]乡村教师队伍建设的核心和灵魂是师德，为了让乡村基础教育更进一步，加强乡村教师的师德建设是必然选择。加强乡村教师队伍的师德建设应从宏观政

① 王鉴，苏杭. 略论乡村教师队伍建设中的"标本兼治"政策[J]. 教师教育研究，2017, 29 (01): 29-34.
② 赵垣可，刘善槐. 改革开放以来我国农村教师队伍建设问题研究[J]. 理论月刊，2019 (01): 154-160.
③ 徐国兴，方兴，谢安邦. 我国乡村教师队伍建设的战略转型及可能路径探索[J]. 教师教育研究，2016, 28 (05): 1-6.
④ 张成恩. 完善乡村教师拓展补充机制研究——河南省乡村教师退补情况的调研[J]. 社科纵横，2017, 32 (04): 52-56.
⑤ 程方平. 教师保障：乡村教育振兴的基石[J]. 教育研究，2018, 39(07): 84-86.
⑥ 李琼，张倩，樊世奇. 国际视野中的我国乡村教师专业发展：与 PISA 高绩效东亚四国 TALIS 数据的比较[J]. 外国中小学教育，2018 (11): 53-61.
⑦ 刘想元. 现实管窥与政策期待：乡村教师流动现状的实证分析[J]. 教学与管理，2017 (12): 25-28.

策、中观制度和现实基础这三个层面来探讨。①

综上所述，乡村教师队伍建设可谓纵横交错、事无巨细。我国为了振兴乡村教育，为乡村教师的来源开辟了多种渠道，为乡村教师的专业素质的提高提供了许多外围支持。但增加乡村教师数量、改善乡村教育的基础条件是"标"，提高乡村教师的专业素质才是"本"。补齐乡村教育这块短板，不但要治"标"，还要治"本"。乡村教师队伍建设"本"的范畴分为：专业知识、专业技能、专业情意。②然而，综观教师专业素质的发展全过程，国家和学校普遍重视教师专业知识与技能的培养，轻视专业情意的建设。教师师德集中体现就是教师专业情意③。所以，为了确保我国2020年基本实现教育现代化，加强乡村教师队伍建设、增强乡村教师专业素质、重视乡村教师师德建设是必然选择。

4. 关于师德建设的研究

在中国期刊全文数据库（CNKI）以及中国优秀硕博论文数据库以"师德建设"为主题词，检索时间限定为"2010—2018年"（截止日期为2018年12月31日），期刊来源选择为"核心期刊"，文献类别限定为"哲学与人文科学""社会科学Ⅰ辑""社会科学Ⅱ辑"，检索到核心期刊678篇。以"师德建设"为主题词，检索到硕士博士论文240篇，两类共计918篇。从中可以发现，近八年来，我国师德建设引起了许多研究者的关注。通过阅读相关文献，笔者发现：我国师德建设的对象主要集中在"高校"；师德建设的问题主要集中在教师自身；师德建设的策略主要集中在宏观层面。

（1）师德建设对象的研究

笔者利用CiteSpace④软件对检索到的918篇文献进行了关键词词

---

① 李光胜. 四川民族地区农村中小学师德建设的路径选择[J]. 天津市教科院学报，2018（05）：85-89.

② 钟启泉. 教师"专业化"：理念、制度、课题[J]. 教育研究，2001（12）：12-16.

③ 陶西平. 教师的专业情意[J]. 中小学管理，2007（07）：54.

④ citespace，是一个通过分析节点间关系、关键词聚类等分析研究热点、研究前沿、核心作者及机构等的可视化分析工具[EB/OL]. https：//jingyan.baidu.com/articCe/17bd8e527e335c85ab2bb83a.htmC.

频统计与分析。从表 3.1 和表 3.2 可以发现，2010 年到 2018 年有关师德建设这一领域的研究对象，主要以"高校"为主，很少涉及"小学"或"乡村教师"。从相关研究可以发现，众多研究者普遍认为高校师德建设非常重要。从国家层面来讲，习近平总书记说过："高校教育是肩负着培养担当民族复兴大任的时代新人的光荣使命。"[①]高校教师队伍的素质是使命任务能否实现的关键，而高校师德建设是教师队伍素质能否增强的核心。[②]从学校层面来讲，高校教师师德的主流是好的，但师德建设的实践性和师德建设机制的完善性仍然存在着不尽相同的问题。[③]从教师层面来讲，增强高校教师队伍综合素养的必要手段是师德建设，但目前我国高校教师在师业、师爱、师能和师风这四个方面还存在一定程度的问题。[④]

表 3.1　2010—2018 年国内师德建设研究文献的高频关键词

频次	中心性	关键词	频次	中心性	关键词
296	0.21	师德建设	50	0.11	高校教师
139	0.12	师德	46	0.07	教师
118	0.21	高校	36	0.43	师德师风
71	0.49	青年教师	34	0.31	学校
65	0.16	职业道德	27	0.27	问题
58	0.29	教师职业道德	26	0.44	师德教育
51	0.28	对策	26	0.05	教师队伍建设

① 周坚. 全面把握新时代高校师德师风建设的新坐标[J]. 中国高等教育，2018（19）：9-10.
② 冯晓玲，别敦荣. 文化视角下的高校师德建设路径[J]. 现代教育管理，2018（12）：74-78.
③ 刘嘉. 阻碍高校师德建设的因素有哪些[J]. 人民论坛，2018（24）：128-129.
④ 齐琦. 正确认识和解决新形势下高校师德问题[J]. 江苏高教，2018（07）：75-78.

表 3.2　2010—2018 年国内师德建设研究文献的低频关键词

频次	中心性	关键词	频次	中心性	关键词
4	0.00	小学教师	3	0.00	乡村教师
4	0.00	小学	2	0.00	核心价值观
4	0.00	以人为本	2	0.00	校园文化建设
4	0.00	中小学	2	0.00	乡村

综上所述，我国师德建设对象的研究主要集中在高校，缺乏乡村小学方面的研究。虽然我国高校师德建设非常重要，但处在"短板效应"下的乡村小学师德建设就不重要了吗？从相关文献中可以发现，目前我国研究者对乡村小学师德建设的研究还较为缺乏。虽然高校师德建设与乡村小学师德建设的实施状况同教师失德情况在宏观上相差无几，但学校内部师德建设的具体情况还是有所不同。地处我国偏远地区、教育资源和学校管理都相对薄弱的乡村小学中的师德建设意识、态度、文化环境、领导行为、规则制度、师德教育、师德考评、师德监督、师德奖惩和人际关系等具体情况都有别于高校与城市中的小学。所以，研究我国乡村小学的师德建设中存在的问题同样重要。

（2）师德建设问题的研究

师德建设是学校教育发展过程中必不可少的组成部分。虽然我国从宏观政策、中观制度和微观措施上加强建设取得了一定的效果，但受社会不良风气的影响，我国师德建设还存在以下问题：教师的育人意识退化、教师的功利意识浓厚、教师的进取意识降低、教师的法律意识淡薄、教师的政治观念淡薄、教师缺乏团队合作精神、教师缺乏扎实的思想道德修养、教师缺乏与时俱进的创新精神、教师不能做到为人师表、教师存在体罚和变相体罚的行为、教师存在有偿补课的现状、教师存在学术失德问题等（田春园，2011；侯彦杰、杜凯，2011；李翔，2012；涂文佳，2013；黄静，2013；谭忠毅，2014；何祥林、程功群等，2014；季妍、李晓兰，2015；王翠翠、孙超，2016）。以上这些师德建设中的问题均是从"教师失范"这个角度提出的。

综上所述，对师德建设问题的研究主要集中在"教师失范"，但也有部分学者认为师德建设制度也是当今学校师德建设存在的问题的根源，如金昕、王丹彤（2016）认为目前师德建设存在的突出问题为：师德规范重公德轻私德、师德考评制度不健全、师德教育制度不完善、师德监督与激励机制存在缺陷、师德标准制度发挥不到位等。然而，从教师失德问题和师德建设制度问题来诠释学校师德建设问题并不全面。①由于学校教师师德建设除了教师自身、师德制度存在问题，校长的师德建设领导、教师的师德建设态度和师德建设机制等也对其有影响。所以，分析学校师德建设问题应从多角度、多维度出发。

（3）我国师德建设策略的研究

大多数研究者提出从宏观和微观两个方面来完善师德建设。宏观对策是从社会大环境、政府和学校方面着手：第一，要优化教师师德成长的社会环境，营造尊重知识、尊重人才、尊重教育、尊重教师的社会风气，提高教师物质待遇和政治待遇；②第二，要构建师德建设长效机制，建立健全师德建设体制，逐步提高教师职业道德水平；③第三，学校建立教师幸福训练营，提升教师教书育人的幸福感、学校加强教师师德培训工作，帮助教师重新认识师德内涵；第四，张建红（2018）认为整合师德建设的力量就必须借助师德行为规范的法律和制度，切实建立健全师德建设的长效机制，并走"自律"与"他律"相结合的师德建设的道路；④第五，赫兴无（2016）认为建立健全师德建设体系，先要完备师德建设的管理制度，后要健全教师师德建设的自觉性，保障教师主体权益的机制，创新师德建设的教育机制、宣传机制、监督机制、考评机制与奖惩机制等。⑤微观对策是从教师个人

① 金昕，王丹彤. 高校师德制度建设的问题与出路[J]. 思想理论教育导刊，2016（03）：143-146.
② 李翔. 高校师德建设存在的问题以及对策[J]. 中国成人教育，2012（12）：34-36.
③ 何祥林，程功群，任友洲，袁本芳. 高校师德建设的现状、问题及对策——基于湖北省H高校的调查[J]. 高等教育研究，2014，35（11）：53-59.
④ 张建红. 新形势下高校师德建设长效机制探析[J]. 思想理论教育导刊，2018（04）：112-115.
⑤ 赫兴无. 新形势下中小学师德建设体系的构建[J]. 教学与管理，2016（06）：60-62.

着手：加强教师传统师德教育，培养以传统师德为主的"教师核心价值"和"教师人格"，引导教师追求向上和向善的力量。①

综上所述，师德建设策略有许多，但各研究者主要从师德问题这个角度提出解决策略。提出的解决策略也多是从师德规章制度、建立健全长效机制等方面来规范教师的师德行为，而学校师德建设不仅要依靠国家外围制度的支撑，还需要学校领导者的内部支持。笔者主要从师德建设过程中乡村小学校长和教师在师存在的问题入手并提出相应的解决策略。

四、理论基础

（一）学校道德领导理论

1. 学校道德领导理论的基本观点

"学校道德领导"理论诞生于 20 世纪 90 年代初，它是由美国教育管理学家托马斯·J. 萨乔万尼（Tommas J. Sergiovanni）在全面反思传统领导理念和领导构架进行批判之后阐发出来的。同时，他论证了将道德领导置于学校领导核心的必要性。"学校道德领导"这一思想一经问世，就立即引起了西方教育管理研究界的广泛关注、研究、评论和借鉴。

中国共产党十一届三中全会以后，我国的教育管理科学才得以恢复重建，所以，当时我国有关"教育管理"理论的研究非常滞后。直到 2002 年，我国学者冯大鸣先生翻译并出版了萨乔万尼于 1992 年所著的《道德领导：抵及学校改善的核心》一书之后，西方"学校道德领导"思想才传入我国，对我国教育管理研究领域产生了重大影响。

国际教育管理界关于学校道德领导问题的最新研究发现，学校道德领导主要包括以下三个方面：一是以道德权威和学校的领导价值体

---

① 齐琦. 正确认识和解决新形势下高校师德问题[J]. 江苏高教,2018(07):75-78.

系建构了学校的领导理论与实践；二是学校领导者通过加强自身的道德修养和对教师的道德教育等方式来管理学校的同时，帮助教师实现自我管理，实现学校培养目标；三是学校道德领导展现出符合道德要求和伦理规范的行为，通过以身作则、注意倾听、加强沟通等方式向教师施加影响力。

但目前我国所指的学校道德领导则多指萨乔万尼所阐述的"道德领导"理论。校长在管理中形成道德权威，获得教师的认可，从而使学校形成共同体。校长不是高高在上的管理者，而是动员全体教师实现学校共同体的组织者。"领导"也不再是校长的个人专利，当教师对自我行为负责时，教师就实现了自我领导，那么校长就是"领导者的领导"。

学校道德领导是以学校领导的道德权威和价值为基础构建的一种新的学校领导实践理论。校长通过勾画组织愿景，引领教师们的价值信念，激励教师自觉自愿地为学校做出贡献和成就。学校道德领导理论不仅为学校的改进提供了新的视角，而且丰富了校长领导的内涵，为校长领导提供了许多启示和借鉴。但也应该注意到，我国传统文化一直强调教育领导管理者必须具备较高的道德素质。因此，一些中国学者逐渐认识到"学校道德领导"理论在我国的传播不可能孤立地实现，它的传播必须与我国传统文化交织在一起并发挥作用。

2. 学校道德领导理论对师德建设的意义

学校道德领导理论对于师德建设具有以下四点意义：

学校道德领导理论对学校领导者在师德建设意识与态度上的转变具有积极的作用。学校领导者作为引领学校发展和对教师行为有着巨大影响力的人，在学校师德建设方面的意识与态度无疑对教师有着潜移默化的影响。但目前大多数学校领导者在学校发展时期将视线和专注力放在学校教育教学的质量、学校创办的特色上，对学校师德建设有一定的忽视。学校师德建设的前提是转变学校领导的意识与态度，让学校领导者清晰地认识到师德建设的必要性和重要性。

学校道德领导理论对学校领导者的师德建设领导行为具有调节变革作用。领导者的管理模式在一定程度上会利用科层权威要求教师服从规则制度和既定的标准，会利用心理权威以期望和奖励等要求教师去完成任务，还会利用技术-理性权威要求教师在适当的监督之下，按照标准化的模式一步一步完成任务。无论是科层权威、心理权威还是技术-理性权威都有同样的弊端，那就是限制了教师在师德建设中的发挥空间和用武之地，让教师对师德建设产生抵触和反抗的心理。为了消除以上弊端，学校道德领导利用道德权威，建设具有共享价值观、信念、愿景和承诺的"学校道德共同体"，使教师因共同体价值观和共享愿景做出师德建设回应。

学校道德领导理论对学校组织者之间的凝聚具有强力胶的作用。团结是成功的基石，学校不是领导者的学校，学校是一个集体，学校师德建设需要学校组织者共同实现。学校道德领导通过创建学校道德共同体，不仅将团队精神变成了师德建设内化的驱动力，还凝聚了学校组织者们的心。

学校道德领导理论对学校领导者成为师德建设的标兵具有指导作用。学校领导是学校的直接管理者，在建设良好的校风、师风方面应起带头作用。所以，学校道德领导者在师德建设中需要以较高的标准和正确的价值观要求自己，学校领导者在与教师互动的过程中要注意倾听教师的声音并平等对待每一位教师，通过自身表率的力量进一步提升师德建设的效果。

（二）教师人本管理理论

1. 教师人本管理理论的基本观点

在 20 世纪 60 年代的西方教育领域，一种新的教育思想"人本管理理论"在人本主义哲学和心理学的基础上形成。20 世纪 80 年代，人本管理理论传入我国，引起了国内广大学者的兴趣。人本管理的实质是一种"以人为本"的管理，最终目标是人与组织的共同发展。教师管理人本化就是指在教师管理过程中要坚持人本管理。所谓人本管理，是指在管理过程中强调以人为中心，争取做到依靠人、发展人、开发人、尊重人，最大限度地发挥人的主观能动性和创造性，尽量促进人的全面发展和组织目标的实现[①]。教师人本管理理论要求学校在教师管理中把教师放在主导地位，各项管理活动都以调动教师的积极性和创造性为根本，重视教师的价值和尊严，充分发挥教师的聪明才智，使教师的潜能和各方面的素质得到全面发展。

目前教师人本管理具体内容包括以下五个层次：

第一个层次是充分信任和尊重教师。教师人本管理资源中最重要的因素是"人"，学校管理的各个环节处处要体现以人为本、关心教师、信任教师、激励教师和尊重教师。教师只有被充分信任与尊重，才会敞开心扉，将热情投入工作中去，才能促进教师健康、全面地发展。

第二个层次是帮助教师实现自主管理。教师是高度自觉的人，学校管理者应放手让教师自主管理，在释放教师精神压力的同时，也增加教师的职业幸福感。

第三个层次是帮助教师实现自我价值。教师人本管理者需打破传统管理模式，注重教师的全面发展和长远发展，鼓励教师终身学习。

第四个层次是重视学校文化氛围的建设。教师人本管理者通过建立校园内部价值观、信念和承诺的文化环境，以一种柔性、协调的力量转化教师的心态与行动。使教师之间、领导与教师之间产生巨大的协同力和合作性。

第五个层次注重情感沟通。情感沟通是人本管理的最低层次，也是提升到其他层次的基础。在该层次中，学校管理者与教师之间不是单纯的科层关系，也不是简单的命令发布者与命令实施者的关系。学校管理者与教师有了除工作命令之外的其他沟通，这种沟通主要是情感上的沟通。比如学校管理者会关心生病的教师，会了解教师的真实想法，会在生活上、教育教学上给予老师支持。

2. 教师人本管理理论对师德建设的意义

教师人本管理就是"以师为本的管理"，当这种管理模式或则管理

---

① 刘爱萍. 高校教师管理人本化研究[D]. 长沙：湖南大学，2010.

理念被移植到乡村小学师德建设中时，它要求乡村小学管理者或则领导者高度重视小学教师在师德建设中的价值、潜能、作用、行为、动机、需求等，主要关注乡村小学教师的情绪生活与体验，关注乡村小学教师的道德生活和人格的养成，建立充分的尊重、沟通的新兴人际关系；帮助乡村小学教师树立正确的价值观、人生观和世界观，使师德建设的效果达到最佳。总之，在师德建设中加入人本管理思想，能克服传统管理的许多局限，为乡村小学师德建设注入新的活力，从而提高师德建设的效率。

五、研究方案

（一）研究对象

笔者以甘肃省 C 县部分乡村小学中的 48 位校长和 252 位教师为问卷调查对象，以年龄层次不同的 3 位校长和 3 位教师为访谈对象。

（二）研究思路

首先，查阅、搜集与师德相关的书籍、期刊、报纸等资料，确定本论文的研究问题和研究目的。其次，在整理这些文献资料的基础上编制问卷及访谈提纲，并将这些问卷发放给甘肃省 C 县部分乡村小学校长和教师。与学校规模大小不同的三位乡村小学校长和三位乡村小学教师进行深入访谈，以此来了解乡村小学师德建设的基本情况，找出乡村小学师德建设中存在的问题，分析乡村小学师德建设存在的问题的原因。最后，结合教师人本管理理论和学校道德领导理论提出相应的解决策略。

（三）研究方法

笔者主要采取了文献法和调查研究两种方法进行研究。

1. 文献法

"文献法就是对文献进行查阅、分析、整理从而找出事物本质属性的一种研究方法。"①该研究利用信息资源数据库，查阅、收集和整理与乡村教师队伍建设、教师师德、教师师德建设、道德领导理论与教师人本管理等相关书籍、期刊、学位论文和政策文件。

2. 问卷法

（1）调查问卷方式及实施

从问卷设计回答问题的方式来看，调查问卷可以分为综合性、开放型和封闭型等三种类型。本次调查问卷的类型为封闭型问卷。

从发放问卷的途径来看，调查问卷可分为网络调查、当面调查、电话调查、留置调查等调查途径。本次问卷调查研究采用当面调查和留置调查两种方式：第一种是当面调查。研究者深入甘肃省 C 县乡村小学中去，将调查问卷当面交给甘肃省 C 县乡村小学校长及教师填写，在填写的过程中说明填写要求及该问卷的应用途径，减轻校长及教师对问卷用途的顾虑，并在填写的过程中留足问卷填写时间，便于乡村小学校长和教师思考回忆，填写完毕当场收回；第二种是留置调查。研究者通过联系实习学校 H 校长和校外导师甘肃省 C 县教育局 Y 局长，在这两位老师的帮助下，将调查问卷留置甘肃省 C 县部分乡村小学中，等待乡村小学校长和教师将问卷填写完毕之后，再下乡收回问卷。

（2）调查问卷的设计

此次调查问卷主要是基于研究目的、研究内容，在《教育部关于建立健全中小学师德建设长效机制的意见》、西南大学何谐的硕士毕业论文②的基础上改编而成。

该研究的调查问卷分为校长卷和教师卷两种，校长问卷和教师问卷的题项一一对应，互为补充。问卷中的题项又分为两部分：第一，基本信息，如校长问卷中的性别、年龄、教龄，教师问卷中的性别、年龄、教龄、第一学历、最后学历和目前职称。第二，问答信息，校长问卷和教师问卷都分为 4 个维度：师德建设的意识与态度、师德建设的领导方式、师德建设的人文环境、师德建设的保障

102

① 李秉德. 教育科学研究方法 [M]. 北京：人民教育出版社，2001：129-130.
② 何谐. 道德领导理论视野下中小学师德建设研究 [D]. 重庆：西南大学，2014.

机制（如表 3.3）。

表 3.3　调查问卷维度

维度	题项
师德建设的意识与态度	1～9
师德建设的领导方式	10～15
师德建设的人文环境	16～22
师德建设的保障机制	23～37

（3）调查问卷的发放及回收

笔者在甘肃省 C 县东西南北四个方位部分乡村小学中发放调查问卷，总共发放了教师问卷 277 份问卷，回收了 252 份问卷，教师问卷的回收率是 90.9%，有效率是 96.8%，总共发放了校长问卷 55 份问卷，回收了 48 有效问卷，回收率是和 87.2%，有效率是 93.3%。被调查的校长和教师的基本情况如表 3.4。

表 3.4　调查问卷汇总情况调查表

		N	百分比（%）
校长问卷	有效	45	93.3
	已排除	3	6.7
	总计	48	100.0
教师问卷	有效	244	96.8
	已排除	8	3.2
	总计	252	100.0

（4）数据整理与分析的工具

笔者主要用 EXCEL 软件对调查问卷中所得数据进行统计，对所得结果进行处理和分析，并输出各种统计图形，便于比较。

3. 访谈法

为了更准确地了解甘肃省 C 县部分乡村小学师德建设的状况，笔者在问卷调查的基础上结合了深入访谈。访谈对象是甘肃省 C 县部分乡村小学中的校长和教师。根据调查的需要，笔者在 C 县乡村小学中随机抽样选取年龄层次不同的 3 名校长和 3 名教师进行深入访谈，并在征得访谈对象同意的前提下，采用录音、微信、电话和纸笔等方式将访谈内容记录下来（如表 3.5、表 3.6）。

表 3.5　校长访谈数据整理

受访者	性别	年龄	访谈日期	访谈时间	访谈地点/方式
A1 校长	男	29	2018-12-10	16：10—17：00	办公室/录音/笔录
A2 校长	男	36	2018-12-16	17：00—18：30	办公室/录音/笔录
A3 校长	女	40	2018-12-22	10：00—10：30	办公室/录音/笔录

表 3.6　教师访谈数据整理

受访者	性别	年龄	学历	访谈日期	访谈地点/方式
Q 教师	女	25	本科	2018-11-5	办公室/笔录/微信
W 教师	男	34	大专	2018-11-8	办公室/录音/电话
E 教师	女	43	中师	2018-11-15	办公室/录音/电话

第二节　乡村小学师德建设现状的调查

一、调查样本的基本情况

1. 乡村小学校长的基本情况

从表 3.7 可知，参与调查的男性校长占 89.6%，女校长占 10.4%，说明目前我国乡村小学中的男校长的人数多于女校长。从年龄结构来看，40 岁以上的校长占比最少为 25.0%，31~40 岁的校长占 41.7%，30 岁以下的校长占 33.3%，说明我国乡村小学校长相对年轻，容易接受新的领导理念和管理方式。从教龄结构来看，教龄为 10 年以下校长的人数占总人数的 39.6%,教龄为 11～15 年的校长占总人数的 33.3%,教龄 15 年以上的校长占总人数的 27.1%,说明我国乡村小学校长的教龄基本在 11 年以上,他们教育教学经验丰富,有能力帮助教师提升专业知识,完善师德修养。

表 3.7　被调查校长的基本情况

		人数	百分比（%）
性别	男	43	89.6
	女	5	10.4
年龄	30 岁以下	16	33.3
	31～40 岁	20	41.7
	40 岁以上	12	25.0
教龄	10 年以下	19	39.6
	11～15 年	16	33.3
	15 年以上	13	27.1

2. 乡村小学教师的基本情况

我国乡村小学中的男性教师相对较少。从表 3.8 中的调查数据可以了解到,男性教师占 40.5%,女性教师占 59.5%。从表 3.8 还可以了解到乡村小学教师的年龄基本集中在 30 岁以下,大多数老师的教龄在 10 年以下。这说明乡村小学教师的年龄相对年轻,可塑性也较强,容易接受新的教育思想和教育理念。从学历层次来看,乡村小学教师的第一学历主要集中在中师/中专和大专这一层次,但最后学历主要集中在本科这一层次,还有极少数研究生。这说明我国乡村小学教师会努力通过学习来提升自己的学历和实力,学历虽然不能决定一名教师的教学能力、师德水平,但是学历的高低会影响教师的眼界和教师接受新事物的能力。

表 3.8 被调查教师的基本情况

		人数	百分比（%）
性别	男	102	40.5
	女	150	59.5
年龄	30 岁以下	71	28.2
	31-40 岁	152	60.3
	41 岁以上	29	11.5
教龄	10 年以下	107	42.5
	11-15 年	74	29.4
	16-20 年	31	12.3
	20 年以上	40	15.9
第一学历	高中	1	0.4
	中师/中专	79	31.3
	大专	120	47.6
	本科	52	20.6
	研究生	0	0.0
最后学历	高中	1	0.4
	中师/中专	14	5.6
	大专	43	17.0
	本科	184	73.0
	研究生	10	4.0
目前职称	无职称	58	23.0
	三级职称	8	3.2
	二级职称	112	44.4
	一级职称	72	28.6
	副高级职称	2	0.8
	正高级	0	0.0

二、乡村小学师德建设现状的调查结果分析

1. 对师德建设的意识与态度

（1）师德重要性的意识

师德建设意识是促进学校师德建设的质量提升、指明学校师德建

设发展方向、构建师学校德建设共同愿景的出发点与落脚点。为此，笔者对乡村小学校长做了师德建设意识方面的调查，结果如图 3.1、图 3.2 和图 3.3 所示。

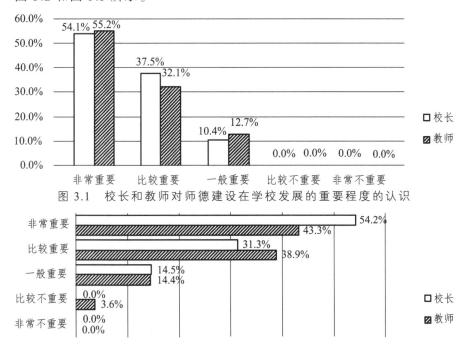

图 3.1　校长和教师对师德建设在学校发展的重要程度的认识

图 3.2　校长和教师对构建师德建设长效机制的重视程度的调查结果

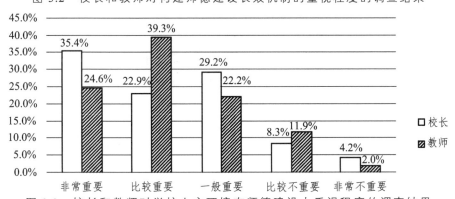

图 3.3　校长和教师对学校人文环境在师德建设中重视程度的调查结果

从图 3.1 和图 3.2 可以看出，"校长和教师对构建师德建设在学校发展中重要程度"的认识调查结果显示，校长和教师没有选择"非常不重要"和"比较不重要"的，选择"比较重要"的人数占 37.5% 和 32.1%，选择"非常重要"的人数占 54.1% 和 55.2%。"校长和教师对构建师德建设长效机制是否重要"的认识，没有人选择"非常不重要"，教师选择"比较不重要"的人数仅占 3.6%，选择"比较重要"的校长和教师分别占了 30.6% 和 38.9%，选择"非常重要"的人数各占 55.2% 和 54.1%。

从图 3.3 可以看出，关于乡村小学校长和教师对学校人文环境在师德建设中是否重要的调查，校长和教师选择"非常不重要"和"比较不重要"的人数占比均在 2.0%～11.9%，校长选择"非常重要"的人数占比最高为 35.4%，教师选择"比较重要"的人数占比最高为 39.3%。

当笔者在校长访谈中问"师德在教师发展中的地位如何？"时，各校长回答如下：

A 校长说："非常重要，如果连人都做不好，怎么当老师，先做人后做事嘛！把人先做好，如果你学习好，但是品行不好，对社会造成的危害比没有学问的人还更大。"

B 校长说："占首要位置，国家的教育方针调整为立德树人了，作为老师的你首先是要有良好的师德和修养，你有了好的道德修养，你才能成为仁师，否则的话，你的心理不健康，你教育的学生肯定也是不健康的。"

C 校长说："地位比较重要，师德修养和专业素养是一荣俱荣、一损俱损的，如果师德没了，老师的其他发展也是空谈，所以，师德是老师职业发展中的根本。"

从三位校长的回答中不难看出，他们都十分肯定师德的重要性，认为教师师德的缺失将对学生和社会都带来伤害，师德和教师专业发展同样重要。

从图 3.1～3.3 的与校长访谈可以发现，在乡村小学中，除了极少数教师表示构建师德建设机制不是很重要之外，大多数校长和教师都比较重视师德建设、师德建设机制和学校人文环境。

（2）师德全面性的认识

乡村小学校长只有重视学校师德建设的全面性，才能正确认识学校师德建设的本质，才能更好地培养出有职业幸福感、有道德情操、有责任意识的乡村小学教师。师德建设不仅要规范教师的师德行为，还要强化教师的师德修养、转变教师的师德观念、提升教师的师德品质。因此师德建设工作不是某个部门或者某个人的工作，它应是学校组织成员共同的工作。为此，笔者对乡村小学校长和教师做了师德建设全面性认识的调查，结果如图 3.4 和图 3.5 所示。

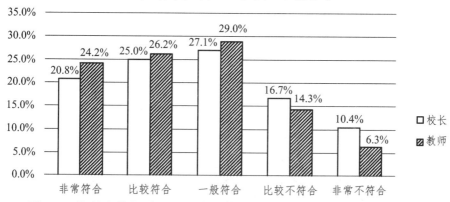

图 3.4 校长和教师对"师德建设规范是教师职业道德行为"的认识

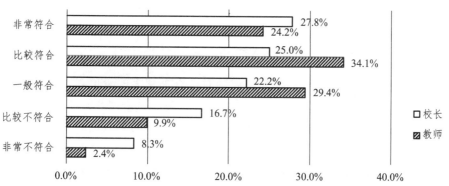

图 3.5 校长和教师对"师德建设工作主要是宣传部或人事部的工作"的认识

从图 3.4 可以看出，校长和教师表示师德建设是规范教师职业道德行为的调查显示，校长和教师选择"非常不符合"的人数占比最少分别为 10.4% 和 6.3%，选择"一般符合""比较符合"和"非常符合"的人数占比相对较高。

从图 3.5 可以看出，校长和教师对"将师德建设工作纳入宣传部和人事部工作"的认识调查结果显示，校长和教师选择"非常不符合"和

"比较不符合"的总占比分别为 25%和 12.3%，校长和教师选择"一般符合""比较符合"和"非常符合"的人数占比均在 22.2%~34.1%。可知，乡村小学校长和教师对于师德建设内容和工作归属的认识都相对片面。

（3）对教书育人价值观的认识

有什么样的价值观，就有什么样的行为表现。教师教书育人价值观是教师职业精神的集中体现，是教师职业道德的行为表现。乡村小学校长和教师只有树立正确的教书育人价值观，才能找到师德建设的发展方向，才能做到师德修养的内省与慎独。为此，笔者对乡村小学校长和教师做了教书育人价值观作用的认识调查，结果如图 3.6 所示。

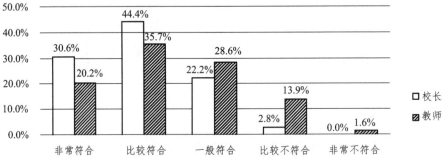

图 3.6 校长和教师对"教师教书育人的价值观对教师师德行为有决定性作用"的认识

从图 3.6 可以看出，校长和教师对"教书育人的价值观对教师师德行为有决定性作用"这一题项的选择。校长没有选择"非常不符合"，教师选择"非常不符合"的人数仅仅占了 1.6%，校长选择"比较符合"和"非常符合"的人数总占比为 75.0%，教师选择"比较符合"和"非常符合"的人数总占比为 55.9%。可知，乡村小学校长和教师具有教书育人价值观作用的正确认识。

从图 3.7 可以看出，乡村小学校长和教师对于"学校教师教书育人的价值观能解决职业道德冲突"的认识，校长和教师都没有选择"非常不符合"和"比较不符合"，校长选择"比较符合"和"非常符合"的人数共占 80.6%，教师选择"一般符合"的人数占 50.4%，选择"比较符合"和"非常符合"的人数共占 49.6%。可知，乡村小学教师教书育人的价值观能较好地解决职业道德冲突。

110

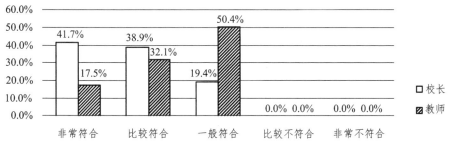

图 3.7　校长和教师对"学校教师教书育人的价值观能解决职业道德冲突"的认识

（4）教师的职业倦怠

教师作为一种职业，可以说是非常繁忙、杂乱，容易削弱教师对自己职业的认同，产生职业倦怠。职业倦怠的出现会导致教师对待工作敷衍了事、参与师德建设的积极性低下。为此，研究者调查了乡村小学教师职业倦怠情况，结果如图 3.8 所示。

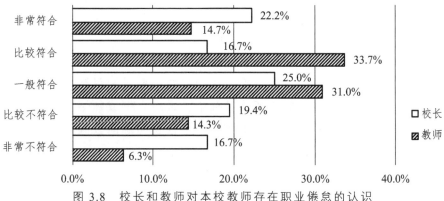

图 3.8　校长和教师对本校教师存在职业倦怠的认识

从图 3.8 可以看出，对乡村小学校长和教师对本校教师会存在职业倦怠的认识，校长和教师选择"非常不符合"和"比较不符合"的人数占比最低为 6.3%～19.4%，校长选择"非常符合"的人数占比最高，为 22.2%，教师选择"比较符合"的人数占比最高，为 33.7%。可知，部分乡村小学教师存在职业倦怠的倾向。

（5）教师参与师德建设的主动性

从图 3.9 可以看出，关于乡村小学校长和教师对"本校教师会主动参与师德建设"的认识，校长和教师选择"比较符合"和"非常符合"的人数占比为 5.6%～13.1%，校长选择"比较不符合"的人数占比为 33.3%，教师选择"一般符合"的人数占比最高，为 39.3%，选择"比较不符合"的人数占比也相对较高，为 31.0%。可知，教师比较缺乏主动参与师德建设的意识。

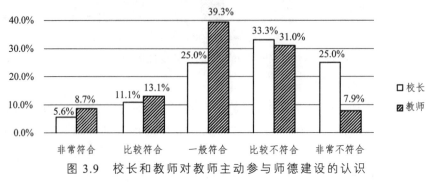

图 3.9　校长和教师对教师主动参与师德建设的认识

2. 校长师德建设的领导方式

（1）师德建设愿景与目标的传达

师德建设愿景和目标是促进学校组织成员去追寻师德建设的动力源泉。乡村小学校长向教师明确表达师德建设愿景和目标，会激发教师将个人师德目标融入集体师德目标中，最后，形成师德建设共同愿景和目标。为此，研究者调查了乡村小学校长明确向教师表达师德建设愿景与目标的程度，结果如图 3.10 所示。

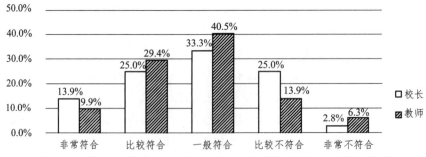

图 3.10　校长经常明确向教师表达师德建设愿景与目标的情况

从图 3.10 可以看出，关于乡村小学校长经常明确向教师表达师德建设与愿景的情况，校长和教师选择"非常不符合"的人数占了 2.8%

和 6.3%，选择"一般符合"的人数占比最高，分别为 33.3% 和 40.5%，选择"比较符合"的人数占 25.0% 和 29.4%，选择"非常符合"的人数占比相对较小，为 13.9% 和 9.9%。可知，乡村小学校长偶尔会向教师传达师德建设愿景和目标。

（2）教师参与师德建设的权利

学校是人和思想的集合体，不是墙瓦砌成的冰冷建筑物，同时也意味着乡村小学师德建设需要校长和教师共同建构。为此，该研究调查了乡村小学教师参与师德建设的权利和教师在师德建设过程中建言献策的机会，结果如图 3.11 所示。

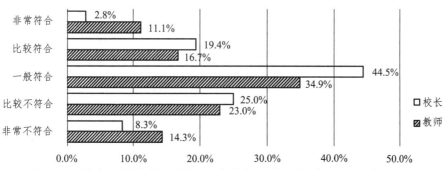

图 3.11 校长和教师关于教师具有参与学校师德建设的权利的认识

从图 3.11 可以发现，关于乡村小学教师具有参与学校师德建设的权利的调查，校长选择"非常不符合"和"比较不符合"的人数总共占 33.3%，选择"一般符合"的人数占 44.5%，选择"比较符合"和"非常符合"的人数共占 22.2%，教师选择"非常不符合"和"比较不符合"有人数共占 37.3%，选择"一般符合"的人数占 34.9%，选择"比较符合"和"非常符合"的人数共占 27.8%。可知，乡村小学教师在一定程度上拥有师德建设的权利。

（3）教师参与师德建设的机会

从图 3.12 可以看出，关于乡村小学教师为师德建言献策的机会很多的调查，校长选择"非常不符合"和"比较不符合"人数共占 25%，选择"一般符合"的人数占 36.1%，选择"比较符合"和"非常符合"的人数共占 38.9%，教师选择"非常不符合"和"比较不符合"的人数共占 33.7%，选择"一般符合"的人数占 39.7%，选择"比较符合"和"非常符合"的人数共占 26.6%。

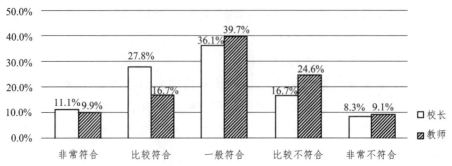

图 3.12　校长和教师关于教师为师德建设建言献策的机会很多的认识

当访谈中被问"您有没有向学校提过有关师德建设的意见或建议？提过的意见或建议是否被采纳？"时，其中一位老师说："没有单独向学校提过师德建设方面的建议或意见，但学校经常提到师德方面的要求，让我们签保证书。"

可知，乡村小学教师建言献策的机会不多。在师德建设过程中，学校起主导作用，教师只是服从者和跟随者。

（4）师德建设愿景的构建

在师德建设中，学校领导不是"英雄式的孤独者"，不是"忙碌式的指挥者"，应是凝聚学校组织成员共同建设的黏合剂，是无时无刻不在提醒教师保持师德修养的引导者。为此，研究者做了乡村小学校长在构建师德建设愿景时是否发挥了全校教师作用的调查，结果如图 3.13 所示。

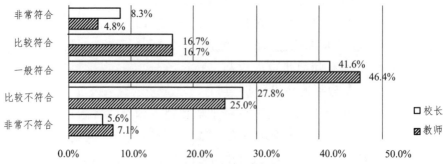

图 3.13　校长和教师关于校长在构建师德建设愿景时发挥了全校教师作用的认识

从图 3.13 可以看出，关于校长在构建师德建设愿景时发挥了全校教师作用的调查，校长选择"非常不符合"和"比较不符合"的人数共占 33.4%，选择"一般符合"的人数占 41.6%，选择"比较符合"和"非常符合"的人数共占 25%，教师选择"非常不符合"和"比较符合"的人数共占 32.1%，选择"一般符合"的人数占 46.4%，选择"比较符"和"非常符合"的人数共占 21.5%。

当访谈中被问"您知道贵校师德建设愿景或目标吗？"时，Q 教师说："知道大概的方向，但不准确。"W 老师和 E 老师都说不知道或不清楚。

可知，部分乡村小学校长在构建师德建设中发挥全校教师作用的情况比较少。

（5）师德建设工作的安排

从图 3.14 可以看出，在校长通过学校会议安排师德建设工作的调查中，校长没有选择"非常不符合"的，选择"比较不符合"的人数占 5.6%，选择"一般符合"的人数占 27.8%，选择"比较符合"和"非常符合"的人数共占 66.6%。教师选择"非常不符合"和"比较不符合"的人数共占 2.4%，选择"一般符合"的人数占 31.7%，选择"比较符"和"非常符合"的人数共占 65.9%。可知，校长安排师德建设工作的主要形式为学校会议。

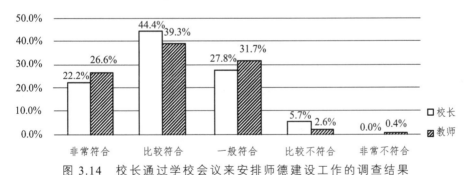

图 3.14 校长通过学校会议来安排师德建设工作的调查结果

（6）师德建设的主要途径是规章制度

师德建设不仅需要教师自身自律，还需要规则制度他律。寻找自律与他律相结合的道路是提高师德建设效率的有效途径。为此，研究者对乡村小学校长和教师做了规章制度是否是师德建设主要途径的调查，结果如图 3.15 所示。

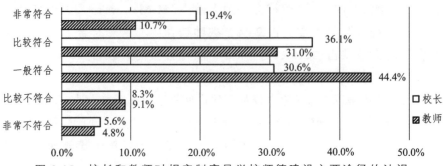

图 3.15　校长和教师对规章制度是学校师德建设主要途径的认识

从图 3.15 可以看出，乡村小学师德建设的主要途径是规章制度的认识，校长和教师选择"非常不符合"和"比较不符合"的人数占比均在 10% 以下，校长选择"比较符合"的人数占比最高，为 36.1%，教师选择"一般符合"的人数占比最高，为 44.4%。

当访谈中被问"请问您认为学校师德建设的主要途径是什么？"时，各校长回答如下：

A 校长："学习相关文件，制定学校自己的师德规章制度。"

B 校长："根据相关法律文件进行师德监督和评价，我们学校每年在年终的时候，都会对老师进行师德考核评价，师德评价不过的老师，就会受到相应的处罚，我们学校老师的师德还是挺好的，没有不过的老师。"

C 校长："开展师德教育活动，比如座谈、讲座。还有相应的师德规章制度，我们学校教务处（办公室里）就贴着师德规章制度为乡村小学师德建设的主要途径，教师必须遵守的十条禁令。"

3. 学校师德建设的人文环境

（1）师德建设的宣传氛围

《教育部关于建立健全中小学师德建设长效机制的意见》中提出要"加强师德宣传、营造尊师重教社会氛围"。为此，研究者调查了乡村小学的师德宣传和师德宣誓仪式的情况，结果如图 3.16 所示。

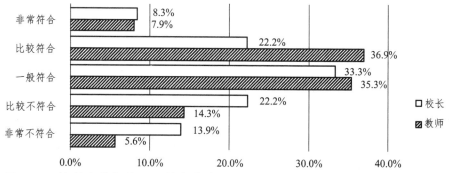

图 3.16 校长和教师关于学校宣传优秀教师事迹、营造尊师重教氛围的认识

从图 3.16 可以看出，关于学校宣传优秀教师事迹、营造尊师重教氛围的调查，校长选择"非常符合"的人数占比最低，为 8.3%，选择"一般符合"和"比较符合"的人数相对较多，分别为 33.3% 和 22.2%。教师选择"非常不符合"的人数占比最低，为 5.6%，选择"一般符合"和"比较符合"的人数相对多，占比分别为 35.3% 和 36.9%。

当被问"请问贵校有师德宣传活动吗？"时，Q 老师说："有，每次开会都会说"。W 老师说："经常，比如会议、讲座、交流或座谈之类的活动。"

基于以上分析发现，乡村小学的师德宣传和尊师重教的氛围相对较好。

（2）师德宣誓和签约的仪式

从图 3.17 可以看出，对于学校会时常进行教师职业道德宣誓和签约仪式的认识，校长选择"非常符合"的人数占比最低，为 2.8%，选择比较不符合和"一般符合"的人数占比分别为 27.8% 和 38.9%。教师选择"非常符合"的人数占比最低，为 5.6%，选择比较不符合和"一般符合"的人数占比分别为 26.2% 和 40.5%。

当访谈中被问"贵校会有师德签约或则宣誓活动吗？"时，三位教师都回答："没有过。"

基于以上分析发现，部分乡村小学教师职业道德宣誓和签约的仪式感相对欠缺。

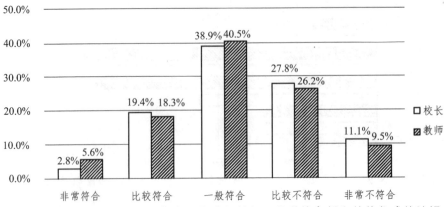

图 3.17　校长和教师对于学校会时常进行教师职业道德宣誓和签约仪式的认识

（3）师德建设的标语

师德建设的基础设施能在一定程度上帮助教师内化师德理念，转变行为。为此，研究者对校长和教师做了"乡村小学存在职业道德标语"的调查，结果如图 3.18 所示。

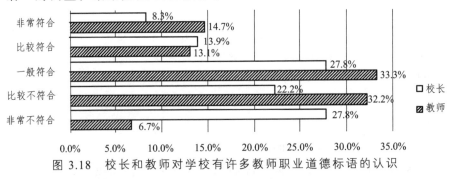

图 3.18　校长和教师对学校有许多教师职业道德标语的认识

从图 3.18 可以看出，关于"乡村小学存在教师职业道德标语"的情况，校长的选择主要分布在"非常不符合""比较不符合"和"一般符合"这三个选项，占比分别为 27.8%、22.2%和 27.8%。教师的选择主要分布在"比较不符合"和"一般符合"这两个选项，占比分别为 32.3%和 33.3%。可知，大部分乡村小学校长和教师表示学校缺乏师德标语，小部分乡村小学校长和教师表示学校有许多师德标语。

（4）师德建设中的沟通

研究者调查了乡村小学校长和教师对"校长和教师之间的师德建

设沟通"的认识，结果如图 3.19 所示。

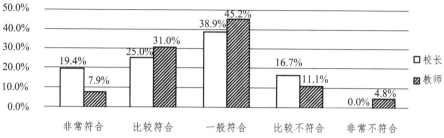

图 3.19　校长和教师对"校长与教师之间具有持续的师德建设沟通"的认识

从图 3.19 可以看出，乡村小学校长和教师之间关于师德建设具有一定程度沟通，校长和教师的选择主要集中在"一般符合"这个选项。这说明乡村小学校长和教师比较缺乏师德建设的沟通。

（5）师德建设中的关怀

从图 3.20 可以看出，乡村小学校长和教师之间有关心，但关心的程度还不够。校长和教师的选择主要集中在"一般符合"，占比分别为 58.2%和 44.8%。

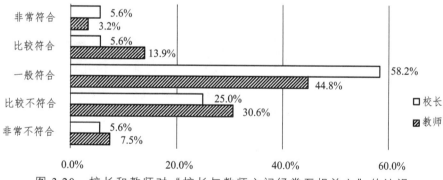

图 3.20　校长和教师对"校长与教师之间经常互相关心"的认识

（6）师德建设中的信任

从图 3.21 可以看出，乡村小学校长比较尊重和信任教师。校长没有选择"非常不符合"的，选择"一般符合"的人数占比最高，为 44.4%，选择"比较符合"的人数占比相对较多，为 27.8%。教师选择"一般符合"的人数占比最高，分别为 36.9%。

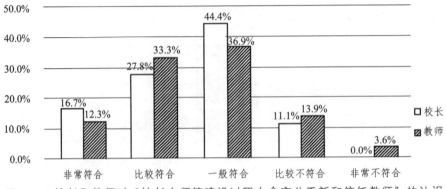

图 3.21　校长和教师对"校长在师德建设过程中会充分重新和信任教师"的认识

（7）师德建设中的人际关系

研究者调查了校长和教师对"学校师德建设中的科层等级关系"的认识，结果如图 3.22 所示。

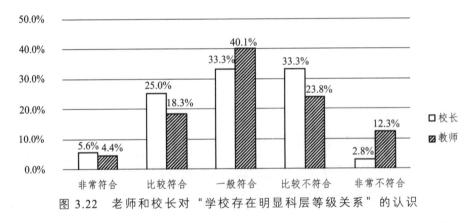

图 3.22　老师和校长对"学校存在明显科层等级关系"的认识

从图 3.22 可以看出，乡村小学校长和教师对"师德建设中存在明显的科层等级关系"的认识结果显示，校长选择"非常不符合"和"比较不符合"的共占 36.1%，选择"一般符合"的人数占 33.3%，选择"比较符合"和"非常符合"的人数共占 30.6%。教师选择"非常不符合"和"比较不符合"的人数共占 36.1%，选择"一般符合"的人数占 40.1%，选择"比较符合"和"非常符合"的人数共占 22.7%。综上所述，乡村小学校长存在科层权威式领导的现象，校长和教师之间在一定程度上存在科层等级关系。

4. 学校师德建设的保障机制

（1）师德教育的常态

学校将师德教育常态化可以时刻提醒教师保持爱岗敬业、关心学生和道德情操的职业态度，时刻增强教师的责任感、使命感、荣誉感，规范职业道德行为，为着力培养德智体美劳全面发展的社会主义建设者和接班人打下坚实的基础。为此，研究者调查了乡村小学进行师德教育的情况，结果如图3.23所示。

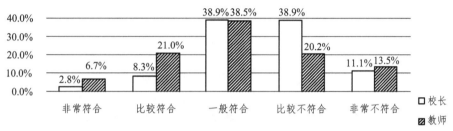

图3.23　校长和教师对"学校经常组织教师参加师德教育"的认识

从图3.23可以发现，面对"学校会经常组织教师参加师德教育"的调查，校长选择"比较不符合"和"一般符合"的人数均占38.9%，教师选择"一般符合"的人数占38.5%。

在访谈中，当被问"你认为贵校的师德教育如何？"时，各教师回答如下：

W老师说："我们学校没有专门的师德教育与学习，我们学校的师德教育穿插在平时的例会当中，主要是针对某一件事、某一方面进行要求，比如说在学校例会上，校长会提醒我们一定不要打骂学生，要尊重学生的人格，你可以手握戒尺，但是一定要掌握分寸、掌握度，我觉得这就是我们学校的师德教育。"

Q老师说："学校没有单独的师德教育，但是校长偶尔开会的时候会说，当一名教师要有师德精神和师德境界，同时还要传承我们学校自己的文化，弘扬工匠精神，争当创客。"

E老师说："我们学校没有单独的师德学习，但我们学校一直都是按照上级相关文件来学习师德行为规范的。"

可见，学校组织学校教师进行师德教育不够，同时，师德教育未常态化。

（2）师德教育的内容及方式

师德教育内容的时代性、新鲜度、实际性和师德教育方式的多样性是使被教育者保持积极学习的动力。为此，研究者调查了乡村小学师德教育的主要内容和方式，结果如图 3.24 和图 3.25 所示。

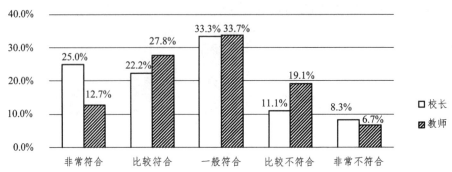

图 3.24　校长和教师对"师德教育的主要内容是学习教师职业道德规范"的认识

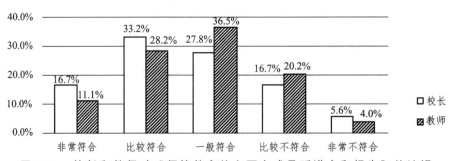

图 3.25　校长和教师对"师德教育的主要方式是听讲座和报告"的认识

从图 3.24 可以看出，面对"师德教育的主要内容是学习教师职业道德规范"的问题，校长选择"比较符合"和"非常符合"的人数总占比为 47.2%。教师选择"比较符合"和"非常符合"的人数总占比为 40.5%。接近一半的乡村小学校长和教师都认为师德教育的主要内容是学校教师职业道德规范或则教师职业道德法律法规。这说明乡村小学师德教育内容相对单调。

从图 3.24 可以看出，校长和教师对"师德教育的主要方式是听讲座和报告"的认识显示，校长选择"比较符合"和"非常符合"的人数总占比为 49.9%。教师选择"比较符合"和"非常符合"的人数总占比为 39.3%。大多数乡村小学校长和教师都认为师德教育的主要方式是听讲座和报告。这说明乡村小学师德教育的方式单一。

（3）师德评价的权重

教师考评是衡量教师职业素养高低的途径。但教师考评的内容主要包括教育教学过程和效果、职业道德、科研论文和出勤率等方面。如图 3.26 所示，从校长和教师对"师德评价在教师考评中的权重比很大"的认识来看，校长选择"比较不符合"和"一般符合"的人数占比相对较高，分别为 41.7%和 27.8%。教师选择"一般符合"和"比较符合"的人数占比相对较高，分别为 42.9%和 29.4%。这说明师德评价在教师考评中的权重比一般。

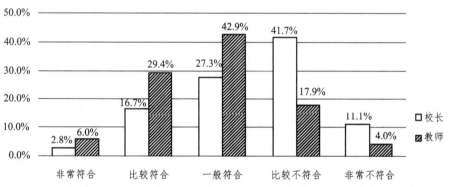

图 3.26　校长和老师对"师德评价在教师考评中的权重比很大"的认识

（4）师德评价的方式、标准和公正性

师德评价的方式的多样性是保持评价客观公正性的途径之一。但从问卷调查中发现，大多数乡村小学校长和教师表示师德评价的方式一般为"打分"或"投票"，如表 3.9 所示，校长选择"一般符合"的人数占比最高，为 37.5%，教师选择"一般符合"的人数占比为 38.1%。对于"师德评价的标准非常具体"的认识，校长选择"一般符合"的人数占比最高，为 27.1%。教师选择"一般符合"的人数占比为 53.6%。对于"考核结果客观公正不受主观因素的影响"的认识，校长选择"一般符合"的人数占比最高，为 43.8%。教师选择"一般符合"的人数占比为 42.1%。

表 3.9 师德评价方式、标准和公正性的调查

题目	选项	教师		校长	
		N	百分比	N	百分比
贵校师德评价的方式主要是由师德考核小组打分或投票	"非常不符合"	9	3.6%	2	4.2%
	"比较不符合"	35	13.9%	7	14.6%
	"一般符合"	96	38.1%	18	37.5%
	"比较符合"	82	32.5%	12	25.0%
	"非常符合"	30	11.9%	9	18.8%
贵校的师德评价标准非常具体	"非常不符合"	17	6.7%	8	16.7%
	"比较不符合"	55	21.8%	10	20.8%
	"一般符合"	135	53.6%	13	27.1%
	"比较符合"	30	11.9%	11	22.9%
	"非常符合"	15	6.0%	6	12.5%
贵校的师德评价客观公正，考核的结果不会受主观因素的影响	"非常不符合"	23	9.1%	1	2.1%
	"比较不符合"	63	25.0%	10	20.8%
	"一般符合"	106	42.1%	21	43.8%
	"比较符合"	45	17.9%	13	27.1%
	"非常符合"	15	6.0%	3	6.3%

说明：教师（N=252），校长（N=48）。

（5）师德监督的必要性

建立健全师德监督是提高乡村小学教师职业道德水平的重要保证。加强学校组织成员对师德监督重要性的认识，不仅能增加学校师德建设中的他律途径，还能引导教师自我监督和自我塑造。为此，研究者调查了乡村小学校长和教师对建立健全师德监督机制必要性的认

124

识的调查，结果如图 3.27 所示。

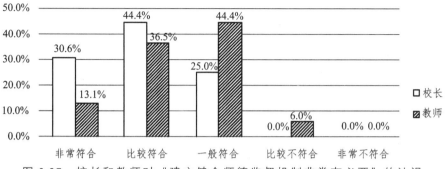

图 3.27　校长和教师对"建立健全师德监督机制非常有必要"的认识

从图 3.27 中可以看出，对于"建立健全师德监督机制非常有必要"的看法，没有人选择"非常不符合"，选择"比较符合"的校长和教师分别占 36.5% 和 44.4%。乡村小学校长和教师对建立健全师德监督机制重要性的认识较好。

（6）师德监督的方式

正确运用师德监督机制能有效提高学校师德建设的有效性和实效性。为此，研究者调查了乡村小学师德监督的主要方式，结果如表 3.10 所示。

表 3.10　关于师德监督方式的调查

题目	选项	教师		校长	
		N	百分比	N	百分比
贵校成立了师德监督机构	"非常不符合"	16	6.2%	6	12.5%
	"比较不符合"	47	18.7%	9	18.8%
	"一般符合"	109	43.3%	19	39.6%
	"比较符合"	68	27.0%	11	22.9%
	"非常符合"	11	4.4%	3	6.3%
	缺失数据	1	0.4%	0	0.0%

题目	选项	教师		校长	
		N	百分比	N	百分比
贵校建立了多种形式的师德投诉和举报平台	"非常不符合"	32	12.7%	12	25.0%
	"比较不符合"	48	19.0%	11	22.9%
	"一般符合"	108	42.9%	17	35.4%
	"比较符合"	48	19.0%	4	8.3%
	"非常符合"	15	6.0%	4	8.3%
	缺失数据	1	0.4%	0	0.0%
师德监督主要依靠教师自己自律	"非常不符合"	16	6.3%	6	12.5%
	"比较不符合"	13	5.2%	7	14.6%
	"一般符合"	48	19.1%	9	19.1%
	"比较符合"	91	36.1%	14	29.2%
	"非常符合"	84	33.3%	11	22.9%
	缺失数据	0	0.0%	1	2.1%

说明：教师（N=252），校长（N=48）。

表 3.10 显示，对于"学校成立了师德监督机构"的认识，校长选择"非常符合"的人数占比为 6.3%，教师选择"非常符合"的人数占比为 4.4%。这说明仅有少数乡村小学成立了师德监督机构。

表 3.10 还显示，对于"贵校建立了多种形式的师德投诉和举报平台"这一描述，校长选择"非常符合"的人数占比为 8.3%，教师选择"非常符合"的人数占比为 6.0%。这说明乡村小学的师德监督形式相对单一。

对于"师德建设主要依靠教师自律"这一描述，校长选择"非常符合"的人数占比为 22.9%，教师选择"非常符合"的人数占比为 33.3%。这说明大部分乡村小学校长和教师都认为师德监督要依靠教师自律。

（7）师德激励的明确性

师德激励机制就是利用心理期望和奖励来激励教师积极主动地

改变自身师德观念和失范行为并参与到师德建设中来。为此，研究者对乡村小学是否具有明确的师德激励机制进行了调查，结果如图3.28 所示。

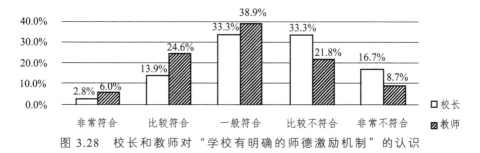

图 3.28　校长和教师对"学校有明确的师德激励机制"的认识

图 3.28 显示，对于"学校有明确的师德激励机制"这一描述，校长选择"比较不符合"和"一般符合"的人数占比相对较高，均为 33.3%。教师选择"一般符合"和"比较符合"的人数占比相对较高，分别为 38.9%和24.6%，选择"比较不符合"的人数占比为 21.8%。这说明乡村小学缺乏明确的师德激励机制。

（8）师德激励的方式

图 3.29 显示，对于"乡村小学师德激励方式多种多样"这一描述，校长选择"非常不符合"的人数占比最低，为 5.6%，选择"比较不符合"和"一般符合"的人数占比相对较大，分别为 22.2%和 41.7%。教师选择"非常符合"的人数占比最低，为 4.4%，选择"比较不符合"和"一般符合"的人数占比相对较高，分别为 28.2%和 42.9%。

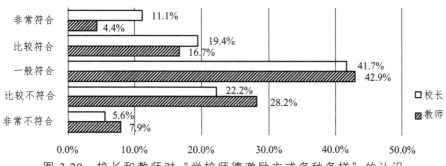

图 3.29　校长和教师对"学校师德激励方式多种多样"的认识

图 3.30 显示，对于"乡村小学师德激励考虑到了教师的需求层次"这一描述，校长选择"非常符合"的占比最低，为 5.6%，选择"一般符合"和"比较符合"的人数占比相对较高，分别为 44.4%和 22.2%。教师选择"非常符合"的人数占比最低，为 5.2%，选择"一般符合"和"比较符合"的人数占比相对较高，分别为 44.8%和 27%。

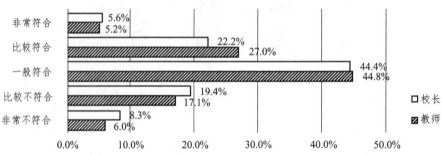

图 3.30　校长和教师对"学校师德激励充分考虑到了教师的需求层次"的认识

基于以上分析发现，乡村小学师德激励的方式相对缺乏多样性，师德激励的内容相对较少考虑教师的需求层次。

（9）师德激励的效果

图 3.31 显示，对于"乡村小学师德激励机制调动了教师积极性"这一描述，校长没有选择"非常不符合"和"比较不符合"的，但选择"一般符合"和"比较符合"的人数占比相对较高，分别为 30.6%和 47.2%。教师选择"非常不符合"与"比较符合"的人数相对较少，分别为 2.4%和 6.0%，选择"一般符合"和"比较符合"的人数占比

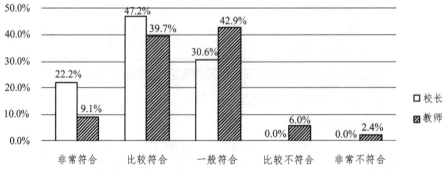

图 3.31　校长和教师对"学校的师德激励机制调动了老师积极性"的认识

相对较高，分别为 42.9%和 39.7%。基于以上分析发现，乡村小学师德激励可以有效地调动教师的积极性。

第三节　乡村小学师德建设的问题及成因分析

一、乡村小学师德建设存在的问题

1. 校长和教师对师德建设的认识不全面

教师的师德观念、水平能使教师在教书育人的过程中，以润物细无声的方式影响学生的道德品质和行为习惯的养成，所以加强学校师德建设比培养教师专业知识、专业技能更为重要。笔者从"校长和教师对师德建设重要性的认识"的调查结果中发现，甘肃省 C 县部分小学大多数校长和教师都认为师德建设比较重要，但乡村小学校长和教师对学校师德建设的内容以及师德建设工作归属的认识比较片面。

首先，乡村小学校长和教师对师德建设内容的认识不够全面。从"校长和教师将师德建设等同于规范师德行为的规章制度"的问卷调查中发现，校长选择"比较符合"和"非常符合"的人数共占 45.8%，教师选择"比较符合"和"非常符合"的人数共占 50.5%。当访谈中被问"师德建设的内容是什么？"时，不同校长有不同看法。

A1 校长说："我认为师德建设的内容应该有两个，一个是教师的专业素养，另一个就是教师自身的品德行为。"

A2 校长说："我认为师德建设的内容，首先，是老师思想品德；其次，就是对老师师德行为进行监督、评价。"

A3 校长说："师德建设的关键在'人'，我们如何塑造和建设这个'人'呢？我觉得，首先应规范教师的师德行为，发展教师的专业素养；其次要靠老师自我约束、自我管理。"

师德建设的内容包括：转变教师师德观念、提升教师师德水平、端正教师师德品行等。但基于上述调查和三位校长的访谈发现，大多数乡村小学校长和教师仍将师德建设的内容片面地认为是教师的师德行为规范。

其次，从问卷调查中发现，大多数校长和教师面对"师德建设工作是宣传部和人事部门的工作"这一描述，校长选择"比较符合"和"非常符合"人数共占 52.8%，校长选择"比较符合"和"非常符合"人数共占 58.3%。可以说，有一半以上的校长和教师缺乏对师德建设工作归属的正确认识。正如一位教师谈道："我们学校每学年都会评选学习风云人物，并且每年都会宣传骨干教师的先进事例。所以，我认为我们学校的师德工作主要是宣传部在负责。"

2. 校长缺乏师德建设的道德领导

人们常说："一个好领导，就是一所好学校。"学校领导者始终是学校发展的风向标，处于学校建设中的核心地位。校长承担着学校教育教学管理工作、学校组织者之间的团结协调工作以及师资队伍的建设工作等。其中，学校师德建设是学校发展的重要组成部分，是学校目前必须深度思考的一个问题，也是学校领导者义不容辞的责任。然而，萨乔万尼认为："道德权威作为学校领导的核心权威"，"道德权威应当成为一个人整体领导活动的基石"[①]。学校道德领导应该是"去控制"式的，应该善于向教师传达师德建设的愿景和目标、还应将"管制式"的领导行为逐渐转化为教师的道德信念。面对"规章制度是学校师德建设的主要途径"这一描述，乡村小学校长选择"比较符合"和"非常符合"的人数共占 55.5%，乡村小学教师选择"比较符合"和"非常符合"的人数共占 41.7%。面对"乡村小学校长明确向教师表达了师德建设愿景与目标的程度"这一描述，校长和教师中选择"非常符合"的人数占比相对较少，分别为 13.9%和 9.9%，这说明乡村小学校长在师德建设中缺乏向教师传达师德建设愿景和目标。在"教师具有参与学校师德建设的权利"的调查中体现出乡村小学教师参与师德建设的权力有限，校长和教师对此认为"非常符合"的人数分别占 2.8%和 11.1%。道德领导理论认为"控制越少越好，权力的发挥也有

① 蔡怡. 道德领导——新型的教育领导者[M]. 北京：教育科学出版社，2009：32-33.

限",但乡村小学师德建设的主要途径是学校制度控制,并且校长和教师之间缺乏师德愿景与目标的沟通,校长没有为教师参与师德建设创造条件,忽视了道德权威的领导。

3. 教师处于师德建设的边缘

"边缘化"是一个抽象的概念,意为"与人或事物发展的主流方向相反,也就是非中心、非主流"[①]。乡村小学教师师德建设边缘化,是指乡村教师在师德建设过程中自觉或不自觉地处在科层权威领导下的边缘位置。所以,为了"去除边缘化",乡村小学教师应该积极主动地参与到师德建设中去,发挥"师德建设者"的主观能动性,从而继承和创新师德建设的途径和方法,使师德建设保持充满活力、蓬勃生长的状态。但当时"教师会主动参与到学校师德建设中来"的调查,校长选择"比较符合"和"非常符合"的人数共占 16.6%,教师选择"比较符合"和"非常符合"的人数共占 21.8%。这说明部分乡村小学教师缺乏积极参与师德建设的主动性。教师在师德建设中可能处于主动边缘的状态。对于"校长赋予了教师参与学校师德建设权力"的描述,校长选择"不符合"的人数占比为 8.3%,教师选择"不符合"的人数占比为 14.3%,超过三分之一的校长和教师表示教师不具有参与师德建设的权力。对于"教师在学校师德建设中建言献策机会很多"的描述,校长选择"非常符合"的人数占比为 11.1%,教师选择"非常符合"的人数占比为 9.9%。这说明乡村小学教师在师德建设中建言献策的机会不多。"校长构建师德建设愿景时发挥了全校教师作用"的调查显示,仅有极少数乡村小学校长发挥了全校教师的作用。并且当访谈中被问到"您在师德建设过程中处于什么位置?"时其中一位教师说:"被动,领导说什么我们就做什么。"所以,受科层制度的影响,我国乡村小学教师在师德建设中有时也处于被边缘的状态。

4. 学校缺乏有效师德建设机制

若要使乡村小学师德建设更进一步,就必须从建立乡村小学师德

---

① 陈迎雪. 乡村教师"双重边缘化"问题探析[J]. 教育科学论坛, 2019 (07): 60-64.

建设长效机制和实效机制入手，把教育部有关加强师德建设的指导思想运用到乡村小学师德建设之中。师德的形成和发展需要一个有效的教育、评价、监督、激励机制。从问卷调查和访谈中发现，乡村小学为了避免教师失范，在教育部出台师德处理办法和师德规章制度的基础上，制定了一些本校师德禁令和师德教育、评价、监督、激励等机制，但内容相对笼统、界限相对模糊、操作性相对欠缺，并且难以付诸实施。导致师德建设机制最终在乡村小学体现出无效性或低效性的特点。研究者主要从师德教育、师德评价、师德监督与师德激励这四个方面来探讨师德建设机制存在的问题。

（1）师德教育缺乏实效

"师德教育是对教师施加影响，把社会师德规范变化为教师个人职业生活中稳固的个性特质，并在职业活动中表现出来的过程。"[①]师德教育又是乡村小学师德建设必须面对的问题，这一问题处理得是否得当，将直接影响教师队伍的稳定和教育质量的高低。

首先，师德教育应该贯穿教师职业发展的始终，按照一定的目的对教师进行长期教育。但在"学校经常组织教师参加师德教育"的问卷调查中，仅有小部分校长和教师表示学校经常组织师德教育活动。当访谈中被问"你认为贵校的师德教育如何？"时，W老师和Q老师都表示学校没有进行过专门的师德教育。

其次，师德教育的内容要具有时代性、新鲜度、实际性。但关于"师德教育的主要内容是学习教师职业道德规范"的问卷调查显示，接近一半的乡村小学校长和教师都认为师德教育的主要内容是学校教师职业道德规范或教师职业道德法律法规。正如一位老师说道："我以前在外面参加培训的时候，听过三个有关师德方面的讲座，主题大概是进一步提高教师的思想政治素养；进一步树立正确的教师职业理想；提高教师的职业道德水平。"

最后，师德教育的方式应该多种多样，让受教育者保持学习的积极性与兴趣。但从问卷调查中发现，师德教育的主要方式为听报告和

---

① 于进，于源溟.从灌输到交往：师德培训问题的对策[J].当代教育科学，2014（10）：42-46.

讲座的现象比较普遍，正如一位老师所说："我们学校师德教育活动的主要方式有开展讲座学习、交流讨论、座谈会议。"

师德教育是师德建设系统中的一扇"门"，也是乡村小学教师认清自己的一把"钥匙"。所以，必须加强乡村小学教师的师德教育，才能使乡村小学教师认清师德内涵、感悟师德境界、内化师德行为。基于上述问卷调查和访谈笔者发现，乡村小学偶尔会有师德讲座、讨论会议或集中交流等活动，但活动的内容比较单一、枯燥，并且乡村小学师德教育缺乏计划性和持续性。这种一味"开大会、听报告"的师德说教活动，忽视了教师的主观能动性，可能会导致部分乡村小学教师排斥和抵触师德教育。

（2）师德评价流于形式

"师德评价是对教师职业行为是否遵循职业道德规范的评议和估计，也是将道德条文规范内化为个人行为准则的转换机制。"[1]

首先，从"师德评价在教师考评中的权重比很大"的问卷调查中发现，相当一部分校长认为师德应该在教师考评中有很大占比，并且A2校长曾在访谈中说过这样一句话："师德评价很重要，师德评价的方式也应多种多样才对，老师师德不仅要接受校长的评价，还要接受同事、学生和家长的评价，但老师的师德却不好判断、考量和评价，你说我们老师要把师德工作做到什么目标吗？这个目标显然不容易找，我们学校现在还真的没有一个绝对合适的量表来评价和考察教师的师德。"

在"学校师德评价标准非常具体"的问卷调查中，仅有少数校长和教师表示学校师德评价的标准非常具体。

其次，问卷调查结果还表明，相当一部分校长教师表示师德评价的方式主要是校领导"打分"或其他教师"投票"。在"师德评价客观公正，考核的结果不会受主观因素的影响"的问卷调查中，仅有少数校长和教师表示师德评价客观公正并且不受主观因素的影响。

从访谈可以发现，乡村小学校长和教师都认为师德评价非常重要，

① 吉贻祥. 高校师德评价的理论探讨[J]. 西南民族大学学报（人文社科版），2006（11）：222-225.

但在教师年终考评的过程中，师德这一板块的权重比却相对较轻，内容也相对空泛。乡村小学校长还普遍反映师德评价的标准难以具体量化，在乡村小学中很难具体实施。而且乡村小学师德评价的方式单一，很容易导致"拉票"或"互投"的现象。这样就使得师德评价失去了它本身的意义，形同虚设。

（3）师德监督空成摆设

"师德监督是指教师的师德状况和其行为目标的选择起督促、制约作用的系列措施与制度。"[①]在"建立健全师德监督机制是否有必要"的问卷调查中，乡村小学校长和教师都认为比较必要，但关于是否"成立了师德监督机构"的问卷调查中，仅有极少数长和教师表示本校成立了师德监督机构，这说明乡村小学师德监督机构相对缺乏。关于"是否建立了多种形式的师德监督机制"的调查，仅有极少数校长和教师表示本校建立了多种形式的师德监督机制，这说明乡村小学师德监督形式相对单一。关于"师德监督是否主要依靠教师自己自律"的调查结果显示，有约三分之一的校长和教师表示认同，这说明师德建设还要依靠教师自律。

总之，师德建设不仅要注重自律，还要注重他律。首先，无论是乡村小学校长还是教师他们都普遍认为师德建设主要依靠教师自律。但师德建设中他律也很重要，应坚持他律与自律相结合的道德监督。其次，乡村小学校长和教师都认为师德监督非常重要。但乡村小学的监督体系尚不完善：第一，没有成立专门的监督机构。乡村小学会在年终考核时临时组成监督小组，监督小组的成员主要是由学校领导或部分骨干教师组成。而监督小组的主要任务主要是对教师的"绩效"成绩进行考核、打分。第二，没有设立师德投诉或举报平台。

（4）师德激励形式单一

"师德激励就是为了达到师德建设的目标、激发和促进广大教师加强师德修养并对其行为目标起正向牵引作用的系列措施与制度。"[②]

---

① 常爱芳. 论新时期师德内涵和师德监督机制构建[J]. 中国成人教育，2009（13）：57-58.
② 林宁，王劲松. 论高校师德建设及其激励监督机制的构建[J]. 理论月刊，2006（03）：157-159.

首先，"学校是否有明确的师德激励机制"的调查结果显示，乡村小学有师德激励机制但不明确。当访谈中被问"贵校是否存在师德激励机制"时，Q教师回答："师德激励方面的工作，我们学校不太多，也不好弄。如果我们做得不好，学校会有批评、处罚，但如果我们做好了，学校也不会奖励我们"。W教师回答："单独的师德激励，我国学校目前还没有，但如果教师教学质量优秀，县教育局就会颁发园丁奖，省教育局也会颁发各种证书。"Z教师表示："我们学校没有明确地提出来师德激励这个概念，但我们学校每学期会评选出'学年风云人物'，在一些集体比赛活动中，学校还会根据班级的参赛结果评选出'师德风尚奖'。我觉得这些都是师德激励。"

其次，关于"学校师德激励方式"的调查结果显示，校长选择"非常不符合"的人数占比最低为5.6%，教师选择"非常符合"的人数占比最低为4.4%。

再次，关于"学校师德激励是否充分考虑到了教师的需求层次"的调查结果显示，校长和教师都认为不够充分。

最后，关于"学校的师德激励机制是否调动了教师积极性"的调查结果显示，无论校长还是教师，大多数人都认为师德激励机制可以调动教师积极性。

综上所述，乡村小学没有专门针对师德的激励机制，但会从侧面激励教师的师德行为。乡村小学的师德激励机制主要是从精神方面来激励优秀教师保持师德和修养，比如县里颁发的园丁奖，省里颁发的优秀教师证书，学校颁发的优秀班主任奖、教学设计奖、批改作业奖和听课评课奖等，但几乎没有物质方面的激励。所以，可以说，乡村小学师德激励机制相对单一。

二、乡村小学师德建设存在问题的成因

1. 核心价值的错位

"师德建设"应教育和约束教师的失德行为，引领校长和教师正确认识事物、判断是非对错，也应帮助校长树立正确的师德建

设价值观、帮助教师树立正确的职业道德价值观。

（1）校长价值观错位

通过对甘肃省 C 县部分乡村小学师德建设现状的调查研究，笔者发现，参与调查的乡村小学校长在师德建设过程中存在两个问题：校长对师德建设的认识片面、校长的道德领导缺乏。校长在实际工作中是通过加深理解、发现价值、沟通含义来使学校师德建设变得更有意义的，并且校长在领导和管理师德建设的过程中是不可能完全"去价值"的。所以，导致乡村小学校长存在上述问题的原因是校长师德教育价值观和师德领导价值观的错位。

第一，校长对师德建设的片面认识是受了校长师德教育价值观错位的影响。当访谈中被问"您认为学校的师德教育管理如何？"时，A1 校长说："我们学校没有单独针对教师的师德教育与学习，我认为师德教育不应该依靠校长的领导。因为教师师德主要还是看老师自身的人品和良心。"A2 校长说："师德优秀的教师不是靠教育出来的，还是要依靠教师自身的修养和自己的教学理念成长起来的。"

可见，部分校长认为教师职业道德修养的提升不是依靠教育或校长的领导，而是依靠教师自身的修养和教学理念。

第二，师德领导价值观的错位是影响校长道德领导缺失的主要原因。当访谈中被问"贵校师德建设中的具体措施是什么？"时，Q 教师说："制度上，我们学校主要在教师职业道德规范的基础上加以补充和监督。从非制度上来讲，如果老师违反了教师职业道德的规定，校长会先批评教育，对于情节严重者校长会先将他换下来，然后再上报给县教育局，但目前我们学校师资匮乏，每个老师都上着好几门课，所以校长一般不会将其换下来，除非情节严重者。"W 教师说："国家制度层面，我们学校在中小学职业道德的基础上补充了十项训诫，还有教育局出台的中小学教师十条严禁。学校制度层面，我们学校提出了一个'三立三正三形象'的补充规定。"

由此可知，乡村小学主要依靠国家层面的规章制度、学校层面的教师职业道德补充规定和校长批评教育等方式来提升和改善乡村小学教师职业道德。

综上所述，部分乡村小学校长将师德建设领导方式错位地理解成"控制教师的师德行为"。道德领导价值观理论强调师德建设中要"去控制、放权力"。所以，部分乡村小学校长师德领导价值观的错位导致领导师德建设实效不佳。

（2）教师价值观错位

通过对甘肃省 C 县部分乡村小学师德建设现状的调查，笔者发现，部分乡村小学教师对师德建设的认识相对片面，并且在师德建设中处于"主动边缘化"的困境。从调查中可以发现，导致上述问题的主要原因是教师乡土文化价值观和育人价值观的错位。

首先，乡村小学教师乡土文化价值观错位。乡村小学教师作为乡村小学中的一分子，理应是优秀乡土文化的传承者、乡村小学生健康成长的引路人、乡村基础教育的执行者、乡村小学师德建设的主体，但现在部分乡村小学教师受到职前"去乡村化"教育和"城市取向"价值观的影响，形成了疏远乡村、脱离乡村的错位价值观。如部分乡村小学教师游离于乡土文化之外，成为乡土文化的陌路人。部分乡村小学教师向城市流动的欲望比较强烈，在工作中得过且过，逐渐成为乡村基础教育和乡村小学师德建设的"边缘人"。

其次，乡村小学教师育人价值观错位。对于"教师教书育人的价值观对教师职业道德行为有决定性作用"，超过三分之一的校长和教师表示比较认同。并且在访谈中被问"学校如何提升教师的师德修养？"时，部分校长认为教师教书育人的价值观在师德建设中起主要作用。可见，教师教书育人的价值观是影响教师主动参与师德建设的原因之一。教书和育人是教师的天职，它们就像一对孪生兄弟，互相依赖、互相促进、不可分割。教书是为了育人，但育人的范围比教书更广泛。育人要德智体美劳并重，当前尤其要强调德育。但部分乡村小学教师仅把"教书"作为一种谋生的手段，不安心工作、得过且过、责任意识淡薄。正如一位校长所说："我们学校老师的师德素养和师德水平还是比较高的，但个别老师还是存在纪律涣散，行为懒惰的现状。有部分老师经常不批改学生的作业，也不备课就去上课，学生在教室吵闹也不管不顾。"

所以，从上述访谈中可以发现，部分乡村小学教师不注意加强自身职业道德修养，职业道德和职业素质下滑，这也是影响乡村小学教师在师德建设过程中边缘化的原因之一。

2. 领导体制的限制

19世纪末，被称为"组织理论之父"的马克斯·韦伯提出了影响全世界组织重新规划、设定和管理的科层制理论。该理论为了提高组织的运行效率，依据组织成员专业、技术和能力的区别，将组织成员安排在特定的职位上。每个职位都有明确的责任和权力的分工，并且职位与职位之间形成了一个金字塔式的层级结构体系。科层制理论中的上下层级之间按照法律程序、公务规则和上级命令来做事，只讲理性，不讲感情。科层制理论最先被运用到政府和企业部门的管理之中，它能提高政府和企业部门的工作效率。时至今日，这种自上而下的科层组织管理模式已经被运用到了社会的各个领域。

138

然而，从1985年《中共中央关于关于教育体制改革的决定》可以看出，我国中小学从1986开始到现在一直实行的是"校长责任制制度"，该制度明确规定了乡村小学校长是学校的法人代表，对乡村小学的发展和改革具有全面负责、统一领导的责任，并且还将学校组织内部成员划分成三个垂直层次：最高决策层（正副校长）、中层执行层（科室主任）和基层操作层（普通教师）。因此不难发现，乡村小学师德建设正陷入外在科层领导权威下的"铁壳"中，并逐渐导致了乡村小学师德建设中的副作用——校长一言堂，还使乡村小学教师处在师德建设边缘或者被动的状态。关于"规章制度是学校师德建设主要途径"的调查结果显示，我国乡村小学内部的管理模式也属于"科层组织管理"模式，并且乡村小学校长在学校组织管理的过程中具有很高的地位。

3. 人文环境的欠缺

乡村小学师德建设的终极目标是创建"学校道德共同体"。何谓学校道德共同体？学校道德共同体就是在学校范围内应该按照道德规范相互对待的个体和群体的总和①。"学校道德共同体"不是由学校领导强制控制或直接管理的，而是学校组织成员之间基于相互认同和集体目标的"道德规范体系"自发结合成立的。人文环境是一只看不见的手，它能在无形之中将学校教师浸润在一个具有共同道德价值体系和道德关怀的氛围之中，从而使教师获得信任、尊重、平等和自我价值。只有这样，学校教师才能以充满师德关爱、尊重、平等和积极的方式来对待学生、家长和工作。

通过调查乡村小学师德建设的现状可知，乡村小学教师参与师德建设的程度不高，校长与教师之间也缺乏相应的沟通与交流。究其原因，是人文关怀和师德建设环境氛围的缺失。

首先，良好的人际关系氛围比物质上的激励更重要，校长在师德建设的管理过程中应该注重"以师为本"，在满足教师精神层次需求的同时，强调对教师的尊重和理解。一个好的学校管理者不仅要分派好工作，更要在生活上和工作上关心教师，切实帮助教师解决实际困难。师德建设过程中，校长的人文关怀就好比点点甘露滋润教师的心田，"用心换心，用情换情"能让教师努力工作，学会工作。但笔者从问卷调查结果发现，部分校长与教师在一定程度上缺乏沟通、关心和信任，这可能会影响教师主动学习师德理念、内化职业道德、转变职业态度的积极性。

其次，良好的校园师德环境可以形成很强的凝聚力，对影响教师主动参与师德建设有巨大的推动作用。但问卷调查结果表明，甘肃省C县部分乡村小学教师职业道德标语和职业道德仪式相对欠缺，这可能会影响校长和教师对师德建设的认识，还可能影响教师主动参与师德建设的积极性。

综上所述，校园人文关怀和人文氛围的缺失是影响校长和教师对师德建设认识不全面、教师处于师德建设边缘的原因之一。

---

① 王海明. 论道德共同体[J]. 中国人民大学学报，2006（02）：70-76.

第四节　乡村小学师德建设的途径和对策

德国哲学家卡尔·雅斯贝尔斯说："教育意味着一棵树摇动一棵树，一朵云推动一朵云，一个灵魂唤醒另一个灵魂。"[①]这句话似乎在告诉我们教育的本质不仅是知识的传授，还是灵魂的唤醒、道德的影响、精神的契合。在乡村小学，教师就是那棵树、那朵云、那个灵魂。所以，一个师德高尚的老师能够影响孩子的一生，而国家、校长和教师现在最需要做的就是为孩子们守住那份"高尚"。

通过对甘肃省 C 县部分乡村小学师德建设现状进行调查与分析，笔者发现当地乡村小学师德建设的问题主要是校长和教师对师德建设的认识不全面、校长缺乏师德建设的道德领导、教师处于师德建设中的边缘、学校缺乏有效的师德建设机制等。针对师德建设问题的成因，并结合学校道德领导理论、教师人本管理理论，研究者提出以下师德建设的策略：提升价值认同，引发师德建设共鸣；坚持以师为本，注重道德领导；创设人文环境，营造师德建设氛围；优化师德机制，落实建设工作。

一、提升价值认同，引发师德建设共鸣

（一）强化校长师德建设的价值认同

通过对甘肃省 C 县部分乡村小学师德建设现状的调查，笔者发现，部分乡村小学校长能够意识到师德建设的重要性，但对师德建设的认识相对片面，在教师的管理和领导方面存在一定的控制。这主要迫于乡村小学校长"师德建设"价值观的错位。师德建设过程中，校长将"主观价值"与"客观事实"完全分离是不可能的。此外，师德建设过程中充满不确定性和复杂性，因此，增强乡村小学校长的师德建设"价

---

① 顾明远. 师德突出问题典型案例评析[M]. 北京：北京师范大学出版社，2014：6-7.

值认同"十分重要，具体可从理论认知和情感态度两个方面加以强化。

1. 加强校长对师德建设的理论认知

具备理论认知是认同师德建设价值观的根本，是学校师德建设的行动指南，宣传、教育是校长增强师德建设理论认知的路径。

首先，将师德建设宣传纳入教育部和乡村小学的工作体系之中。宣传的内容不仅要体现时代性与重要性，还要体现"好老师"在孩子健康成长中的作用，让校长全面了解师德建设工作的迫切性和必要性。师德建设宣传的方式要体现多样性和务实性，还要体现学校"道德领导"在教师师德修养中的作用，让校长深入了解师德建设工作的方向和责任。可利用网络、电视、报纸、期刊、广播等多媒体，广泛宣传好老师的先进事例，宣传师德建设的制度和方式，努力营造学校师德共同体的氛围。

其次，将师德建设教育纳入校长的培养计划中。一要完善师德建设教育体系：组织专家团队在互联网平台上进行教学，依托师范院校开展校长师德建设教育培训，结合当地实际，建立校长培养培训基地。二要设定师德建设教育目标：注重师德建设的实用性和层次性，在循序渐进中确保校长内化师德建设目标，提升校长参与师德建设的积极性，加强校长师德建设的组织能力和领导能力。三要创新师德建设教育内容：减少纯理论和纯文件的学习内容，结合师德建设的典型案例进行具体分析，分模块、分主题、分层次，使师德建设教育的内容更有针对性和实效性，让校长学有所获、学有所思、学有所行。四要丰富师德建设教育形式：聘请高校专家对乡村小学校长进行集中培训，制定优秀校长一对一帮扶的方案，开通互联网平台教育，切实提升校长师德建设教育的效果。

2. 增强校长对师德建设的情感认同

师德建设的情感认同是个体从心理上和思想上对师德建设的价值做出情感肯定，"是人们对客体在内心获得肯定、满意、喜爱、赞同等体验的基础上产生的积极态度，实质上是一种内化认同"①。想要引

---

① 王伦光. 论社会主义核心价值观的情感认同[J]. 理论探讨，2018（05）：64-68.

起校长对师德建设的情感重视，首先，应强化校长对教师失德的危机感。所以，危机感是一个人成长发展的重要动力，是一个人思想进步的源泉。但如何促使校长产生教师失德的危机感呢？一要利用教师失德的真实案例，让乡村小学校长意识到教师失德阻碍了学生的健康成长，阻碍了乡村小学未来的发展，不利于乡村教育的发展。二要深入了解受创孩子的心理感受，与这些孩子产生情感共鸣，从而培养起师德建设的责任感和使命感。三要深化校长对师德建设的体验感。情感体验能让个体在客体中获得某种内心体验与满足感，而良好的情感体验能帮助校长树立正确的师德建设价值观。因此，要使乡村小学校长获得师德建设的情感体验，主要应从师德建设教育中挖掘情感、从师德建设情境中感悟情感。

（二）提高教师乡土、育人的价值认同

学校师德建设工作的主要目的是创建"学校道德共同体"，而其建设系统主要通过校长和教师共同参与实践来形成。乡村小学教师要建立并分享学校师德建设的愿景、领悟师德建设的"公共性"和"民主性"。所以，在学校师德建设中，乡村小学教师不应是事不关己的旁观者，而应是全身心投入的参与者。调查发现，导致甘肃省 C 县部分乡村小学教师在师德建设中"边缘化"的主要原因有两个：一是乡土文化价值观的错位；二是育人价值观的错位。学校道德领导思想的启示是：孩子永远是第一位的。因此，乡村小学教师在教学实践中面临冲突时，应当思考"教书育人"的本质。所以，强化教师"乡土教育"的价值认同就显得十分重要。具体应该增强教师"乡土文化"的认同感，加强教师"关爱学生"的责任感，提升教师"教书育人"的幸福感。

1. 增强教师"乡土文化"的认同感

目前，部分新生代乡村小学教师厌弃乡村、疏远乡村、逃离乡村，没有发挥应有的育人作用，逐渐成为乡村基础教育和乡村小学师德建设的"过客"。因此，帮助乡村小学教师走出师德建设主动边缘化困境，必须增强乡村小学教师对乡土文化的情感认同。

首先，重视地方性知识的学习。"地方性知识是一种地方性资源和认识方式，即作为本土的知识形态所具有的社会功能以及地方性知识获得过程所具有的认知论意蕴。"[①]地方性知识有别于普遍性知识，增加乡村小学教师的地方性知识，就是增加乡村小学教师对乡村文化的再认识和再体验。所以，为了增加乡村小学教师对乡村社会、乡村教育和乡村校长师德建设的归属感，就应该在建设乡村小学教师队伍的同时，引导乡村小学教师了解乡村文化、民间艺术。使其更好地融入乡村、热爱乡村学校，在振兴乡村基础教育的同时积极主动地参与到乡村小学师德建设中去。

其次，创造有利的发展软环境。乡村小学教师作为乡土社会中的一分子，其个人发展离不开乡村。为此，要提高乡村小学教师在乡村社会中的地位，增强乡村小学教师与村民的沟通和联系，使乡村小学教师得到村民的尊重和认可，同时融入乡村；鼓励乡村小学教师在完成学校工作的同时，积极为学校师德建设建言献策，让乡村小学教师真正找到乡土归属感、成就感和认同感，自愿融入乡村、服务于乡村基础教育并积极主动参与乡村小学师德建设。

2. 加强教师"关爱学生"的责任感

苏联的教育家赞克夫曾说："当教师必不可少的，甚至几乎是最主要的品质，就是热爱儿童。"[②]关爱学生是教师遵守师德的基本要求，是教师特有的职业情感，是教书育人工作得以开展的前提条件。乡村小学教师只有将责任感化为育人的支点，通过关爱学生这个杠杆将学习知识传递给学生，才能去撬动乡村小学进步的车轮，促进乡村小学健康成长。所以，增强教师"关爱学生"的责任感，是强化教师"教书育人"价值观的重要着力点。

乡村小学教师应该怎样关爱自己的学生？应该如何增强对学生的责任感？笔者认为，乡村小学教师关爱学生必须做到这几个方面：了

---

① 钱芳. 地方性知识与乡村教师专业发展——教育场域的视角[J]. 教育学术月刊，2018（10）：98-103.

② 王颖. 厚德载物 大道树人——新时期中小学教师职业道德修养[M]. 长春：吉林大学出版社，2011.6：65-66.

解信任学生、主动关心学生、做学生的良师益友、平等对待每一位学生、对学生严慈相济、尊重和理解学生。所以，要增强教师"关爱学生"的责任感，应帮助教师树立正确的教育观。

教育是以学生的未定性和发展性为基础，包含着"学文化"与"做人"的统一，具有促进学生德、智、体全面发展和开发学生生命价值的意义[①]。增强乡村小学教师"关爱学生"责任感的前提条件就是帮助教师树立正确的教育观。教育观是乡村小学教师对教书这份工作的看法和观点。乡村小学教师的教育观不但决定着其教书育人的态度，还影响着乡村小学师德建设的效果。

首先，转变教书育人的观念。教书是手段，育人才是目的。所以，乡村小学教师在教书育人时要认清教书育人的本质，不能将教书与育人割裂开来。那么，怎样实现"教书"与"育人"的统一呢？笔者认为，乡村小学教师既要提升自己的教学技能，又要加强自己的师德修养；既要重视学生知识的获取，又要重视学生个性的张扬；既要有班级规范，又要有教育良心。

其次，掌握好教育的分寸。"教育分寸是教师活动中实现教育道德的一种形式，在这种行为方式中可以看到师德思维和实践的互相统一[②]"。乡村小学教师合乎教育分寸地对待学生，是消除师生之间隔膜和矛盾的最好方式。因而，乡村小学教师必须具有教书育人的分寸感、减轻学生难堪的能力、职业道德。

3. 加强教师"教书育人"的幸福感

学校师德建设中不得不谈的一个话题就是教师的职业"幸福感"。目前乡村小学比较缺乏师资，所以经常出现乡村小学老师身兼多职的情况。而教学工作之外繁杂的行政事务也常常令教师头疼不已。这就很容易导致乡村小学教师产生职业倦怠和缺失职业"幸福感"。因此，提升乡村小学教师"教书育人"的幸福感至关重要。

首先，应增强教师工作的满足感。工作满足感主要是指教师对自

① 刘素梅. 教师职业大解读[M]. 长春：东北师范大学出版社，2010：45.
② 王毓珣，王颖. 师德培育与生成[M]. 北京：教育科学出版社，2013：35.

己所从事的工作的满意度。一方面，学校应为教师创造专业成长的条件，提高教师的专业满意度，调适教师的工作心态，使教师将其职业看成是实现教师内在价值的有意义的事情，而不仅是一种谋生的手段。另一方面，学校应为教师创造好的工作环境，比如提升教师工资待遇，改善教师在学校办公和生活的条件，让教师学会正确看待自己的本职工作，并通过实际行动努力创造出属于自己的幸福感。

其次，应加强教师的自我效能感。提高乡村小学教师自我效能感应从五个具体方面入手：指导教师坚持正确的理想信念、支持教师终身学习、指导教师正确归因、构建教师培训体系、完善教师培养和选拔机制。①

二、坚持以师为本，注重道德领导

目前我国乡村小学主要的领导方式是自上而下的科层权威式领导，校长是权力的集中者和掌控者。所以，想要解决乡村小学师德建设中存在的问题，就必须从改变学校管理与领导的方式开始。一是应坚持以教师为中心的人本管理。教师人本管理理论强调"以人为本"，主张突出教师在师德建设中的主体地位，注重师德建设中的情感沟通，尊重和发扬教师的自我管理能力。二是应实现校长在学校中的道德领导。学校道德领导强调以协作、磋商的方式实施领导，并通过学校这个组织传导一种有别于科层权威式领导的道德权威式领导理念，从而形成"学校道德共同体"。坚持乡村小学教师的人本管理，应注重学校道德领导。

（一）校长强调道德权威式领导

目前乡村小学师德建设的领导过分强调科层权威，忽略了道德权威。萨乔万尼在《道德领导：抵及学校改善的核心》一书中指出，

① 杨乐英，袁慧. 农村中小学教师自我效能感现状及提升策略[J]. 当代教育科学，2015（22）：59-61.

道德权威来自教师在广泛享有共同体价值、理念和理想中所产生的责任和义务。[①]在乡村小学师德建设中，应引导教师依靠道德、价值、愿景、信仰和义务等主动提升师德素养，而不是被领导强迫遵守师德。乡村小学校长在师德建设中应怎样强调道德权威呢？具体做法如下：

1. 创建共同愿景，指明建设方向

愿景对个人而言就是在自己头脑中勾勒出的未来美好景象，对学校而言就是学校成员共同怀有的未来美好意象。乡村小学校只有具备了师德建设的共同愿景，乡村小学组织成员才能心往一处想、劲往一处使，才能逐渐改善乡村小学教师在师德建设中边缘化处境。

乡村小学师德建设愿景是校长和教师共同建构的。所以，师德建设共同愿景必须是可实现的，并且是能与个人愿景相辅相成的。召开乡村小学师德建设愿景讨论会，讨论的目的是描绘出有利于学校师德建设发展的共同愿景，讨论的流程是先让乡村小学校长和教师都提出师德建设的共同愿景，进行民主、和谐的沟通，然后将师德建设共同愿景细化成一个一个可以实现的小目标，转化为实际行动，共同为之奋斗。

2. 树立师德榜样，引领教师追随

倘若一项政策或方案没有人去执行、实施，它便是形同虚设。怎样让乡村小学师德建设活起来？乡村小学校长自己应该肩负起身先律己的责任，做到修德立身、行为示范。乡村小学校长如果能率先立德，为教师做出榜样和示范，就会让教师效仿之。如果能够严于律己、宽以待师，不一味指责或批评教师，就会使教师对其信服。只有这样，乡村小学校长才能带领教师朝着既定的师德建设目标不懈努力。

（二）校长和教师共享决策权力

创建乡村小学师德建设共同体，乡村小学校长应运用共享理念，着重强调教师追随师德建设共同愿景，而不是追随某个人。既然乡村

---

① 蔡怡. 道德领导——新型的教育领导者[M]. 北京：教育科学出版社，2009：55.

小学教师是师德建设共同体的成员，那么乡村小学师德建设就不应是校长的"独角戏"，每一位成员都有义务和机会参与到师德建设中来。这也就意味着学校师德建设不是由乡村小学校长个人掌控，而应由乡村小学教师和校长共同参与决策。共享师德建设决策权力，乡村小学校长的具体做法如下：

1. 尊重教师，民主沟通

乡村小学校长要让教师真正地信服自己并参与到师德建设中来，就必须尊重、信任和依靠教师。首先，学会欣赏教师。由于乡村小学工作较繁忙，长期奋斗在一线的乡村小学教师，在对待工作、对待学生上面难免会有疏漏或者倦怠，但这不能证明他就不是一名好老师。倘若校长一味地对老师吹毛求疵，那学校就没有所谓的"好老师"了。所以，想要强化乡村小学师德建设的主观能动性，校长应转变心态，换个角度，发现教师身上的闪光点并对其进行表扬。其次，尊重教师人格。乡村小学校长应转变科层思维，放下上下级观念，用平等的眼光看待教师，尊重教师。

2. 放权管理，共建师德

道德领导的最终目的是使学校道德共同体的理想得以实现，建设共同体的前提是实施服务式领导。道德领导思想使得权力的发挥是有限的。"控制得越多，得到的顺从越少。"所以，学校师德建设中，校长不再是高高在上的管理者，教师也不是上行下效的服从者。校长应服务师德建设、放权让教师自我管理。由此可知，学校师德建设要得到乡村小学教师高水平的参与，校长就不应把"管制式"的领导方式作为管理的法宝，而是要将师德建设中的权力共享给教师一起决策，相互商量、相互合作。只有这样，校长与教师在乡村小学师德建设中才能创造出"1+1>2"的价值。

三、创设人文环境，营造师德建设氛围

在师德教育中，教师的自我教育固然重要，但文化氛围的影响

也不可或缺。它能对教师的师德修养起到激励和情感认同的作用。首先，学校人文氛围不仅能潜移默化地增强学校教师和校长间的凝聚力，还能促进学校师德建设措施的落实。其次，为了提高教师自我师德修养的自觉性，应营造和谐融洽的学校文化环境。最后，良好的社会环境能够影响教师的师德观念，能够促进教师师德行为的落实。

1. 构建和谐的校园人文环境

萨乔万尼在他的代表作《道德领导：抵及学校改善的核心》一书中指出，在学校中建立共同体规范，可以充当直接领导[①]。"校园人文环境"是一只看不见的手，它能在无形中发挥作用。而营造文明和谐的学校人文环境应由教育行政部门为学校投入人文环境建设的专项资金，减轻学校教师不必要的工作负担。学校应在合理规划师德建设环境的同时，开展尊师重教的师德活动，宣传师德楷模或优秀教师的先进事例，并将其塑造为师德共同体形象。笔者通过调查发现，乡村小学校长和教师之间存在科层关系与人本管理和道德领导有关。所以建立良好的校园人际关系是构建学校道德共同体的重要保证，也是保障乡村小学教师队伍稳定和发展的必备条件。要在乡村小学道德领导和人本管理的基础上，营造一个尊重人、信任人的校园环境。

2. 创设良好的社会人文环境

主流媒体对教师的宣传和引导非常重要，它能在无形之中改变民众对教师的看法，同时也能为教师身上的"道德枷锁"解绑。因此，想要做好乡村小学的师德建设，就要多宣传教师的正面形象，减少一些有损教师职业形象的不当言论，净化社会上的不良风气。只有营造良好的社会文化环境，这种良性的影响才会以春风化雨、润物无声的方式注入广大乡村小学教师的心扉。

---

① 蔡怡. 道德领导——新型的教育领导者[M]. 北京：教育科学出版社，2009：57.

四、优化师德机制，落实建设工作

乡村小学校长承担着加强学校师德建设、培养好老师的重任。但师德建设不仅需要学校校长的道德领导，还需要学校师德建设机制和制度的有力保障。所以，建立健全长效和实效的乡村小学师德建设机制也很重要。然而，笔者从调查中发现，学校师德建设制度和建设机制存在许多问题。想要完善乡村小学师德建设机制，就必须提升乡村小学教师的师德修养。学校师德建设的教育要"创新"、评价要"科学"、监督要"落实"、激励要"多样"。

（一）积极创新师德教育体系

师德教育是提升乡村小学教师师德修养、内化师德理念的重要途径。通过调查，笔者发现，部分乡村小学缺乏师德教育和师德培训等活动。然而，想要强化师德教育的效果，提升教师的师德修养，就必须先"创新"师德的内容和形式。

1. 创新教育内容

师德教育的内容既不能太"空"，也不能太"窄"。师德教育的内容太过"空泛"和"狭隘"就会导致师德教育的目标过高、师德教育内容的重复。长此以往，教师会丧失学习和内化师德的动力，产生心理倦怠。所以，师德教育的内容要贴近乡村小学的实际情况，还要有具体的案例；不能遥不可及，而要引起教师共鸣。师德教育的宣传内容不能胡编乱造，师德标兵的事迹要真实和新鲜。

2. 创新教育形式

首先，师德教育不能采用单一的讲座式培训，必须要"贯穿全场"。除了课堂上要有师德培训以外，教师培训的住所、食堂等地都要有影响教师师德的影子。其次，师德教育要"分层分段"。为了避免资源浪费，师德教育应该分阶段、分层次来进行，让教师在师德教育中永远保持新鲜感和趣味性，保持终身学习的态度。最后，师德教育的方式要"一对一"。师德教育不能只停留在课堂培训中，还应深入师德标兵和师德模范事例中，让培训教师与师德模范进行一对一的深入交流、学习，这就更有助于培训教师树立正确的师德价值观，并将其应用到实践中去。

（二）科学制定师德评价机制

师德评价既是改善教师师德状况、引导教师道德发展的基本方式，也是对学校教育行为进行道德调控的有力手段[①]。师德评价对"学校道德共同体"的发展起着关键作用。由此，乡村小学在进行师德评价时必须做到以下几点：一是师德评价的主体要全面。师德评价的主体应该采取校长评价、同事评价、学生评价、家长评价和教师自我评价相结合的原则。二是师德评价的方式要多样。师德评价的方式应采取定量与定性相结合的原则。其中，定性评价通过访谈和观察两种方式进行，定量评价通过调查问卷和量表打分来进行。[②]三是师德评价的依据要准确，应采取效果和动机相结合的原则。凡事不能只讲结果，不顾过程。部分乡村小学教师常常在积极的动机下得到事与愿违的结果。所以，师德评判的标准也不能一叶障目，评价教师是否失德或失职时，应先深入调查结果背后的动机，结合实际情况做出最终的评价，不能因此打消其积极主动性，寒了教师的心。

（三）严格落实师德监督方案

笔者从调查中发现，大多数乡村小学校长认为"师德监督机制是保障教师坚守师德的重要防线"。但师德监督机制不能成为空摆设，必须具体落实到师德建设工作中去。

首先，校长和教师合力创造师德监督标准，师德建设要民主化和人性化，师德监督机制也要有迹可循。师德监督的标准不能太低，否

---

① 糜海波. 突破师德评价若干困境的思考[J]. 教育理论与实践，2019(01)：49-52.
② 糜海波. 辩证把握师德评价中的几个关键要素[J]. 思想理论教育，2018 (03)：85-89.

则无法引起教师的重视，还会让教师在"师德底线"上游走。师德监督的标准也不能太高，否则会让教师产生畏难的心理和压力感。久而久之，会导致乡村小学教师在教书育人过程中出现不管不顾、小心翼翼的心理。所以，师德监督标准要合理，同时也要与乡村小学教师共同协商制定，这样才能让师德监督达成真正的实效。

其次，要形成"五位一体"的师德监督机制。学校应该成立师德监督小组，并且师德监督小组的成员不能是一个层面或固定不变的，而是要随着监督任务的变化而变化。五位一体的监督小组不仅要有高层领导、中层干部、底层教师，还要有工作对象（学生）和学生家长。监督小组可以一年一轮换，也可以两年一轮换，轮换的成员可以通过投票选举的方式产生。

最后，要建立交流互动的师德监督机制。师德监督的目的不是罚款，也不是评优，而是与教师共同创建学校道德共同体。为了保护教师的隐私，师德监督的结果要严格保密，监督结果反馈给被监督的教师，让其充分认识到自己的闪光点进而继续发扬，也让其认识到自己的缺点并加以改进。知错能改，善莫大焉，这也是教师师德建设的目的之一。

（四）不断丰富师德激励方式

调查发现，我国乡村小学师德激励的形式相对单一，不能有效调动广大乡村小学教师的积极性，也导致乡村小学师德建设达不到理想的效果。师德激励是通过外部强化来提升教师师德修养的重要手段，想要保证师德激励机制对教师有效果，就必须从精神激励与物质激励两个方面满足教师的需求。在精神方面，可以通过评选师德模范、师德标兵或设立先进师德人物等方式，对教师的师德行为予以表扬。在物质方面，可以用奖金、奖品等对教师进行奖励。

专题四

乡村流动教师工作适应性研究

- 引　言
- 乡村流动教师工作适应性访谈
- 影响乡村流动教师工作适应性的原因分析
- 促进乡村流动教师工作适应性的策略

第一节　引　言

一、研究缘起

十一届三中全会以前，我国主要以计划经济为主，在人事管理方式上以计划调配为主，对人才的流动实行严格的限制。随着改革开放、市场经济的发展，毕业生由"一次分配定终身"转变为工作不分配，形成了教师需凭个人能力找工作的局面。在这样的背景下，教师流动现象也逐渐多起来。

首先，乡村大量的青壮年劳动力涌入城市发展，其子女随父母到城区学校上学，这为城区学校的发展带去一定的压力。其次，2016年二胎政策的实施，也加大了城区学校发展的压力，对教师资源的需求日益迫切。为了缓解城区学校教师队伍建设的压力，相较刚毕业且无教学经验的大学生，拥有一定工作经验和教学经验的乡村教师成为城区学校教师队伍建设发展中不可或缺的一部分。在2013年甘肃省教育厅颁布的《山丹县建立"三严一考一择"教师流动机制》中明确提出："为满足城区学校教学需求，教师在乡村学校工作满5年者，可申请流动到城区学校。"[1]2015年《甘肃省〈乡村教师支持计划（2015年—2020年）〉实施办法》第七条中明确提出"有序推动城乡教师合理流动"[2]。由此可见，政府对于乡村流动教师群体是比较重视的。但在国家推动按需合理流动、乡村教师也积极响应的同时，新的问题又涌现出来——大规模流动后的乡村教师对新环境能否适应？乡村教师是否真正做好了流动到城区学校的准备？

----

[1] 甘肃省教育厅《山丹县建立"三严一考一择"教师流动机制》. 甘肃省教育厅，2013（8）.

[2] 甘肃省教育厅《甘肃省〈乡村教师支持计划（2015—2020年）〉实施办法》. 甘肃省政府办公室，2015（43）.

一般而言，人从熟悉的环境到陌生的环境，都会遇到能否尽快适应新环境的问题，尤其是新旧环境间的差距在一定程度上影响着流动教师的工作适应性。流动后的教师若不能很好地适应新环境，就无法胜任新工作，就会出现流动教师的"回流现象"。

因此，本章主要就乡村教师流动到城区学校后"学校环境适应（在新环境中的归属感和存在感、对软硬件设施的适应）、教学活动适应、人际关系适应（与上级、同事、学生、家长）、学校管理适应（对管理制度、模式的适应）"这四个方面的情况与流入学校管理岗位的工作人员及两位一线流动教师进行深度访谈，进行流动教师工作适应性研究，并对工作适应现状进行原因分析，指导乡村流动教师快速地适应城区学校的教学模式、教学制度和教学理念等，为乡村流动教师工作适应提出可行性建议。

二、研究目的及意义

1. 研究目的

（1）笔者通过与选取的 T 市 S 和 M 学校的三位乡村流动教师进行实际访谈，从一定程度上反映 T 市乡村流动教师流动到城区学校的工作适应现状及影响其适应性的因素，以此让人们不仅关注乡村教师的流动，而且关注乡村流动教师工作适应相关问题。

（2）试图通过对影响 T 市乡村流动教师工作适应性的原因分析，结合国家和 T 市政府制定的相关政策措施，提出具有针对性和可操作性的策略，在一定程度上减少乡村流动教师在城区学校的工作适应障碍。

2. 研究意义

（1）理论意义

从目前的研究成果来看，当前大部分学者侧重于研究宏观教师流动的现象和新手教师工作适应性问题，而几乎不涉及对乡村教师流动到城区学校工作适应性的研究。本章以三位从乡村学校流动到城区学校的教师为缩影，从微观角度探讨乡村流动教师流动到城区学校的工作适应现状，丰富了研究内容，也为后期 T 市教师流动政策、展开乡村流动教师培训及促进乡村流动教师工作适应性提供一定的理论依据。

（2）实践意义

本章意在以叙事研究的方式了解乡村流动教师在城区学校的工作适应现状，剖析影响乡村流动教师工作适应的因素，找到解决问题的切入点。这有利于促进乡村流动教师在城区学校的工作适应，为 T 市城区学校组织完善针对乡村流动教师的培训和培养制度提供一些实践参考，帮助乡村流动教师顺利适应城区学校，也为计划流动的乡村教师提供一定的实践指导。

三、研究思路

首先，在确定研究问题后，笔者以"乡村教师流动、乡村教师工作适应、乡村流动教师工作适应性"为关键词进行文献材料的收集和查阅。其次，通过与 16 位乡村流动教师进行初步访谈后，筛选出 3 位乡村流动教师，从"学校环境、教学活动、人际关系、学校管理"这四个方面对其进行深入访谈及观察，再在对访谈材料进行整理和分析的基础上提出可行性建议和对策，如图 4.1。

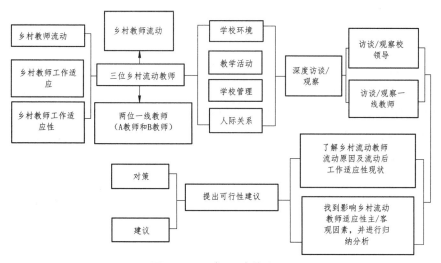

图 4.1　研究思路流程图

四、研究方法

1. 文献资料法

文献法是笔者第一阶段重点采用的方法，借助互联网和图书馆全面收集国内外关于教师流动、教师工作适应和流动教师工作适应等领域的书籍资料，进行归纳、整理和分析，最后针对流动教师工作适应性相关问题再次进行深入分析与总结。

2. 叙事研究法

叙事研究是以叙述故事的方式来描述人们的经验、行为和生活方式，通过所叙述的故事来探究故事主人公的行为经验与意义，挖掘故事背后蕴含的思想和哲理。叙事研究主要的步骤：确定研究问题—选择研究对象—进入研究现场—进行访谈观察—整理分析资料—撰写研究报告。[①]聆听乡村流动教师的叙述。一方面可直观地反映真实的现象，另一方面也有利于透过现象挖掘更深层次的意义。

（1）访谈法

访谈法是研究者通过与研究对象面对面口头问答的形式来了解某人、某事、某种行为态度和教育现象，这使研究者在观察中获得的外部感受得以深化，使外显行为得到意义解释，使研究由表及里、由外至内，从而将叙事研究推向更深处。

为确保访谈资料的全面性和有效性，在确定研究方向之后，为保证样本的典型性，笔者于 2018 年 5 月 20 日至 2019 年 1 月 8 日，在导师、同学和朋友的帮助下，先后共与 16 名流动教师进行了初步的半结构性访谈。后根据研究资料选取的客观与否、研究实际需要和被研究者能否配合等要素，以从乡村流动到城区学校的教师、现就职于城区小学的正式教师和具有小学及小学以上教师资格证等为研究对象选取标准，选取出 3 位典型教师，作为本次研究对象，且在征得研究对象同意后，对整个访谈过程进行了录音。访谈结束之后，笔者及时对访谈文稿和录音资料进行了整理、分析。出于尊重和保护研究对象个人

---

① 杨小微. 教育研究方法 [M]. 北京：人民教育出版社，2005.

隐私的目的，以下分别用英文字母 A、B、C 代替研究者的真实姓氏。研究对象的基本信息整理如表 4.1：

表 4.1　个案背景信息一览表

编号	受访者	性别	年龄	婚姻状况	学历	教师资格等级	职称	教龄	学校
1	A 老师	女	29	已婚	硕士	高级中学	二级	7 年	S 小学
2	B 老师	女	33	已婚	硕士（在读）	高级中学	二级	10 年	M 小学
3	C 老师	男	47	已婚	党校本科	小学	高级	28 年	S 小学

（2）观察法

观察法是在自然状态下进行的，在访谈研究对象时，通过自然观察研究对象的面部表情和动作变化等，为叙事研究带来真实感、情境感、现场感，叙事研究也因此具有了不竭的源泉。

五、文献综述

（一）概念界定

1. 乡村教师

学者张婷婷等人（2016）提到"乡村的地域范围确定，而乡村的地域范围模糊或不确定，只是一个大概范围"[①]。从文化角度来说，"乡村"更能够表达生活在这一地域的群体特征和人文气息。[②]通过梳理和分析，笔者对乡村教师进行如下界定：乡村教师主要指的是服务于乡村地区文化教育事业的教师，且工作地点是在乡村学校，工作性质是全职带编教师。

[①] 张婷婷，王海燕. 乡村教师专业发展的现状及有效途径[J]. 集美大学学报，2016（5）：17-22.

[②] 王洁钢. 农村——乡村概念比较的社会学意义[J]. 学术论坛，2001（2）：126-129.

2. 教师流动和流动教师

（1）教师流动

关于教师流动，靳希斌（2002）从两方面进行了说明："一方面是
具备一定条件的合格劳动者选择了教师职业或者在职教师放弃这一职
业，即合格劳动者进入或退出教师劳动力领域；另一方面，是在职教
师由现任职学校转入另一所学校任职，即劳动者在教师领域内的流
动。"[①]本章的教师流动主要指：教育系统内部乡村教师的垂直流动，
即教师从乡村学校流动到城区学校、从教育资源相对贫乏地区流动到
教育资源充足地区。

（2）流动教师

郭黎岩（2010）将流动教师定义为"指在教育系统内部不同学校、
不同地域之间进行流动的教师群体。流动教师是相对于没有工作变动、
长期在同一学校任教的教师而言的一类群体"[②]。本章中的流动教师
是指：在教育系统内部，教师工作地点由乡村学校流动到城区学校且
流动中需要调动人事档案关系的教师群体，交流教师、支教教师除外。

3. 流动教师工作适应性

（1）适应性

安梦楠（2014）从生物学、心理学和社会学角度解释："适应性可
以说是人的一种能力，一种调节原有基础和现今要求之间差距的主观能
动反应，是在不平衡情况下寻求一种平衡状态的过程。"[③]本章中的适
应性指生物在新的环境中，生物体为保证自身的生存与发展，随环境的
变化在心理上和行为习惯上做出相应的调整，使自身与新环境相适应。

（2）流动教师工作适应性

蔡登科（2017）指出："流动教师适应就是指同一县域内城市与乡
村学校、优质与薄弱的学校之间处于教育系统中流动的教师在新学校

---

① 靳希斌. 教育经济学[M]. 北京：人民教育出版社，2002.
② 郭黎岩. 中小学流动教师的职业适应与社会支持关系研究[J]. 教师教育研究，
2010（3）：56-60.
③ 安梦楠. 小学初任教师职业需求与职业适应性研究[D]. 长春：东北师范大学，
2014.

各方面的现实情况与自己原来主观需要或客观条件相符合的程度。"①
本章中的流动教师工作适应性指在教育系统内部，乡村学校的教师流动到城区学校，在面对新学校的实际情况和自己预想的主客观工作条件方面相符合的程度。

（二）国内外文献综述

1. 国内的研究现状

（1）有关教师流动的研究

教师流动属于社会流动的一个分支，国内外不同学科背景的学者从不同视角、不同学科领域，对教师流动制度、教师流动类型、方向及其影响因素进行了深入研究。

① 教师流动制度的相关研究

为推进县域义务教育均衡发展，甘肃省建立健全教师和校长合理流动机制，确保县域内义务教育学校校长与教师间、校际的合理流动。2012 年甘肃省教育厅颁发的《我省将建立县域内教师流动机制》中提道："甘肃省将全面实行县域内义务教育学校教师定期轮岗、城镇中小学教师到乡村中小学任教服务、乡村中小学教师到城镇中小学跟班学习制度，建立骨干教师巡回授课，紧缺学科教师流动教学的机制。"②从该文件可以看出，评职称时有在乡村任教经历的教师优先参与评选，这是以政策手段激励城市教师前往乡村学校就业。

为了均衡教师资源公平发展，1997 年山东寿光市提出建立学校领导轮换制度和教师支教制度。元勋（2010）调查提到"为了促进中小学的均衡发展，从 1997 年开始推行校长轮换制，从 1998 年开始实行教师支教制度，成立有教研员、学科带头人、教学能手组成的导师团，开展送'功'下乡，送教下乡活动"③。

① 蔡登科. 河南省信阳市 X 县小学流动教师适应的现状、问题与对策研究 [D]. 重庆：重庆师范大学，2017.
② 甘肃省教育厅. 我省将建立县域内教师流动机制 [N]. 甘肃日报，2012-11-05.
③ 元勋. 江西省乐安县义务教育阶段教师流动的调查研究 [D]. 南昌：江西师范大学，2010.

② 教师流动类型、方向的相关研究

教师流动类型一般包括合理流动和不合理流动、有序流动和无序流动。流动方向上包括乡村流向乡村、乡村流向城市、城市流向城市、城市流向乡村。然而调查归纳各学者研究的文献，发现大多数研究的注意力集中在不合理流动和无序流动上。蒲敏簪（2012）以调查问卷的形式了解到"城乡教师流动基本上属于无序的流动，教师大都是由办学条件差、福利待遇低的学校流向办学条件好、福利待遇高的学校，从乡村中小学向城市中小学流动，从普通学校向优质学校流动"①。教师选择从教学条件落后地区向教学资源发达地区流动无可厚非，但为了教育合理公平发展，在人员流出去的同时，也应进行有序的优势资源补进，这样才可以保证教育资源均衡。

③ 教师流动因素的相关研究

因经济发展，学者对教师流动因素的研究呈上升趋势，不同的学者从不同角度进行了分析。熊进（2013）从教育学视角和经济学视角探讨了教师流动因素，"对于教师而言，现有文化资本占有量的多少与对未来优质文化资本的期盼与传递是其流动的缘由所在，提出教师个体文化资本占有量是教师流动的前提条件、未来优质文化资本的获得和文化资本传递是教师流动的基本动力。从经济学视角提出：人力资本价值实现的自发性特性是教师流动的内在动因，对人力资本进行投资，是期望这种投资在一定时期内能够带来收益或实现价值。"②

陈牛则（2011）从社会政治经济、办学条件和个性特征综合因素上分析影响义务教育教师流动的因素，并提出"教师报酬是义务教育教师流动的根本因素、教育政策是义务教育教师流动的主导因素、学校管理是义务教育教师流动的重要因素和教师个体是义务教育教师流动的关键因素"③。汪清（2017）从个人因素、学校因素、经济因素、制度性因素分析影响教师流动因素，并强调"教师也同样需要负担起

---

① 蒲敏簪. 西北贫困地区义务教育城乡教师流动的调查研究——以甘肃省 21 所学校为例[D]. 兰州：西北师范大学，2012.

② 熊进. 多学科视角下教师流动的缘由[J]. 黑龙江高教研究，2013（11）：65-68.

③ 陈牛则. 义务教育教师流动的现状分析与对策思考——基于对湖南省 457 名中小学教师的调查研究[J]. 湖南师范大学教育科学学报，2011（3）：65-67.

家庭子女抚养成本等各方面的支出，在其他行业收入待遇水平快速上涨的同时，教师的实际收入与付出却严重不符"①。

（2）教师工作适应的相关研究

笔者以"教师工作适应"为关键词，进行电子文献检索，发现与教师工作适应相关的文献多达数百篇，经进一步整理和分析后，发现新手教师工作适应是大多数学者研究的重点，他们主要是从新手教师的入职适应状况、影响因素以及对策建议三个方面来进行研究。

新手教师指的是刚刚走上工作岗位的教师。对于新手教师而言，步入工作岗位的前期是非常重要的阶段。谭明、方翰青（2012）指出："对于每一位试图进入新领域或者新岗位的职业人来说，职业适应性的高低已经成为他们各项基本素质中的一项核心内容，在某种程度上不仅决定了他们就业的成功率，而且对于其职业生涯发展、劳动力市场的稳定、社会的和谐发展都具有十分深远的影响。"②由此可见，教师工作适应性的强弱在新手教师入职前期会产生很重要的影响，这种影响直接决定了新手教师能否胜任教师这个职业。

同样，准确定位职业发展目标和坚定职业信念，对新手教师工作适应也有一定的影响。为此，李然（2016）提到"新手教师只有在学校中找到一个适合自己职业发展的位置并坚定自己的职业信念，将理论知识与实际教学相结合，在教学上获得自我满足感和成就感，才能顺利度过适应阶段，适应自己新的教师角色。"③

从当前研究中不难发现，除了主观因素，新手教师对科研环境以及人际关系的适应，也是新手教师能否适应当前工作的影响因素之一。谭敏（2013）以问卷调查和个别案例访谈的形式，对入职一年以内的新手教师进行调查研究，发现新手教师对学校教学环境的适应有三个方面的问题："在教学活动展开上，教学占据了教师的大部分时间；课程教学过分依赖教材和讲义；授课技巧不够娴熟。在对科研环境的适应

---

① 汪清. 安徽省 H 县小学教师流动问题研究[D]. 合肥：安徽大学，2017.
② 谭明，方翰青. 我国职业适应性研究综述[J]. 职业教育与经济社会，2012（18）：34-39.
③ 李然. 中小学流动教师工作适应状况的个案研究[D]. 南京：南京师范大学，2016.

上存在难以同时兼顾教学和科研的双重任务以及缺乏科研为教学服务的意识。在人际交往上，许多新手教师不愿意与领导交往太多，也不愿意与新同事沟通，不能很好地定位自己的角色，真实地表现自己。"[1]

学者们认为，有很多重要的因素影响着新教师的职业适应。邓艳红（2011）提出："职前的能力锻炼、职后培训的针对性、学校的期望与人员的使用和指导、家人的支持、教师亲友的帮助以及新教师自身的努力等都是影响新手教师入职适应的重要因素。"[2]

基于新手教师遇到的有关工作适应性问题，刘应芬、熊志明（2009）和卫宇（2013）分别从新手教师自身（主观因素）、学校及社会（客观因素）三个维度提供了解决问题的策略。刘应芬、熊志明提到"首先，新手教师自身要反思教育行为，促进专业技能的成熟。其次，在校内进而实行名师导航，学科组推进，促进新教师专业发展走向成熟"[3]。学者卫宇也强调"新手教师首先要自觉加强学习，不断提高自身素养，积极反思，主动转变角色。在学校和社会方面，加强改善教师培训，教师培训是提高教师素养的重要途径之一，是提高初任教师教学适应性的重要手段"[4]。大多数学者均强调新入职教师的个人主观因素，具体说来，教师入职心态、入职工作准备和入职后一系列专业学习是影响教师工作适应性的重要影响因素。因此新手教师应认清自我和教师职业，以积极的态度做好教学工作，以平常心度过这一职业适应期。

综上所述，新教师的工作适应过程并不是一蹴而就的，而是动态发展的。在这个过程中需要新手教师自身、学校和社会积极合作，以便更好地开展教育教学工作。

（3）流动教师工作适应性的相关研究

随着经济的发展，教师流动性增加，流动教师的工作适应问题也引起了学者们的关注。从2006年开始，流动教师适应研究开始增多。

① 谭敏. 新入职教师职业适应性调查研究及对策[J]. 教学与管理，2013（30）：39-41.
② 邓艳红. 小学新教师入职适应影响因素研究[J]. 中国教育学刊，2011（3）：65-69.
③ 刘应芬，熊志明. 中小学新教师入职适应性对策研究[J]. 中国成人教育，2009（22）：96-97.
④ 卫宇. 大学初任教师教学适应性研究[J]. 中国成人教育，2013（14）：104-106.

在学术数据库中输入关键词"教师适应"一词，截止到 2018 年 10 月 31 日，总共检索到 1553 篇文献。对这些文献资料进行初步整理，发现学者对新手教师、中小学教师、中高职教师这几类群体的适应性均有过研究。笔者由于研究仅限于"乡村流动教师工作适应性"，于是对上述检索到的文献进行了二次整理，经认真鉴别、筛选，最后查找到相关文献 20 篇，其中，以"流动教师适应"为篇名的共 12 篇，包括学位论文 4 篇、学术论文 8 篇。如表 4.2 所示。

表 4.2　篇名包含"流动教师适应"的论文一览

序号	作者	篇　　名	出版单位	发表时间
1	蔡登科	河南省信阳市 X 县小学流动教师适应的现状、问题与对策研究	重庆师范大学	2017
2	李　然	中小学流动教师工作适应状况的个案研究	南京师范大学	2016
3	邹　玲	湖南省义务教育流动教师工作适应状况的个案研究	云南师范大学	2014
4	朱　霞	教师的流动及其适应性问题研究	上海师范大学	2006
5	蒋维西陈睿睿	中小学流动教师角色适应的实然困境与应然路径	教育导刊	2017
6	蔡登科	论流动教师角色适应的应然路径	陇东学院学报	2017
7	王昌善	"流得动且留得住"："流动教师"的适应问题	福建教育	2016
8	熊伟荣	留得动还应留得住——流动教师适应性调研与思考	浙江教育科学	2015
9	熊伟荣	义务教育阶段流动教师角色适应的调查研究	基础教育研究	2014
10	王晗霖	城镇中小学流动教师对乡村教育工作的适应性问题研究	教师发展	2010
11	郭黎岩李　淼	中小学流动教师的职业适应与社会支持关系研究	教师教育研究	2010
12	郭黎岩李　淼	小学流动教师工作适应状况的调查研究——以个案研究为例	当代教师教育	2009

整理与梳理这 12 篇文献，其中有 1 篇是对流动教师职业适应与社会支持关系的研究，其余 11 篇是对流动教师适应现状的分析和对存在问题提出可行性建议的研究。

郭黎岩和李淼（2010）采用自编的适应问卷和修订的社会支持量表为研究工具，得出"流动教师流动初期的社会支持与职业适应有较强的正相关，社会支持水平越高，教师的职业适应越好"[①]的结论。可以明显看出，同事越支持，流动教师职业适应度越高，这也说明了流动教师适应与同事的社会关系有密切关联。11 篇分析流动教师适应现状和对存在问题提出可行性建议的研究中，朱霞（2009）以上海的两所中学为个案，研究入沪流动教师适应性，从社会学层面对当前教师流动潮中出现的教师入职适应性问题进行探讨，同时借鉴国内外教师培训的典型案例，并围绕流动教师职业角色再次适应问题提出有针对性的入职培训方案和策略，以帮助入沪教师尽快适应新学校。[②]

不同学科背景的学者研究视角也不尽相同，蔡登科（2017）通过问卷和访谈的形式对小学流动教师适应的现状、问题与对策进行研究，发现以下几类人群适应性偏低："小学流动教师适应水平总体上处于中等水平以下，女性小学流动教师、30 岁以下小学流动教师、10 年以下教龄小学流动教师、普通学校流出的小学流动教师、普通小学流动教师、非学科带头人或骨干教师、被动或其他交流原因的小学流动教师等适应水平偏低。"针对这样的现状提出工作适应与环境适应的对策，主要从个人和社会层面给出建议："对于教师个人，个体自我调适，转变思想观念，强化责任意识，对于普通教师的小学流动教师要找准定位，不断学习。社会层面上，需学校和政府共同聚力，学校理解及支持和政府加大政策推广以及宣传建设。"[③]

熊伟荣（2015）选取了 46 所义务教育学校的流动教师，使用自编《流动教师适应性调查问卷》，从角色认知、工作认同、环境接纳和人际关系

---

① 郭黎岩，李淼. 中小学流动教师的职业适应与社会支持关系研究[J]. 教师教育研究，2010（3）：56-60.
② 朱霞. 教师的流动及其适应性问题研究[D]. 上海：上海师范大学，2009.
③ 蔡登科. 河南省信阳市 X 县小学流动教师适应的现状、问题与对策研究[D]. 重庆：重庆师范大学，2017.

四个因子进行调查，并采取典型抽样的方式进行半结构访谈，调查得出结论：流动教师适应性整体状况一般。在各个维度中，角色认知适应最好，其次是人际关系适应，而工作认同和环境接纳两个因子得分表明工作认同度和环境接纳度都一般。导致这一结果的主要原因是理想期望与现实落差之间存在矛盾。①

整体来看，流动教师的工作适应性总体水平不高，在主观和客观因素上都有一定的改善空间。受流动教师个人因素影响，流动教师整体适应水平不高。也有相关研究建议学校、政府在帮助促进流动教师提升自我适应能力的同时，从社会层面加强对流动教师的关注、帮扶。

2. 国外的研究现状

查找国外关于流动教师工作适应的相关文献后，笔者发现国外学者研究主要集中在对新手教师入职适应的研究上。从 1957 年到 1961 年，美国著名教育学家 Conant 对美国中小学教师和师范教育者做了大量的调查研究，于 1963 年发表《美国的师范教育》一书。在该书中，他最早提出研究新手教师适应的问题，同时也提出了促进新手教师职业适应的重要建议。学者 Ralph Fassler 在 1987 年做出一项研究表明，新手的教师教学经验有限，教学能力也相对有限，学校如果能及时提供足够的教学辅助工具和教学材料，可以有效帮助新手教师尽快适应学校教学活动。②Susan（2003）认为新手教师在入职初期都会遇到工作上的困境，其中最典型的是对学校环境的不适应。环境主要包括学校的组织环境、教师的教学环境和学生的学习环境，三种环境紧密相连且相互影响。学校的组织环境影响着教师的教学环境，教师的教学环境又影响学生的学习环境。③

除此之外，影响新手教师适应的因素还包括新手教师对学校文化、

① 熊伟荣. 流得动还应留得住——流动教师适应性调研与思考[J]. 浙江教育科学，2015（4）：37-39.
② Ralph Fassler, Judith C.Christen.The Teacher Career Cycle Understanding and Guiding the Professional Development of Teachers[M]. 董丽敏，高耀明，等，译. 北京：北京轻工业出版社，2005.
③ Susan Moore Johnson.The School That Teacher Choose[J]. Educational Leadership, 2003（7），03.

学校规章制度的了解和接受能力强弱等。John C.Daresh 于 1996 年对 300 位新手教师在工作中遇到的难题进行了调查，最后总结出新教师的工作困扰体现在合理运用时间、文件处理、教师管理、教学资源匮乏、与家长的关系这 5 个方面。[①]由此可见，新手教师入职适应期，一方面要不断地克服自身困难，另一方面也需要社会和学校提供一定的帮助，帮助新手教师尽快适应该校的教学活动。

3. 国内外研究述评

对以上文献资料进行归纳和分析后发现，以往的研究对象主要为义务教育阶段流动教师群体和新手教师群体，研究方法大多为问卷调查法和个案研究法。对义务教育阶段教师群体的研究主要是对教师流动制度、流动类型和流动方向的研究，对新手教师群体的研究主要集中在新手教师对学校工作环境、劳动报酬、教学活动和人际交往等的适应方面的研究，关于乡村学校流动教师流动到城区学校工作适应性的研究几乎没有。由此可见，在教师流动大背景下，诸多学者将研究重点放在教师流动制度、流动类型、流动原因及新手教师工作适应性等宏观研究上，但对流动教师流动到新学校后的工作适应性等微观方面研究甚少。

因此，本章采用叙事研究的方法，选取 T 市 S 学校和 M 学校中三位乡村流动教师，研究其流动到新学校的工作适应性，并在访谈材料分析的基础上，对 T 市乡村流动教师流动后的适应现状及存在问题进行深入了解。关注乡村流动教师群体，并对流动到城区的乡村教师工作适应性进行全面而具体的叙事研究，进一步提炼出影响乡村流动教师工作适应的因素，从而提出参考意见。

六、理论基础

(一) 需要层次理论

需要层次理论（Need-hierarchy theory），是当代伟大心理学家马

---

① John C.Daresh.Teachers Mentoring Teachers: A Practical Approach to Helping New and Experienced Staff[M].California: Corwin Press，2002.

斯洛在 1954 年《动机与人格》著作中提出来的。他把人类复杂的需要由低到高分为五个层次：生理需要、安全需要、归属与爱的需要、尊重需要和自我实现的需要。前四者可被称为"匮乏性需要"，与之相对的第五种需要被称为"成长性需要"，即自我实现的需要。"匮乏性需要"的满足在很大程度上依赖于他人和环境，而"成长性需要"则能够在相当程度上独立于他人和环境。[①]马斯洛认为，首先，人均有这五种需要，在不同时期表现出的各种需要的强烈程度不同。其次，未满足的需要是行为的主要激励源，已获得基本满足的需要不再具有激励作用。

本章借用需要层次理论，从个体自身发展需求方面分析教师流动的原因，并说明当教师维持自身生存发展的"匮乏性需要"得到满足以后，教师就会通过努力、去实现"成长性需要"，即实现教师自我价值的需要。

（二）布迪厄场域理论

场域理论是由皮埃尔·布迪厄（Pierre Bourdieu）等人提出的关于人类行为的一种概念模式，是社会学的主要理论之一。场域理论指人类的任何行为动作与习惯均受行动发生的场域影响，但是场域并不只是物理环境，也包括他人的行为以及这个环境中与此相联系的许多因素，是由社会成员按照特定的逻辑要求共同建设的，是社会个体参与社会活动的主要场所。布迪厄（1989）曾这样说过："我将一个场域定义为位置间客观关系的一个网络或一个形构，这些位置是经过客观限定的。"[②]布迪厄的场域概念，不能理解为被一定边界物包围的领地，也不等同于一般的领域，而是其中有内在力量的、有生气的、有潜力的存在。

关于场域的界限，布迪厄是以个体间的互动来定义的。场域的界

① 亚伯拉罕·马斯洛. 动机与人格[M]. 许金生，等，译. 北京：中国人民大学出版社，2007.

② L.D.Wacquant, Towards a Reflexive Sociology: A Workshop with Pierre Bourdieu[J], Sociological Theory, 1989（7）：03.

限是由场域自身决定的，没有先验的答案，"场域的界限在场域作用停止的地方"①。场域有自主化特点，"自主化是指某个场域摆脱其他场域的限制和影响，在发展的过程中体现出自己固有的本质"②。皮埃尔·布迪厄场域理论中另一个重要概念就是"惯习（habitus）"。布迪厄将惯习分为三个层面：第一，惯习是一个持久的、可转移的禀性系统；第二，惯习是在潜意识的层面上发挥作用；第三，惯习还包括了个人的知识和对世界的理解。③

因场域结构和场域环境的不同，人们的行为表现也有所不同，"在不同的场域中，场域环境和场域结构对行动主体的发展产生重要影响。而乡村教师作为我国教师队伍的主力军，其成长离不开乡村社会场域环境，专业发展也离不开学校场域的'主阵地'。"④本章中，乡村流动教师受原来乡村学校场域的影响，流动到新学校后，其接受新知识和先进教学理念的思维受原学校场域的影响，使其难以快速适应。但因场域有自主化和惯习特点，故流动教师在一定程度上受新场域影响，其惯习和思维等是可以改变的。这可以帮助乡村流动教师尽快适应新学校环境。

第二节　乡村流动教师工作适应性访谈

关注乡村流动教师工作适应过程中的故事，通过对他们的访谈，了解已有工作经验的 3 位乡村流动教师在城区学校的工作适应现状，并通过对访谈资料的分析，找到影响乡村流动教师工作适应的因素，

---

① P.Bourdieu, L.D.Wacquant. An Invitation to Reflexive Sociology[M]. The University of Chicago Press, 1992: 98.
② 李全生. 布迪厄场域理论简析[J]. 烟台大学学报（哲学社会科学版），2002（2）：146-150.
③ 李全生. 布迪厄场域理论简析[J]. 烟台大学学报（哲学社会科学版），2002（2）：146-150.
④ 吴支奎，胡小雯. 场域视野下乡村教师生涯发展的困境与出路[J]. 中国教育学刊，2017（5）：26-29.

以表面叙述故事的方法，剖析和解读故事背后的意义。

一、举步维艰的 A 教师

来自 S 学校的 A 教师，2011 年西北师范大学本科毕业时以人才引进特岗教师免试的方式，被推荐到 T 市一所乡镇中学任教。2011 年工作之余考取西北师范大学全日制研究生（3 加 1 学制），2014 年 9 月至 2015 年 6 月脱产学习一年直至研究生毕业，毕业后回到原学校继续任教一年。2016 年 9 月考取 T 市 S 小学。该小学是一所市级直属重点小学，汇集了很多博学多识的教师和品学兼优的学生。在 A 教师看来，这样的学校才是她梦寐以求的就业单位。

笔者对 A 教师总共进行了三次访谈，访谈中了解到，其工作的学校地处市中心，交通便利。环境虽令人满意，但在这个学校中她始终找不到归属感，也缺乏存在感。虽已经过两年的磨合期，但教学任务的繁重、学校管理考核制度太过刻板化、与上级领导相处不自在，使她在入职的两年时间里时刻保持高度警惕，唯恐哪里出错。

1. 学校环境："CBD 上班的感觉"

相较原来的工作环境，A 教师提起现在工作环境时，满脸笑容地说道：

现在在这上班环境很好，就说学校的地理位置吧。感觉像在大城市"CBD"上班一样，出门不到两站路就是商场，一百米处就是银行，学校地处市中心，交通很便利。我以前的单位是镇上一所学校，上班先是坐一个半小时大巴，下车后再等至少半个小时的公交车（乡镇由于人口少，公交车发车时间间隔长且趟数少）。

学校环境也有很大不同，以前是寄宿制学校，学校给每 2 个老师分配 1 个学生宿舍，而且还是上下铺。宿舍阴暗潮湿，楼口有个做饭的小楼台。放学后大家轮流在小楼台上做饭。办公室也是以前的教室临时改造的，就是空旷的教室里放几张桌子。有时你想安静地备课，但有其他老师在办公室说话或者干别的事，就很难静下心来。来这里入职的第一天，主任带我来到一个宽敞明亮的办公室，办公室虽然不大，但一个办公室仅有4到5个老师，而且还配一台电脑哩。每天按时上下班，出门就是车站，这对我来说已经很满足了。

（摘自 2018 年 9 月 7 日的访谈记录）

根据马斯洛需要层次理论来分析，从 A 教师的表述分析，现在的学校环境显然能够满足 A 教师的需要，这样的环境也正是 A 教师一直追求的。在一个舒心、满意的环境中，人们的工作效率也会得到极大的提高。根据社会心理学和人格心理学提到的"交互决定作用"假设，个体行为是由其自身特点和所处环境特点一起决定的。[①]在令人满意的工作环境中，A 教师的工作创造性在一定程度上可以被激发出来，从而快速适应新的教学环境。

2. 教学活动："一切从头开始"

教学活动是每位教师的工作重心，也是教师的主要工作，教师的教学活动适应情况影响着学校整体教学质量。当谈论到在新学校教学方面有什么变化时，A 教师突然神情变得凝重，似乎又在考虑什么。在笔者再三鼓励下，A 教师拉了下凳子，说道：

其实我也不好意思给你说，你说吧，好不容易来到这么好的学校，但我现在工作压力远远比以前要大。来这个学校前，我是信心满满的，继续用我以前的上课方式就可以了，但真正在课堂上施展时（皱了皱眉），我发现我讲的，学生一脸茫然。以前在乡村中学主要考虑学生升学问题，每天让学生大量地练题就行。但这里对老师要求不一样了，因为面对的是小学生，因此连笔画都要去抠，一切都要从头再学一遍，包括语音、语法等基础知识。而且，以前在乡村学校你教啥，学生就学啥，但城区学生见识比老师还广哩！有些知识点学生还会反问你，如果不充分备课，被学生问住了就尴尬得很。比如 Colour 和 Color，两个都是颜色的意思，但一个是英式英语，一个是美式英语。以前我直接告诉学生就行，但现在学生会问为什么。这就不光需要课前备课本知识，还要

① L.A.Pervin. Handbook of Personality: Theory and Research[M].New York: Guilford Press，1990.

备与语言发展相关的知识。这样的教学让我觉得一切得从头开始。

（摘自 2018 年 9 月 7 日的访谈记录）

　　A 教师是硕士研究生学历，而且也有五年的教学经验，因此来 S 学校前是较自信的，但因教学对象和教学要求的改变，流动后的实际情况是，教学使 A 教师一脸愁容。以前在乡村学校，教学对象是初中学生，以应试教育为主，上课模式是教师教、学生学。但来到新学校后，一切变得不那么简单了，这使得她在教学上略显吃力，难以适应。主要是 A 教师在课堂进行知识输出和引导学生学习时，学生给 A 教师的反馈是一脸茫然。导致这种现象的原因，一是 A 教师备课前没有充分了解学情，备课难度过大。二是 A 教师课堂指导语使用不当，使学生难以理解。在授课内容上，因小学生是初学英语，处于英语学习兴趣培养阶段，这一点与初中生学习英语的要求不同。教学内容的变化使 A 教师难以在短时间内把握教学重难点的度。为了提高教学效果，A 教师一切从头开始，在慢慢了解学情的同时，也进行英语基础知识的学习。

　　3. 人际交往：大家都是"聪明人"

　　在谈及人际交往时，刚开始 A 教师只是含糊地说："好着呢，同事间都是客客气气的，下班各回各家，也没有太多的交流。"A 老师本来不愿多说，但在提及以前的同事关系时，A 老师打开了话匣，欣慰地说道：

　　在之前的单位，因为我们的学校是寄宿制学校，老师下班也不回家，大家下班了都生活在一起，所以平时接触也多。我那会儿刚毕业，是全校最年轻的女老师，校长每次开会介绍我时都说"我们学校最年轻的老师"。所以大家对我都比较包容。领导平时对我们也都很关照，下班了会问我们外出需要捎带什么东西。也没有领导架子，偶尔也会开开玩笑，教学上有什么不懂的，我也会去领导办公室主动询问和学习。和其他同事的相处也很愉悦，我们主动向年长教师教授电子信息方面的知识，他们给我们传授授课经验和当地方言。所以当时不管和上级领导还是和一线老师，相处得都很愉快，整个教学工作都觉得很轻松。

但是现在呢？（说着拉了下凳子），上下级关系很清晰明确，对领导始终有一种敬畏感，人际关系也更加复杂。做很多事前，得自己拿捏，同事相处要小心翼翼，而且同事之间也缺乏一定的包容心。因此，在这儿工作，总感觉缺少亲密感，更没有归属感，只是每天按时上下班，同事间也都是点头之交……

（摘自 2018 年 10 月 19 日的访谈记录）

良好的人际关系可以促进工作顺利进行，有利于身心健康发展，使人也有一种使命感。相比较原学校和谐的人际关系，现在小心谨慎的相处模式让 A 教师感觉缺乏亲密感和归属感。对待工作就只是每天上按时上下班，同事间也仅是点头之交。

4. 学校管理："争分夺秒"与"措手不及"

与 A 教师说起学校管理方面的话题时，已经是我第三次采访 A 教师了。经过前两次的访谈，腼腆的 A 教师逐渐和我建立起良好的朋友关系，所以这次访谈也比较轻松。当我提起学校管理时，A 教师从教学安排和规章制度层面很全面地谈及了学校管理方面的处境。

（1）"争分夺秒"的上课方式

表面上看，我工作得挺好的，一切都在慢慢适应中。有难以适应的，就利用课余时间再学习，但有件事让我真是倍感压力。虽说要全面培养学生，但实际教学安排中却不是如此，我们学校最重要的科目是语文和数学，英语这门课虽说重要，但在课表安排上，分量连体育科目都比不上，一周还有四节体育课哩，但英语课只有三节，那么多教学任务怎么在有限的课时内上完？课前既要充分备课，课后又要辅导、批改作业，错得太多的还要进行面纠，因为班额大（65人左右），作业批改要求又多，一周要阅 600 多份作业，工作量真的很大。面对这样的安排，我一个新来的老师又不好开口，因为大家都就这么上下来了，所以每次都是在有限的课时内，争分夺秒地上。讲到重难点时，本应该停下进度，给学生时间做充分练习，但课时安排根本就不允许，只能课后去辅导……

（摘自 2018 年 10 月 26 日的访谈记录）

在合理的时间安排中，做事的效率也会提高。反之，长期处在紧张的工作环境中，背负着压力前进会影响做事效率。引起压力的因素称"压力源"，指个体能感知且经过认知评价其对机体有一定的威胁并在一定程度上引起机体的压力反应的事物或环境。[①]A 教师对于英语课时与教学任务不符的安排倍感压力，但鉴于自己是新考进来的教师，又不敢提出异议，每天在课堂上只能和学生一起争分夺秒。这样紧张的课时安排，对 A 教师教学活动和身心健康都会产生一定的影响。

（2）"措手不及"的规章制度

课时安排上的压力让 A 老师在课堂和课后都争分夺秒地工作，努力地去适应流动后学校安排，但规章制度太过刻板化和频繁的校园活动让 A 教师只是勉强适应。

我刚来这里，一切都是稀里糊涂的，每次开会时，不知道通知在哪，不知道什么时候有活动。第一学期期末考核时，考核成绩排在末尾，虽然每天都是很努力地工作着，但工作没有重点，也不知道把工作重点放到哪里，考核才会提高。一年后才慢慢了解到，有些规章制度极其细致。比如，会议结束会有笔记的检查，字数多少都是有要求的，而这些要求都是几十年来大家墨守成规的做法，也没有明文规定。这让我们刚流动过来的老师很是被动，没有具体的制度手册。之前乡村学校，每位教师一入校就人手一本，有不清楚的就查看手册，大家做起事来也井井有条。我刚来到这里，很渴望工作能得到领导和同事的认可，但面对通知不明确、考核要求不明确等事项，我经常措手不及，整天都是提心吊胆地工作。

（摘自 2018 年 10 月 26 日的访谈记录）

学校管理指的是对学校的教育、教学和后勤等活动进行管理，主要体现为国家和政府及其所属各级各类教育行政部门对学校的管理和学校自身的内部管理。[②]访谈 A 教师大约 20 分钟时，A 教师不好意思地说她得去开会了，通知五点十分的会，五点上去时没人，十分上去

---

① 姚立新. 教师压力管理[M]. 杭州：浙江大学出版社，2005.

② 谢云刚. 学校管理创新研究[D]. 苏州：苏州大学，2011.

后，大家都坐满了，她作为新人挺尴尬的。访谈间隙，笔者也略微感到 A 教师对于学校管理的无奈和无从适应，能体会到 A 教师对于学校内部管理存在不适，难以在短时间内适应学校规章制度，同事间交流少，大家都是默默遵守着一种隐性制度。这对于以前处于乡村学校场域的 A 教师来讲，无疑是适应过程中的"拦路虎"。

5. 小　结

从以上的访谈材料中可以看出，A 教师对学校环境适应较好，但在教学活动、人际关系和学校管理这三个维度上都存在一定的不适应。

对学校环境一项，地理位置的便利性和舒心的办公环境让 A 教师很是满意。但在其余三个维度上，A 教师工作适应性整体水平一般。首先，教学活动上，教学对象的改变，使得 A 教师一切都得从头再来，这也在一定程度上挑战着教师的文化适应能力。文化适应能力强的教师懂得在新的教学环境下了解和研究学生，根据学生的独特诉求，迅速转换旧的思维方式和行为习惯，及时调整教学的方式方法。[1]其次，在人际关系上，A 教师面对领导始终是一种敬而远之的感觉，同事间也是小心谨慎相处，唯有可爱单纯的学生能给 A 教师带去一丝安慰。最后，学校管理上的不适应主要体现在两点，一是繁重的教学任务和有限的课时安排，让 A 教师每节课都在争分夺秒地赶进度。二是细化、略显刻板但又没有明文规定的规章制度时常让 A 教师不知所措，想面面俱到，但期末考核却排名靠后。这些不适应都让 A 教师压力重重。

二、从乡村到城区的 B 教师

来自 M 学校的 B 教师，2008 年本科毕业于渭南师范学院物理系，同年 9 月通过事业单位考试分配到 G 县一所中心小学。因小学没有物理课程，所以被安排教小学英语。2014 年，不甘现状的 B 教师通过自学，考取西北师范大学在职研究生。2017 年 8 月，因城区学校新建，急缺教师，B 教师在满足乡村工作满五年的要求后，参加选调考试流

---

① 李然. 中小学流动教师工作适应状况的个案研究[D]. 南京：南京师范大学，2016.

动到城区小学，9月正式入职城区学校。"千辛万苦"地来到城区学校，本以为柳暗花明又一村，可刚来一个月时间，B教师就满肚子苦水，甚至怀疑起自己当时的选择来。现在的B教师不断地摸索着，努力去适应城区学校，适应一个新的学校场域，力争做一名合格的教师。

1. 学校环境："城市中的郊区"

M学校是一所城乡结合的九年义务制学校，因地理位置比较偏僻，坐车一个小时后，得步行10多分钟才能到达。第二次确定B教师为访谈对象后，笔者和B教师预约好时间，提前来到学校。10分钟后，B教师急忙赶到办公室。

你先坐，哎呀，不好意思，让你久等了，我呀，每天都是急急忙忙地往学校赶，今天和你约时间了，所以早走了会儿，看还是让你久等了。你也来过几次了，这地方，说城区吧，地理位置算是城区，但又特别偏。中午12点放学，我得坐一个小时的公交车才能到家……

（摘自2018年9月10日的访谈记录）

B教师刚进办公室就说起学校离家远、地理位置比较偏僻等问题。B教师平息了几分钟后，我们选择了一个比较安静的会议室开始了访谈。

在乡村学校工作8年了，青春都奉献给乡村学校了。现在主要考虑工作地点在城区，以后孩子上学方便点，也好照顾家里。可真正来到这里后，开始有点怀疑自己的选择。首先，这地理位置，离家太远，每天上下班路上时间就得4个小时。刚开始觉得太浪费时间了，中午就不回家了，可因为是新建的学校，周围也没有什么商铺，连个吃饭的地方都没有。中午也没个午休的地方，上了一上午的课，吃不好，也休息不了，这很影响下午的课。哎！当时是以为在城市中呢，但其实这是城市的郊区。

（摘自2018年9月10日的访谈记录）

谈及新学校和之前的学校在学校环境方面的区别时，B教师说：

区别肯定是有的，以前我们中午都是可以在食堂吃饭的，也有个教师临时休息处，但现在，哎！

（摘自2018年9月10日的访谈记录）

在与 B 教师的谈话中，可以看出她对学校的基础设施比较不满意，主要是每天上下班的路上用去很多时间。这些让 B 教师流动过来后有些不适。

在一个环境中，只有当个体的基本需要得到最大限度的满足时，个体与环境才能很好地匹配在一起。个体—环境匹配指的是个人与所处工作环境和谐共处。[①]B 教师不能很好地适应所处工作环境，由此带来一些消极情绪，这不利于身心健康发展，也会影响正常的教学工作。

2. 教学活动："良莠不齐"

来到 M 学校时，B 教师已有 7 年的教学经验，也做好了班额大、学生多的心理准备，因此起初在教学上还是有信心的。但真正接手一个月后，B 教师发现，这个学校班额大，而且生源复杂，学生水平参差不齐。这让她在面对一个 65 人的班级时难以进行正常的教学。

刚接手这个班，第一周感觉还可以，可是后面慢慢就发现，这些学生刚开始表现得都很好，但慢慢了解老师的脾气后，就"各显神通"。比如上课打小报告的、打架的等，讲到重难点时，就被这些学生打岔了。现在一个班人数比乡村整个学校人数还要多，而且学生来源混杂，有乡村转过来的、家长务工的、个体户家庭的以及其他县上转过来的。这些学生基础都不一样，教起来特别吃力。现在带的六年级一个学生，从外省转学过来的，父母常年在外打工，所以孩子也是随着父母流动。六年级孩子了，26 个字母认不全，现在课间休息时叫他过来给一个个慢慢教，但学生也有自尊心，经常来办公室，时间久了，他也不愿意来了。面对这样的学生，我也不知道如何是好。

以前在乡村，学生基础都差不多，备一节课，大家能可以满足，但现在学生学习水平差异太大，课备得简单了，原本基础好的吃不够，课备得难度大点，基础薄弱的消化不了。这样的一节课让我很头疼，课堂学习氛围不浓，效率更说不上，但期末领导要看成绩，我觉得又无奈又很有压力。

（摘自 2018 年 9 月 17 日的访谈记录）

---

① 宣杰，董晓. 基于个人—环境匹配理论的个体需求与工作压力关系研究[J]. 燕山大学学报，2012（4）：97-103.

课堂氛围差和学生学习水平参差不齐的情况让工作经验比较丰富的 B 教师束手无策。课堂上 B 教师不仅要教会基础好的学生，还要兼顾基础特别差的。老师的教、学生的学，组成教学，这种教育活动是由老师和学生共同完成的。教师教的时候启发和引导，学生也有计划、有目的、有组织地系统学习科学文化知识和基本技能，最终形成全面培养人的一种教学活动。学习氛围直接影响着教学效果，也影响着师生关系，良好的课堂学习氛围可以为师生带来愉悦的情感刺激，有利于教学，相反，会影响教学活动的正常进行。

3. 人际交往："泾渭分明"的相处之道

从一个相对落后的乡村学校流动到条件相对优越的城区学校，B 教师是较为满意的，但这种流动并不是简单的空间位移，还要重新构建不同的人际关系。时常面带微笑的 B 教师给人一种宜人的感觉。因此笔者原以为 B 教师和现在学校的教师相处应该很融洽。但一提起这，B 教师脸上的微笑逐渐消失了。

这所学校是新建的，当时招老师时也比较仓促，一个月之内教师队伍也就确定了，所以我们老师来源也比较庞杂，主要分为两大类型：一类是原单位就属于城区的，被动流动过来的；另一类就是类似于我这样，在乡村教学工作够 5 年的正式老师，通过报名考试过来的。从乡村学校选拔到了城区学校，心里是高兴的，但那些原本就在城区学校工作的老师，他们以前的工作单位周边设施完善，条件要比这好，所以过来的时候比较被动，和我们相处起来也很傲气。

大家生活方式也不一样，以前在乡村，下班了也没有娱乐设施，就看看书打发时间，但现在可以回家，回家了就想陪陪孩子。来自城区的老师，他们习惯了工作后适当放松，下班了去逛街或者酒吧放松下，刚开始也有城区老师叫我们一起去酒吧、KTV 等地方，开始为了拉近关系，也去，但去了很别扭，也玩不开，后来人家也不叫了，我们也不去了。下班后城区老师大多数开车回家，我们一般都是坐公交车或者骑摩托车，就这样，虽然大家都是新来的，但是"大路朝天，各走一边"。

另外，我们领导也不是特别体恤我们，在大会上直接说，让买贵一点的衣服，不要再穿得那么"节俭"。我们以前在乡村基本工资2500元加1000元补助加绩效，而现在只有2500元加绩效，直接少了1000元。城区上班，开销也大，领导还让我们穿衣服有点档次，这会给我们增加不少经济负担的。

这让我们这些乡村流动过来的老师内心多少有点自卑……

（摘自2018年9月17日的访谈记录）

和谐融洽的关系中，人的身心都是愉悦的；相反，在一个环境中，个体感到身处不平衡的关系中，这是不利于人身心健康发展的。B教师由乡村学校流动到城区学校，在生活娱乐、消费观念和交通设施上都不同于城区老师，即便刚开始尝试友好交往，融入集体，后面也难以维持下去。大家虽都是流动教师，但原单位为城区学校的教师是政策性流动过来的，而B教师等人是通过自己努力考过来的，这一点也为他们之间的不协调埋下了伏笔，在人际关系中形成了一道无形的"泾渭之界"。这种无形中产生的隔阂，使B教师产生了一定的教学挫败感和压力。

4. 学校管理："双跨"的无奈和"成绩"至上

（1）"双跨"的无奈

第一次见到B教师，办公桌上堆满了英语作业本和英语卷子。毫无疑问，B教师是英语学科的，而笔者本科也是英语专业，心想初次访谈应该很顺利，因为有着相同的专业背景，话题可能也会多一点。但当问及所教学科时，B教师无奈地摇摇头，说道：

你也看到了，我教的是英语，但我本科专业包括现在就读的在职研究生所学专业都不是英语，我一直对物理感兴趣，所以所学专业都是物理学科。2017年9月，流动到城区九年义务制学校，也有初中部，觉得这时候应该能教我的本专业了，可是谁知道流动过来后还是给我安排英语学科。虽然以前在乡村有教英语学科的经验，但当时也是勉强地教。现在，城区学校对英语听、说、读、写要求都很高，这让我教学上很不顺手。上次听初中部英语公开课，英语专业毕业的老师全场都是很流利的全英语教学，而我的课堂上却是汉语教学，导致我现在很不自信，不敢上公开课，就怕读音读错了被嘲笑。

之前也找领导反映，看能否调到初中部教物理，但领导一句"大家都是'教非所学'，特殊时期克服困难"让我真的很无奈。

（摘自 2018 年 6 月 13 日的访谈记录）

通过访谈了解到，B 教师是一位典型的教非所学教师了，"教非所学教师"专指那些在任教学校所教科目与其在师范院校所学专业不一致的教师。[①]英语教学让物理学科出身的 B 教师的确很痛苦，一心想去教本专业。面对跨专业教学，尤其语音发音不标准使自己教学很不自信。在寻求领导帮助无果的情况下，自学了英语专业知识，但效果并不明显。对于"教非所学"的现象，校领导说着 B 教师，又指了指对面一位老师，那位老师专业是英语，但教的是数学。学校对于人才资源并没有做到合理配置。面对这样的安排，大家都很无奈。让 B 教师无奈与痛苦还有一件事：

跨专业教学让我已经很痛苦了，现在学校又让我跨年级教学，现在我既带着三年级英语，又带着六年级毕业班英语。本来学生来源庞杂就不好教，现在让我带两个年级的课，而且一周一个班至少要用三次 PPT。三年级是刚学英语，打好基础很重要。六年级毕业班面临升学考试，也很重要。这些事堆起来让我有时喘不过气来。在大力提倡素质教学的背景下，我自身口语又不好，所以只能强抓学生的语法了，英语课变成了语法课。我也反思过，课不能这样上，应该有更多的活动，但为了学生成绩，不得不删减活动部分。

（摘自 2018 年 6 月 13 日的访谈记录）

从物理理科思维转换到英语语言文科思维，这对于非专业出身的 B 教师本就是一个很大的挑战。又让 B 教师跨年级教学，这样的用人安排让 B 教师苦不堪言。在人员配置方面，只有合理恰当地安排才可以最大限度发挥人才的职业才能。只有把每一位教师都放到合适的位置上，才能使其充分发挥主观能动性和创造性。

179

---

① 赵彩璐. 农村初中"教非所学"教师专业认同的叙事研究[D]. 长春：东北师范大学，2013.

（2）"成绩"至上

看到整个办公桌上都是学生的作业本和卷子，笔者疑惑地问 B 教师："现在小学生作业有这么多？" B 教师说道：

你看到的只是一部分，打印机坏了，还有一些没打印出来，我们也不想让学生有这么多作业，但现在考核制度都是成绩决定一切，所以也没办法，只要学生成绩上去了，领导就认可，我也就有希望调到初中部去教我的本专业了。上次你来还在我们办公室的小姑娘，就是因为期末学生成绩好，现在被调到初中部教英语去了。

学校是新建成的，为了提升教学口碑，一切都看成绩。英语课堂活动基本没有，整节课都是让学生背单词、背语法为主，也知道这样没有达到学英语的真正需求，学生学到的只有笔试，口头表达能力差，素质教育上成了应试教育。但只有这样，学生成绩才能上去，我被调到初中部的希望也更大一些。

（摘自 2018 年 9 月 17 日的访谈记录）

从访谈中可以看出，因学校年终考核是以学生成绩为主，这样就导致 B 教师一心只顾抓学生成绩。学生成绩只能说明学生对于本节课知识点掌握的熟练程度，并不能很好地反映学生全面发展的动态，但一切教学只看成绩，这违背了素质教育的初衷。学校单一的考核制度使得积极向上、在教学上想大有作为的 B 教师也只能屈于现实，课堂内留给学生大量背诵时间，课后再用习题去巩固，形成了读死书、死抠课本的局面。

根据布迪厄场域理论分析，B 教师在 M 学校环境中，受 M 学校场域的影响，难以灵活驾驭课堂，一定程度上是场域限制了 B 教师的教学能力发展。

5. 小　结

从以上的访谈记录中可以分析出，B 教师虽然从乡村学校流动到了城区学校，突破了自我，在厚积薄发中实现了"破茧成蝶"的愿望，但成"蝶"后的教学工作并不是那么顺利。B 教师在新学校工作中，四个维度上适应性都一般。首先，在学校环境方面，因是新建校，基础设施建设还难以满足教师生活需要。其次，在教学活动方面，面对学生数量多、学习水平差异大的情况，B 教师也在尽力适应中。再次，在人际交往方面，由于教师们来自不同学校、不同地区，B 教师则开始尝试融入新集体，到后来坦然接受"泾渭分明"的事实，也尊重不同群体不同的生活模式和消费观，逐渐形成了自己的交友圈。最后，面对学校管理，B 老师难以适应"双跨"的教学安排，面对教师考核以成绩为主的事实，她只能让学生死读书，提高成绩，从而使自己有望从事自己所学专业的教学。

三、柳暗花明的 C 教师

来自 S 学校的 C 教师，1990 年 8 月被分到小学部任教。在该校，C 教师既是语文老师，又是数学老师。教学一年后，C 教师前往党校进修学习两年，毕业后从事语文教学。2000 年因人事调动流动到现任职学校。年轻有为的 C 教师在青年时期被评为中学高级教师，同时拥有多项荣誉称号——甘肃省骨干教师、市学科带头人、市骨干教师、甘肃省青年教学能手。2012 年作为典型人物，其教书育人的事迹被主流媒体连续报道。

采访之初笔者了解到，才学兼备的 C 教师喜欢和年轻人交流，他也想通过和年轻人的交流了解现在年轻人心目中教育观的变化。因此，尽管 C 教师每天要承担繁重的教学任务和行政工作，但在了解笔者的采访目的后，还是很爽快地答应了。流动后的 C 教师在教学工作上游刃有余，而且还承担起语文学科带头人的重任。每天繁重的行政工作让 C 教师比较苦恼，而且大量的行政工作也使一心只想做教育的 C 教师疲惫不堪。

1. 学校环境："和谐有序"

初次来到 S 学校，刚进校门，映入眼前的是一排排高拔挺立的松柏，从粗壮的松柏可以看出这所学校很有历史年代感。走道上铺满了金灿灿的银杏叶，小鸟叽叽喳喳地叫个不停，两栋教学楼呈半"回"字形，中间坐落着半圆形花坛。学校虽地处繁华的都市中，但这里仿佛一处桃源净土，一切看着都和谐而宁静。

初次见到 C 教师，其外表质朴，穿着普通，但厚厚的镜片下是一双明睿充满智慧的双眸。访谈地点是 C 教师的办公室，冬日的一抹阳光直射进来，好似要努力为此次访谈增添一丝温暖。就这样，我们开始了愉悦的访谈。

能来到这个学校，我感觉挺幸运的。这边的环境让我很满意，流动之初，我还担心学校坐落在繁华地带，会不会太嘈杂，结果来了后，校园环境，你也看到了，确实很美丽又让人很舒心，犹如闹市中的一片净土。而且这几年因学生数量增加，又新建了一栋楼，两楼之间建了一座小花园，里面有些花还是学生自己种的哩！而且给我安排了独立办公室，虽不是很大，但电脑、打印机、空调等这些软硬件设施都配备齐全。以前在乡村学校，大家挤在一起办公，虽人多热闹，但一天下来光顾着热闹了，该做的事多少会有影响……

（摘自 2018 年 12 月 21 日的访谈记录）

C 教师对于流动后的学校环境很满意，尤其是对于学校给 C 教师安排的独立办公室，让喜欢创作的 C 教师有了更多独立思考的时间。办公室软硬件设施配备齐全，这是以前的乡村学校所没有的。学校虽坐落于闹市，但内部建设和谐宁静，为教师和学生创造了一个很好的人文环境，也为 C 教师流动后的工作适应起到了一定的积极作用。

2. 教学活动："我手写我心，我笔抒我情"

C 教师有着 10 年的工作经验，并且语文、数学、地理和政治等学科都教过，这也导致 C 教师学科教学上并没有特别突出的学科。但在流动到城区学校后，他专攻起语文教学，尤其是作文写作方面，逐渐形成了独特的教学方法和教学风格。

我刚来这个学校时，发现不管是哪里的学生，都有一个通病，平时话很多，但写起作文来就提笔难下，要不就是拿作文书照抄，或者乱写一通，只是为了完成任务，写作成了学生课业负担。在我的引导下，以"我手写我心，我笔抒我情"，这样的方式让学生去创造文章。学生在写作之初，也没有字数要求，能写多少写多少，但有个严格要求就是，每个人必须写出自己最真实的情感。而且课堂对于写得好的学生，奖品也很有创新性，比如奖励我的书法作品、名师作品复印件等，这在一定程度上激发了学生写作积极性。比如有次公开课上，一位五年级学生说平时写作文要一个小时，但在那次公开课上，在我循序渐进的引导下，学生只用了18分钟，一气呵成。

现在学校每一季度都会出一期校刊，上面都是我们学生的诗歌、小短文和文章等作品。但在乡村学校，这样的期刊是很难出出来的。在教学中我也鼓励学生大胆尝试，大胆出刊，因为写的文章就是给别人看的，让他人欣赏的。这也在很大程度上调动了学生写作积极性。

以前在乡村学校教书，乡村学生受各种条件限制，老师给学生搭建一个很好的学习平台，学生不一定能达到这个要求。但城市孩子阅历、知识面等更广，思维更为活跃，只要老师搭建一个平台，学生就可以达到这个高度。

（摘自 2018 年 12 月 21 日的访谈记录）

2010 年 7 月，国家教育厅颁布的《国家中长期教育改革和发展规划纲要（2010—2020 年）》中明确提出要减轻中小学课业负担，并强调要率先减轻小学生课业负担。[①]课业负担指的是中小学生在学习过程中所肩负的压力和承担的责任，其中的压力和责任主要来自外在环境，包括学校本身、教师和家庭三方面。[②]C 教师在流入学校发现学生写作文有困难，主动钻研，让学生"我手写我心，我笔抒我情"。这样的写作要求和循序渐进的引导使学生成功地爱上了语文写作。积极鼓励学生出刊，这也在一定程度上促进学生写作水平的提高。这些都让C 教师在来到城区学校后产生了职业幸福感和存在感。

根据马斯洛提出的需要层次理论，实现自我价值是个体需要层次理论里的最高层次。自我价值实现需求指的是个体在所有基础性需要得到满足后，充分发挥个人潜能和主观能动性实现自我理想的一种心理需要。这种自我价值的满足，一则来自 C 教师"功夫在平时"的辛

---

① 教育部《国家中长期教育改革和发展规划纲要（2010-2020 年）》[Z].2010（7）.
② 刘丽丽. 小学生课业负担研究-基于教育社会学视角[D]. 沈阳：沈阳师范大学，2014.

勤学习,二则来自学校领导对 C 教师工作的大力支持以及大家对 C 教师工作能力的认可。

3. 人际交往:"单丝不成线,独木不成林"

C 教师过硬的教学专业能力和谦逊的做事风格使 C 教师在 T 市教育领域得到一致好评。因此笔者推断 C 教师和他所在学校教师的关系应该也不错。和 C 教师谈到人际交往时,C 教师说道:

> 现在我和大家相处得也很好,同事间合作也很融洽,但我刚来时,别人都有他们固有的交友圈,我也是一个少言寡语的人,也不会去主动和他们聊天,只有工作上有点接触。在我调过来一年后有一次选举大会上,我当时的得票是最少的,让我有点挫败感,觉得自己不被认可。在这种情况下,以后做课题时我就会带上我们语文组的人一起研究,慢慢地,我的性格也变得开朗了很多。2002 年我申请到甘肃省教科所"十一五"重点课题,成立了课题小组,学校也为此出台相应照顾政策大力支持。我作为课题负责人,外出学习机会也多,每次都会带一部分老师一起外出学习,逐渐也带动了整个学校科研教育的发展。

> 以前在乡村学校时,只能单打独斗,没有团体研究学习的氛围和学校的大力支持,主要是有些老师下班回家要做农活,还有就是经费上得不到支持。但现在学校很支持,我们有共同志向的老师联合在一起做课题研究,我现在特别能体会"单丝不成线,独木不成林"的说法。

（摘自 2018 年 12 月 26 日的访谈记录）

从此可看出,C 教师能以饱满的精神状态适应新学校,虽在刚来时并没有被同事接纳,同事间相处也并不融洽,但 C 教师没有委屈自己去迎合他人的喜好,而是通过做课题、用科研事业将有共同志向的教师聚合在一起,形成了良好的学习研究氛围,更进一步带动了学校语文学科的发展。

这些发展,离不开 C 教师的远大志向,也离不开 S 学校对科研项目的支持,学校为科研项目提供一定的经费支持,鼓励教师外出学习,使得学校语文学科成为 T 市的领头羊,也使得 C 教师在获得良好的人际关系的同时,更获得了职业满足感和存在感。根据布迪厄场域理论,人的行为动作受场域影响，C 教师的专业发展在 S 学校场域中得到了一定的发展与提升，这也帮助 C 教师实现了一定的人生价值。

4. 学校管理：由论资排辈到"严谨与明治"并存

著名教育家陶行知曾说："校长是一个学校发展的灵魂，要评论一个学校先要从评论它的校长开始。"校长的品质、思想、行为及管理理念是学校教育改革和发展过程中不可或缺的关键影响因素，这也在一定程度上决定着学校办学风格和办学质量。

刚来到这里，擅长语文教学，校长也是语文教学方面的专家，S 学校又是一师一徒制，所以自己比较幸运，师傅刚好是校长。学期末要进行职称考核，我的排名比较靠后，之后才了解到，这里遵守"由老到幼、由长到小"的制度，论资排辈。后期我对校长建议，论资排辈做法对新进来的老师发展不公平，会挫伤新老师和有能力的老师的教学积极性。最后会议商量决定，为职称考核成立测评小组，考核细则中老师业绩占 50%，民主测评占 20%，行政测评占 30%。2004 年推行新的评选制度后，一切就规范了，我们学校到现在有 29 年教龄的老教师依然评不上职称，因为没有业绩，没有什么突出的贡献，在申报一两次后，没希望也就放弃了。

（摘自 2018 年 12 月 26 日的访谈记录）

该校以前以论资排辈的方式对教师进行考核，在 C 教师大胆的提议下，2004 年建立健全了教师考核制度，这使得新进校的教师看到了希望，也使得一些工作散漫的教师不再敢工作懈怠。科学民主的管理制度的实施够保障教师的利益，激发教师的工作积极性，并给教师提供专业发展的空间与自主权。在这样严谨与民主的管理理念下，C 教师工作适应比较好，在乡村工作了 10 年评上中小学二级教师。流动到新学校，在民主管理下，只用了 2 年就因个人业绩能力突出被评为中小学中级教师，2012 年又被评为中小学高级教师。

健全完善的管理制度为教师的发展提供了公平公正的平台，有利于教师的职业成长。这样的管理也进一步促进了教师整体业务水平的提高，形成了良好的科研学习氛围。年轻教师是教育事业的希望所在，他们的精神风貌、知识储备、业务素质、科研能力水平等，将直接关系到今后学校的发展，关系到整个教育大计，作为学校管理者也必须珍惜年轻教师资源。①C教师所在学校，校领导善于听取一线年轻教师的建议和意见，在大家的共同努力下，并不完善的考核制度变得更加民主、更加科学合理，这样也使得C教师更有信心在流动后的学校奉献自己的青春。

5. 小　结

从以上的访谈记录分析中可以看出，C教师在S学校的学校环境、教学活动、人际交往和学校管理四个维度上适应状况良好。首先，在学校环境上，C教师所在学校虽处于闹市，但校内环境宁静祥和，人文气息浓重。学校还给C教师配备了独立办公室，是C教师所向往的教学环境。其次，在教学活动上，C教师善于通过观察，发现学生的特质，针对学习有困难的学生，建立适合学生发展的教学机制，并且获得了学校领导及同事的认可。成功的教学方式，也让C教师取得了很多成绩，自信心和人生价值获得一定程度的满足。再次，在人际交往上，C教师由开始的难以适应到变被动为主动，最终形成自己的学习团队，融洽的同事关系也让C教师感受到工作中的温馨与快乐。最后，学校管理上，从起初的论资排辈到制度详细的明文规定，一切按制度办事，这也使得C教师在事业上一步步达到理想状态。

四、三位乡村流动教师——在"踌躇"中求生

通过对T市3位乡村流动教师访谈材料的归纳与总结发现：A、B教师工作适应性整体适应水平不高，工作适应能力有待提高。相较而言，C教师在流入学校工作适应相对较好，主要表现在：A教师因教学对象的改变，和小学生的沟通成为工作适应中的主要障碍，小心谨慎相处的人际关系也让A老师得不到情感上的支持，加上难以在短时

---

① 项春华. 海岛农村教师发展激励机制的思考[J]. 湖北广播电视大学学报，2009（3）：91-93.

间内接受 S 学校严格的管理制度，这些都让 A 教师处于"举步维艰"的适应境地。

对于 B 教师而言，首先，M 学校是新建成学校，虽坐落于城区，但周边环境处于初步建设阶段，交通不便，而且校内硬件基础设施难以满足 B 教师的基本需要。其次，学生生源庞杂，学生学习水平差异过大，面对学校教学任务"双跨"的分配方式，B 教师只能在重压之下砥砺前行。更为严重的是，校内教师人际关系的两极分化和校领导的不体恤，让来自乡村的 B 教师产生自卑心理。这些适应过程中的"拦路虎"，使得 B 教师一度怀疑流动的选择是否正确，B 教师表面看似实现了由乡村学校到城区学校的垂直流动，但 B 教师在 M 学校却处于郁郁寡欢的状态，难以适应新学校。

温文尔雅的 C 教师对学校环境较为满意。在教学活动和人际交往上，因受名师（支玉恒老先生）的影响和抱有自觉积极的学习态度，逐渐形成了自己独特的教学方式。也因出色的课题研究能力，C 教师吸引了一批志同道合的同事，形成了课题研究团队，也使得该校语文教学在 T 市名列前茅。这一切使得 C 教师在 S 学校"柳暗花明"。在学校管理方面，C 教师主动谏言，为自己赢得了一定的发展空间，但后繁杂的行政工作，又使得 C 教师无奈地感叹"S 学校成就了我，但也限制了我的发展"。

第三节　影响乡村流动教师工作适应性的原因分析

笔者以 3 位有代表性的乡村流动教师为个案，从学校环境、教学活动、人际关系和学校管理这四个维度上分析了 3 位教师的工作适应情况，并分别做出详细的分析与总结。由 3 位教师的叙事可知，影响流动教师工作适应的因素很多，但总体概括起来包括教师个人职业认知、学校工作环境、学校管理制度这三个方面。

一、教师个人职业认知

3 位教师的年龄、教龄、受教育程度和工作经历各不相同，导致教师对这一职业的认知程度不深。如 B 教师认为教师只是个简单职业，因就业压力而被动选择了教师行业，主要体现在，教师的职业观不清晰、教师自我认识不全面、教师专业能力发展意愿方面因循守旧。

1. 教师的职业观不清晰

教师的职业观是教师对职业的整体看法，是教师爱岗敬业、教书育人的指导思想，不但决定了人们的择业倾向，而且决定了工作态度。[①]因此，拥有积极向上的教师职业观，对于计划从事或已从事教师职业的人来说是至关重要的。体会到教师职业所带来的职业幸福感，是促使教师爱岗敬业的重要因素之一。

在访谈中了解到，A、B、C 三位教师均是师范学校毕业，但 B 教师选择读师范院校的初衷是因为家里人劝说"教师好就业，而且教师职业对于女孩来讲是比较稳定和体面的工作"。因此，大学毕业后，B 教师顺其自然地成为一名小学教师。物理专业毕业的 B 教师，在知道小学没有物理课的情况下，依旧选择成为一名小学教师。虽在师范院校接受了四年的教师职业熏陶，但 B 教师始终认为，自己从事教育工作只是为了谋生。

一直以来的"教非所学"任课安排，让 B 教师感到压力重重，甚至变得不自信，但为了生计依然勉强坚持在教育行业。把教育工作当作"谋生手段"，意味着教师无视或忽略该职业是否是自己所认同和擅长的、是否是自己的兴趣倾向、是否是自己的能力可及并有较大发展前景、是否有利于个人的可持续发展。[②] B 教师既然选择从事

① 殷玲，向倩. 高校青年教师正确职业观的研究和培养[J]. 统计与管理，2015（9）：180-181.
② 林丹. 教师职业幸福感缺失的背后——"生活方式"抑或"谋生手段"的教师职业观探讨[J]. 教育发展研究，2007（6）：46-50.

教师职业，就应肩负起教师职业的重任，热爱教师职业，以积极乐观的心态投身教育事业，明确教师职业观，体会教师职业所带来的职业幸福感。

第一学历为师专毕业的 C 教师，在 2000 年人事调动中本有机会成为政府机关干部，但因对教育事业的热爱，他仍选择从事教师行业。他认为：

教师不仅是一个教书匠，更是朝着"先生"的方向发展，教书也不是一种谋生手段，而是因为真正的热爱，热爱教育事业，热爱学生，体会教育事业带来的人生价值感……

（摘自 2018 年 9 月 27 日的访谈记录）

正因为如此，C 教师潜心投身于教学，把教师职业当成毕生追求，在工作中体验到教学带来的价值和快乐。

C 教师将自己的青春与热情奉献给了教育事业，也在教育教学中实现了人生的价值。关于这一点，C 教师满脸笑容地说道：

前几天，还收到去年毕业学生的信哩！那是我教过的学生写给我现在所教学生的，这样的教育效果才是我所追求的，不仅影响了这一代，而且还会影响到下一代，这也是教育的真正意义所在。

（摘自 2018 年 9 月 27 日的访谈记录）

C 教师以其宏远的教师职业观，不仅实现了人生价值，而且也将这种价值在教学活动的开展中潜移默化地传递给了学生。树立正确的教师职业观，并不是简单地喊口号，而是真正从内心热爱教育事业。乡村教师在做职业选择时，也应结合教师职业观，认真考虑自己是否真正热爱教育、热爱教师职业。在流动的过程中，在考虑满足自身需求的同时，也应以热情饱满的态度去从事教师教学工作，克服因流动带来的不适感。

2. 教师自我认识不全面

有些乡村流动教师因对自己没有一个全面的认识，流动的目的也只是满足个人所需。如 A 教师因无法忍受乡镇落后的硬件设施和向往城区便捷的生活而想要流动到城区学校；B 教师因想要满足子女进城上学的需求而选择流动到城区学校。

A、B 教师在流动之初以满足自己的需求为流动动机，对自己缺乏充分且中肯的认识。关于这一点 A 教师这样说道：

> 我本科毕业后就一直教初中英语，流动时觉得教小学生应该没问题。可真正教的时候才发现小娃娃和初中生区别那么大，尤其给小学生上课，真的得花样百出，才可以抓住他们的吸引力⋯⋯
>
> （摘自 2018 年 9 月 7 日的访谈记录）

关于这一点，B 教师也有同感：

> 开始以为在城里呢，以后孩子上学就方便多了，可我真正到这个地方工作后，我发现每天路上来回 4 个小时的路程，真的让我吃不消。中午要是不回家休息，下午的课也上得无精打采。
>
> （摘自 2018 年 9 月 10 日的访谈记录）

两位乡村流动教师，在流动后看似满足了个人所需，A 教师如愿以偿地流动到了交通便利、位于市中心的 S 学校。B 教师也实现了流动到城区学校工作、子女可随父母迁入城区学校上学的愿望。但两位因对自己缺乏全面的认识，流动到新学校后，又发现了新的问题：A 教师在流动时高估了自己的教学能力，忽视了学生的个体差异性。而 B 教师高估了自己克服困难的意志毅力。两位教师因为缺乏对自己专业能力、个人毅力等的全面认识，导致自己无法正常开展教学工作，进而影响自己对城区学校环境的适应。

C 教师因对自己有一个清晰、全面的认识，相比较政府公务人员，认为自己的性格更适合当老师，因此，在公务员和教师之间选择时，最终选择了教师。

3. 教师专业能力发展意愿：因循守旧与反思创新

乡村流动教师在流动后是否具有主动发展自身专业能力的意愿，也是影响乡村流动教师工作适应性的重要因素之一。教师专业能力发展意愿的强弱直接体现了教师职业的综合素养，也体现了教师本人教师对职业的认可度。学者周晨在前人的经验上将教师专业能力总结为：教师以一定的专业知识和基本的专业技能为基础，在教育教学实践中形成并表现出来的直接影响教育教学活动成效和质量，决定教育教学活动实施与完成所必须具备的个性心理特征的总和。[①]教师专业能力发展意愿，是教师在求学经历和日后工作学习中形成的能顺利完成教学任务并推动教学活动正常开展的一项基本能力和本领的主观意识。

（1）因循守旧

在教学上因"教非所学"和"双跨"的教学安排，B 教师无暇顾及自身教师专业能力的发展。B 教师虽在流动之初尝试通过自学改善英语发音，但迫于学科知识的专业性没能成功。而且面对学校"成绩至上"的要求，为了在短时间内提高学生成绩，完成学校下达的任务，B 教师流动到新学校后，依旧沿用乡村学校的教学方法，课堂中给学生 10 分钟时间，让学生背诵，5 分钟时间进行提问，20 分钟时间完成一套模拟试卷。对于当堂不能完成任务的学生，课后留校再背，或者惩罚抄写 10 遍等。只有这样，学生成绩才能上去。

这样因循守旧的教学方式使得 B 教师既无奈又无助，但更严重的后果是，长此以往，会打击学生学习英语的积极性，使得学生认为只要死记单词、语法就可以学好英语。根据布迪厄场域理论，当个人处在一个场域中，其行为与习惯会受该场域的影响，但场域又有自主化和惯习特点。B 教师虽已离开乡村学校场域，但其教学方式仍会受乡村学校场域的影响。流动到新学校，随着学校场域的变化，惯习发生变化，B 教师也建立起新的学校场域。B 教师因为是非英语专业毕业的，因此基础专业能力是有所欠缺的，而在流入 M 学校后，教师专业能力发展意愿也不强烈，难以感受到新场域积极先进的一面，这也导致其流动到城区学校后在教学工作上困难重重，适应得很慢。

（2）反思创新

"学高为师，身正为范。"教师只有不断学习，才能真正成为学生的榜样。这就要求乡村流动教师以学习者的态度置身于教学活动之中，并且在平时的教学活动中不断地观察和用心分析教学实践中出现的各

---

① 周晨. 教师专业能力研究的现状及启示[J]. 淮海工学院学报，2015（6）：123-126.

种问题和原因，并及时对自身的教学行为进行反思，对教学过程中出现的部分问题进行分析研究，不断更新自己的知识结构，促使自己快速适应城区学校工作。

访谈中笔者了解到，A 教师是英语硕士毕业，并且有着 5 年乡村教师教学经验，因此在教师专业能力发展意愿方面还是比较自觉积极的。从同 A 教师的访谈中了解到，A 教师深知教师专业能力是教师立业之本，在 5 年的乡村从教时间里，她也没有放松对自身专业能力的培养，而是时刻通过看书学习来不断提高专业能力。在流动到 S 学校后，因和小学生难以交流沟通，她主动在名师课堂学习名师与学生的互动方式，课后也大量地观察学生。在教师专业能力发展意愿方面，A 教师面对困境并不是一味地抱怨，而是通过不断地观察了解学情，以此来消除教学适应过程中的障碍。

适应情况较好的 C 教师，也指出教师专业能力的强弱是工作能否得到大家认可的关键。作为一名人民教师，要有专业能力发展的自觉性，教师也不再只是一味地教，也要学，在输出的同时，对时刻教学要进行反思创新，汲取教育营养。

专业能力发展是教师专业发展的重要内容，是检验教师综合能力及素养的核心指标，也是在教师整个职业生涯中体现其能力的重要目标定位。[①]一个人不论从事何种职业，专业能力都是其立业之本。在一个自主择业、人才自由流动的时代，能力的高低直接影响一个人的工作适应度。专业能力过硬，并能适时调整就业状态，有助于尽快融入新环境中，减少流动后的不适感。教师专业能力发展意愿强烈与否，是影响乡村流动教师主动还是被动提升专业能力发展的直接因素，也影响着乡村流动教师在新学校的工作适应性。具有强烈的教师专业能力发展意愿有利于教师开展教学活动，也有利于教师培养学生良好的学习能力，在一定程度上帮助乡村流动教师快速适应城区学校。

---

① 徐蕴琦. 教师专业能力的影响因素及提升策略[J]. 辽宁教育行政学院学报，2016（4）: 31-34.

二、学校工作环境

环境是指某一特定生物体或生物群体以外的空间，以及直接或间接影响该生物群体生存、适应的一切事物的总和。[①]对教师而言，对工作环境的适应很重要，如果对工作环境适应不了，就容易对工作产生厌倦之感，不利于自身今后的发展。而工作环境又对学校教学活动、学校组织气氛、人际关系产生直接或间接、明显或潜移默化的影响。[②]学校工作环境主要分为两个部分：一是由校园植物绿化、教师办公场所、教学楼、教职工食堂等及其他基础设施组成的外在环境；二是由学校学习风气、教师整体文化素养、师生关系以及学校整体文化氛围组成的内在环境。[③]因此，学校环境中的外在环境和内在环境共同影响着乡村流动教师的工作适应性。

1. 校园硬件基础设施建设不完善

A 教师流动后的学校是一所市直属重点小学，学校坐落于市中心，交通便利，校园硬件基础设施建设完善，S 学校的五楼是电子信息阅览室，六楼建有可容纳 80 人上课的现代化录播教室。在录播教室，教师可将整堂课进行录播，课后观看，进行反思，这些使得 A、C 教师在职业发展上得到快速成长。相反，B 教师所在的 M 学校是 2017 年 9 月新建成的学校，周边经济发展不平衡，交通不便，校内图书阅览室建设、教职工餐厅建设及教职工临时休息室等硬件基础设施的建设均不完善，可供教师学习的书籍少而单调，这些给离家远且想进一步学习的 B 教师带来一定的挑战，使得 B 老师难以快速适应。

由此可见，对于教师而言，学校硬件基础设施的完善与否在一定程度上影响着乡村流动教师的工作适应程度。完善、整齐、优美的自然环境及现代化教学设备是校园环境建设的物质基础，可以调动人的

---

① 许峰. 关于人的适应性培养的社会心理分析[J]. 教育研究与实验，2000（6）：36-40.
② 李森，杨正强. 关于教师流动的理性认识与管理策略[J]. 宁波大学学报，2008（2）：71-74.
③ 顾明远. 教育大辞典[M]. 上海：上海教育出版社，1990.

情绪，给人以安全感和归属感。①S学校在硬件基础设施上比较成熟和完善，这促进了A、C教师在工作中的适应。但硬件基础设施有待完善的M学校，是B老师流动后所要面对的挑战之一，也影响了B教师在工作中的适应。

2. 校园人际关系较为疏远

学校的文化建设和学术氛围的营造，离不开和谐团结的人际关系。马克思说："人的本质并不是单个人所固有的抽象物。在现实性上，它是一切社会关系的总和。"由此可见，人际关系是自人类产生以来就有的，在避免自然灾害和人为灾害的过程中，人际关系联系愈加密切。金立敏（2007）认为学校人际关系是学校这一特定环境中的人与人之间的交往关系，是学校成员在同一群体中或不同群体间相互认知、体验而形成的带有浓烈情感色彩的人与人之间比较稳定的心理关系。它随着学校的发展而发展。②在一个集体中，人际关系越融洽，集体连接也就越紧密，工作归属感也就越强，在工作中也越容易形成稳定的心理关系。

A教师所在的S学校，教师都是通过严格考核才被录用的，但同事关系也较为复杂。做事时大家都谨小慎微，而且尽管流动过去已经两年了，但面对领导时A老师依然觉得难以接近。积极的领导与下属关系有利于领导权力的实施，但A老师面对严厉的校领导总是一副敬畏心态，有问题不敢开口，有建议不敢提，面对不合理制度也只能一味忍受，这使得A老师难以适应新学校。在流动一年后，A教师才摸索出该校的管理制度和考核标准，相比较以前融洽的领导同事关系，在新学校A老师在个人情感上得不到关怀，感受不到存在价值，难以适应。B教师所在学校的教师分成"泾、渭"两道，由于刚进入城区学校，教师们消费观和生活方式不同，B教师刚开始为了维持关系而勉强相处，最终因本质不同而渐行渐远，同事关系也逐渐变得冷淡，人情的疏远使得整天处于紧张状态的B教师心生自卑并怀疑自己当初

① 余燕黎. 浅谈新教师的工作适应性[J]. 决策与管理，2009（11）：54-55.
② 金立敏. 学校人际关系的特点与管理[J]. 湖南农业大学学报，2007(11)：33-37.

的选择是否值得。这些因素都不利于教师间相互学习，不利于校园文化建设，更不利于学校团队建设。

C 教师刚流动到新学校时也是难以融入大家，但他主动出击，积极申请课题项目，带领大家一起做课题、搞研究，组成语文教学团队，最终在学校营造出浓厚的学术氛围。领导者与下属之间积极的人际关系体现为下属内心对领导者权威的认可与服从，这离不开领导者与下属间的持续交流和彼此信任，它的作用在于帮助领导者克服履行领导职务过程中所面临的来自下属的阻力，从而有利于领导者自身领导力的生成与发挥。[①]C 教师也敢于向校长提建议和意见，在校领导的支持下，新学校的语文教学在 C 教师的带动下远近闻名，同事关系也变得融洽，这也让 C 教师有更多的时间去做课题研究。

疏远的同事关系使得 A 老师和 B 老师感受不到人文关怀，身心健康受到一定影响。学校是教师工作的主要场所，除了面对学生，教师接触最多的就是同事和校领导。因此，处理好同事关系也是教师职业工作中重要的一项。一个人只有在愉悦的工作环境中才能最大限度发挥自己的特长，在愉悦的工作环境中才能将更多的精力投入工作中。和谐融洽的同事关系也有利于促进教师共同学习、教师之间专业交流，提高自身专业素养，促进身心健康发展。因此，人际关系的好坏在一定程度上也影响着乡村流动教师的工作适应性。

三、学校管理制度

1. 学校管理制度跟不上时代发展

学校管理制度是影响流动教师适应过程的重要因素之一。学校管理制度是学校及其他教育机构对教育教学及其相关配套活动所制定的各种规章、条例及其实施细则的总称，它是通过权利与义务来调节与控制学校内部各种关系和部门及个人行为的规则体系。[②]科学合理的

① 李岩梅. 领导者与下属的人际关系构建对领导力的影响[J]. 经济与管理，2012（20）：62-63.
② 王家军. 学校管理制度的伦理价值[J]. 苏州大学学报，2009（11）：116-118.

管理使得学校工作顺利进行，也在一定程度上也满足了教师需求，最终使得学校积极向上发展，吸引更多优秀人才。

A教师虽在市直属小学，但学校建校时间久（1906），管理制度严格，过于细致化。比如，开会会议笔记有字数要求，教师教学时会有校领导突然"拜访"等。这样的管理模式不利于教师的创新性教学。一些制度缺乏明文规定，只是沿用以前的"隐性"规则，这使得刚流动过去的A教师经常处于措手不及的状态。随着社会的发展、国家教育方针的改变，之前的某些管理制度显然也需要随之改进。

关于这一点，C教师在访谈中怅惘地谈及，S学校成就了他，但也限制了他。追求名师目标的C教师一心只想研究教学，但担任学校行政管理工作以及过于精细化的管理章程占用了C教师大量的时间。

管理制度的制定是为学校发展、教师发展、学生发展服务的，应有利于教师大胆创新地展开教育活动，因此，过时烦琐的管理制度应及时修订、完善，否则将束缚教师教学创造思维，挫伤其教学积极性，也为学校行政管理人员带去大量繁杂的行政工作，这些不利于学校改革创新的发展，也使乡村流动教师难以很好地适应流入学校。

2. 教学任务分配不合理

在学校中，教师的主要工作是教学，教学安排的合理与否直接影响着教师教学质量，教师教学质量也是教师考核中重要指标之一。在教学安排上，学者吕永海（2010）曾提道："要知人善任，注意充分发挥每个教师的业务能力和特长。"[1]在古拉尔箴言中也曾提道："必先知其所长，然后委以重任。"学校应充分了解教师专业特长，并安排合理的教学活动，使得教师学有所专、学有所产。

流动到M学校的B教师对于学校教学任务分配的不合理深有体会。B教师本科所学专业是物理，但学校却让B教师从事英语教学，而让B教师同一个办公室的英语专业毕业的教师教数学。这样的教学安排严重打击了乡村流动教师教学积极性，也使教师难以树立教学威信。学者张大均（2014）将教师威信来源分为三个方面，第一就是"学

---

① 吕永海. 如何合理安排教师的教学任务[J]. 教学与管理，2010（12）：28.

识威信"，高深渊博的学识，讲学时的旁征博引、幽默风趣是教师在学生中赢得威信的重要来源。[1]而且，跨年级教学又在无形中给 B 教师增加了"多余"的工作量。B 教师以前在乡村学校的教学互动基本是问答模式。乡村学生的知识面较窄，综合能力较差，但较为腼腆，对教师也比较敬畏，很少有学生敢对老师教授的知识提出质疑，因此在乡村学校 B 教师基本能够将课堂教学顺利进行下去。

而现在城区的学生相对比较早熟，视野开阔，想象力丰富，胆子大，综合能力很强，敢于向教师提出问题，对于老师讲授的知识常常会产生一些其他的疑问，甚至会提出一些很新奇的问题。教学量、教学任务的增加、教学对象的变化、教学方式的调整为流动教师的教学工作带来了新的困扰、新的问题和新的考验。[2]因教学不自信，B 教师在课堂上也不敢开口发音，课中常用汉语教学，这不利于学生的英语学习。因有专业英语教研组和校领导听课，每年两次的公开课赛课，是让 B 教师最为尴尬和紧张的。这些打击了她的教学热情，且让她压力重重，难以感受到教学成就感，也为她在教学上的适应造成了很大的障碍。

197

C 教师在教学上虽然没有太大困惑，但太多的行政工作占据了 C 教师教学时间，这在一定程度上降低了他的教学热情，影响了他对教学的适应程度。面对学校不合理的教学安排，如何能顺利地完成任务，尽快适应新学校教学安排，这些对于流动教师来讲都是巨大的挑战。

第四节　促进乡村流动教师工作适应性的策略

社会经济的快速发展下，社会整体是一个动态状态，需要各行各业人才流动起来，在流动中实现自我价值，在流动中成长。尤其对于

---

[1] 张大均. 教育心理学[M]. 北京：人民教育出版社，2014.

[2] 沈翰. 教师职业倦怠，新课程实施过程中一个不可忽视的影响因素[D]. 长沙：湖南师范大学，2007.

教师一成不变的工作性质，流动到新的学校感受新的教学理念，是有利于教师职业成长的。因此，为了让乡村流动教师和准备流动到城区的乡村教师在工作中能更好地适应，也为了流入学校真正实现人才储备，笔者将从教师、学校、社会等方面提出几点建议。

一、强化乡村流动教师观念，深化教师职业认知

随着经济社会的发展，各种不同类型的职业也应运而生。相较于其他职业，教师职业以其于清贫、无私奉献的印象深入人心，要心怀热爱，有坚定的教师职业观，方可投身教师这一职业。加强乡村流动教师的培训学习，深化教师职业认知，帮助他们坚定教师职业信念，准确定位自我，树立教师专业发展愿景。

1. 坚定教师职业信念

教师职业信念是指教师在对自己所从事的职业有了一定认识的基础上在教师劳动价值方面所产生的坚信不疑的态度。[1]教师职业信念是师范生从事教师工作的重要动机之一，还在从事教师职业之初，在对教师的劳动价值尚未完全认识清楚的时候，教师职业信念就成为他们从事教育劳动的指南和精神支柱。

教师职业信念也是教师职业道德建设中不可或缺的条件之一，"学高为师，身正为范"，教师工作的示范性决定了教师在教学活动过程中起着表率的作用。学者李斌曾提到"教师要形成自己的教育思想和教学主张，以极大的耐心投身教育事业。热爱教育职业、坚定教师职业信念、热爱教育事业是搞好教育工作的前提"[2]。一旦选择教师作为职业，就要坚定教师职业信念，理解教师职业工作的伟大意义和深远价值。

在教师职业成长中，要做到以下几点：第一，面对繁重且复杂的教育劳动，要克服困难，也要抵制外界的诱惑，流动教师更应锤炼坚

---

① 王卫东. 教师职业信念问题初探[J]. 华东师范大学学报，2000（4）：8-13.
② 李斌. 论教师的职业信念[J]. 江苏教育学院学报，2002（2）：28-31.

强的意志品格，以坚强的意志投身于教育事业，树立远大职业目标和崇高人生理想信念，坚定教师职业信念；第二，在教学过程中，教师应时刻反思教学行为，课前充足备课，课后及时进行反思；第三，在职业选择时，审视教师职业的伟大奉献精神，了解其工作背后的真正意义和价值，以极大的热情投身于教师教育事业中，坚定教师职业信念，努力做一名优秀的人民教师；第四，坚定教师职业信念，以教育家为奋斗目标，在教育教学过程中形成自己的教育思想和良好的教学素养，形成优秀的教学艺术、教学风格和教学特色。

2. 准确定位自我

一个人只有对自己有一个准确的定位时，才可以充分地认识到自己的擅长之处，才不至于在人才辈出的时代被淹没。"定位"一词最早由著名的美国营销专家艾尔·列斯与杰克·特罗在 20 世纪 70 年代提出，是市场营销中最基本的术语之一。学者周立宇等人从营销层面解释定位，即将本企业的产品在未来的潜在顾客的脑海里确定一个合理的位置。①准确定位自我，有利于激发流动教师的进取心，促使其在教育领域奋勇前行，帮助他们尽快适应城区学校教学工作。

准确定位自我，并不是流动教师在流动时只考虑自身短暂的需求，还应考虑新学校是否适合自己长期发展需要。准确定位自我，要求乡村流动教师做到这几点：首先，要对自己专业知识和教师专业能力有一个全面的评估和认识，了解自己的特长和不足，做到扬长避短，树立终身学习的远大目标。其次，在流动之初，要对城区的教学环境有一个全面认识，全面认识到城乡学校因经济发展的不同及其所导致的现实差异，并结合自身特点做好选择。最后，深刻理解教师流动工作自身的内涵和价值，珍惜流动机会，抓住流动带来的机遇，形成不断探索的精神品质，以积极乐观的心态面对新环境。准确定位自我，是建立在乡村流动教师对自己有一个准确客观的评估的基础上的，而不是盲目、片面地对自己下定义，这样才能使乡村流动教师在新学校中

---

① 周立宇. 王晓华等. 准确"定位"成就自我——引入"定位"概念提升员工自我管理[J]. 中国电信业，2009（1）54-55.

自信大胆地实施教学。

3. 树立专业发展愿景

"愿景"一词，学者牛继舜（2005）从其字面意义解释有两层意思：一是"愿望"，是有待实现的意愿；二是"远景"，指具体生动的景象，是想要实现的未来蓝图。[①]贺敬雯（2014）指出教师专业发展愿景是教师对未来理想工作实践图景的思考与规划。所谓"思考"，指的是教师基于自身职业理想、教学信念以及职业使命感而形成的对理想未来实践图景的想象；所谓"规划"，指的是教师意欲实现这种理想的未来实践图景的策略。[②]教师由乡村学校流动到城区学校，并不是一劳永逸。城区经济发展较快，面对的压力更大。流动教师流动到城区学校后，更应该全面学习，取长补短，树立专业发展愿景，积极主动地去学习，打实教师基本功，提高自身专业能力。

要树立教师专业发展愿景，树立教学自信心，在课堂教学上寻找新突破，抓好教育教学工作，不断突破自己，乡村流动教师要做到：第一，要有专业发展自觉性，把教师教育工作当作终身事业来追求，不断提升自己的教育科研能力。第二，乡村流动教师在流动到新学校后，要抓住机会，把此次流动视为促进自身专业发展的一个契机，以积极的心态投入新的工作环境并在新学校场域进行充分的学习，加速自身专业成长，尽快适应新学校。第三，要在结合实践教学的基础上，树立清晰明确的专业发展愿景，这有利于帮助乡村流动教师及时实现每一个阶段的目标，进而增强教学自信心。第四，在树立专业发展愿景的基础上持之以恒、坚持下去，深化对教师职业的认知。

乡村流动教师应有坚定的教师职业信念，准确定位自我，既然选择从事教育这个伟大的行业，就应严格要求自己，担起教育的重任，树立专业发展愿景，提高专业能力，积极负责地做好教育教学工作。

---

① 牛继舜. 论共同愿景的构成要素与作用[J]. 现代管理科学，2005（6）：55-56.
② 贺敬雯. 教师愿景与教师发展的关系研究[D]. 长春：东北师范大学，2014.

二、积极完善学校工作环境，创建和谐文明校园

完善成熟的学校工作环境，有利于创建和谐文明校园，这需要社会及学校尽快完善学校基础设施建设，在提高"硬件"设施的同时，带动"软件"设施的建设。

1. 建设与完善学校硬件基础设施

学校硬件基础设施包括教学硬件设施配备、师生学习工作所需的空间环境和有关的教育教学设备，即教育基建、学校设备和社会教学设施。田惠生（1996）认为学校基础设施包括以下几个方面：小到课桌椅、文具，大到学校教学建筑、教学场地、教学仪器设备等。[①]教育家李秉德（1991）在其著作中提道："学校基础设施是构成学校物质环境的主要因素，是教学活动赖以进行的物质基础。"[②]因乡村学校难以满足 B 教师子女上学的需求，2010 年至 2017 年期间，B 教师一直寻找流动到城区学校的机会。流动到城区学校后，B 教师发现所在学校因是新建成学校，硬件设施建设只是单方面考虑学生的学习需要，却忽视了教师的生活需要。

成熟的硬件基础设施有利于教师安心从事教育教学工作，推进教师投身于教育事业的发展，满足教师的合理需要。学者苏东水（2013）曾说："需要是产生行为的原动力。"[③]因此，这就需要：第一，政府部门重视学校硬件基础设施建设与完善，加大对学校硬件设施建设的资金投入力度，提供充足的资金支持，完善学校阅览室、校舍、食堂等环境，为教职工提供一个安心从教的环境。第二，政府和学校联合建立教师流动信息基站，教师流动信息基站指主要以提供教师流动信息、流动政策，帮助欲流动教师和流入学校为目的的信息交流基站。这个基站提供流动教师和流入学校需求匹配，流动教师和流入学校可根据信息匹配度选择流动或选择接受流动教师，实现教师资源的差异互补性，进而避免教师盲目流动，避免发生"回流"现象。在信息基

---

① 田惠生. 教学环境论[M]. 南昌：江西教育出版社，1996.
② 李秉德. 教学论[M]. 北京：人民教育出版社，1991.
③ 苏东水. 管理心理学[M]. 上海：复旦大学出版社，2013.

站内，可邀请一线优秀教师为流动的乡村教师进行专业教师培养，及时了解乡村流动教师教学变化，帮助其适应流入学校环境和教学理念等。第三，以校领导为表率，坚持以人为本的原则，充分考虑师生工作学习的需求，创造宜人、自然、恬静、和谐的校园环境，如张贴名人标语、行为礼貌用语等，形成一个和谐文明的校园环境。

2. 创建和谐的校园人际关系

和谐文明的校园人际关系是师生共同努力的结果，和谐的校园人际关系离不开友好的师师关系、师生关系和师家关系。教师职业活动除了教育教学活动和教育研究活动以外，还有一项重要的活动就是人际交往活动。舒缓和谐的人际交往有利于创建良好的校园风气，相反，紧张疏远的人际关系不利于良好校园风气的形成。教师的人际交往主要包括与学生的交往，与学校领导，同事的交往，与学生家长的交往等。①

乡村流动教师来到新的工作环境之后，希望能在教学活动中展示自己的才能，也迫切地希望得到校领导的认可和同事的接纳。尤其在对流入学校的教学理念、管理模式和学生特点等方面认识不足时，需要有人及时与之沟通并给予支持，从而使其快速融入新的工作环境，产生教学自信心，促进教学适应。因此，创建良好的校园风气，应做到以下几点：

校领导的关怀与支持。乡村流动教师在流动到新学校后，希望在教学中得到领导的认可，但由于他们对新学校的教学理念、管理方式、学生特点等还缺乏一定的了解，所以需要有人与他们及时沟通并提供支持。校领导应该带头主动关心流动教师，如果学校领导能够接纳教师提出的可行性建议、肯定教师的自我价值、尊重教师专业能力、关心学校的每一位教职工、及时给予工作反馈，无疑有助于增进教师的社会支持，增添流动教师适应工作的动力。②

第二，同事间互相接纳与理解。与校领导相比，教师间每天相处的时间会更长，良好的人际关系使人心情愉悦，也更有利于乡村流动

① 张大均. 教育心理学[M]. 北京：人民教育出版社，2014.
② 阎乃胜. 角色论视阈下教师教育教学能力的构成探析——基于教师资格认证的考察[J]. 教师教育研究，2010（2）：44-48.

教师对工作的适应。城乡差异，导致 B 教师在与城区学校教师的相处中产生自卑心理，这是不利于流动教师人格发展的。

第三，学生主动接纳和认可。师生间建立良好的人际关系，既有利于教师的教，也有利于学生的学。城区学生面对从乡村学校流动过来的教师，要尊重其专业能力，在同教师的磨合期中逐渐培养信任感，主动接纳新教师。年轻漂亮的 A 教师流动到城区学校后深得学生喜爱，这让 A 教师初到一个陌生的环境后得到一丝安慰与鼓舞，为她适应新环境的过程增添一丝希望。

第四，学校应建立"一师一徒"制的培养方式，对于乡村流动教师来讲，流动到新学校中，一切都是新的，新的教学环境、教育理念、教学模式等，零散的同事建议也难以使乡村流动教师在短时间内全面了解新学校。"一师一徒"制的培养方式，可以让乡村流动教师快速了解新学校，减少适应过程中的紧张情绪，师徒间建立的信任感也会帮助乡村流动教师打开心扉，融入新的同事关系中。

三、制定科学的管理制度，创设民主的管理机制

学校是教师工作学习的主要场所，学校方方面面的发展都影响着教师。学校管理制度规范着师生的行为要求，过时和存在局限性的制度在一定程度上限制了教师的发展，尤其是流动教师和新入职教师的发展。

1. 制定科学合理的学校管理制度

学者黄济等人认为学校管理指学校管理者在一定社会环境条件下，遵循教育规律，采用一定的手段和措施，带领和引导师生员工，充分利用校内外的资源和条件，有效实现学校工作目标而进行的一种组织活动。[1]但是在现实学校管理中，学校往往因为规章制度不完善，使得管理对象难以信服。管理手段模糊，又导致管理对象难以接受管理。学校教育，与其他相比较，必须重视人的因素，只有做好教师的

---

① 黄济等. 小学教育学[M]. 北京：人民教育出版社，2007.

科学管理，调动其工作积极性，才能使其高效完成教育任务。[①]

调动教师教学工作积极性，制定科学合理的学校管理制度。政府层面应加强对学校工作教育的督导，建立目标责任管理制，联系当地实际情况制定适合学校发展的教育大纲及方针。学校层面，首先要有一个民主的校长。S学校中，C教师对于新学校教师考核制度的不公平现象，向校长大胆建议，最终使学校制定出有利于促进教师发展的考核机制。一个愿意听取一线教师建议和意见的校长，是有利于乡村流动教师及时适应流入学校教学工作、接受流入学校教育理念和管理制度的。其次，学校要依法制订和完善教师考核评价标准。公平公正的考核评价机制有利于增进乡村流动教师教学积极性，使其看到晋升希望，激发工作创造力。最后，学校应建立校内信息公开化综合服务平台。在这个平台上，教师、学生、家长等均可匿名对学校建设和发展提出自己的建议和意见。

2. 合理分配教学任务

学校是一个知识密集型单位，但如何充分发挥每位教师的教学潜能，使学生学习收获达到最大化，这也是每个学校竭力追求的。但学校教学任务分配的不合理，在很大程度上会打击教师教学的主观能动性，长此以往会影响到教师的身心健康，也不利于学生的学习。崔洪艳等学者曾在研究中提道："教师的主观能动性在教学任务合理分配的状态下会得到充分的发挥，有利于人才培养目标的实现。导致教师主观能动性丧失的一个重要的原因即在于为了完成教学计划中的某些课程或内容而生硬地摊派到教师身上，导致教师只是机械性地为了完成教学任务而教学，往往出现事与愿违的结果。"[②]

《师说》中说"闻道有先后，术业有专攻"，然而今天仍有学校依旧存在跨学科教学的现象，忽视学科知识的专业性和独立性，难以做到科学合理地分配教学任务。

① 钱万琼. 浅谈九年一贯制学校的教师管理[J]. 四川教育学院学报，2003（2）：22.
② 崔洪艳等. 职业院校教学任务分配的人性化探讨[J]. 教育教学论坛，2016（30）：261-262.

激发教师教育工作的最大潜能，合理分配教学任务，首先需要政府加大对教师队伍建设的资金投入。在人才建设方面大力支持，使学校引进的人才都是按岗位实际的需要而引进的。其次，流入学校在接收乡村流动教师后，需充分了解每位教师专业特点和学习背景，把每一位教师放到恰当的位置，让其充分发挥其能动性和创造性。[①]充分了解教师专业特长，才可以做到人才资源的合理配置，使其在工作岗位上发挥真正的价值，减少乡村流动教师流动到城区学校后的适应障碍，促进其尽快适应城区学校。最后，乡村流动教师个人对教学任务安排有异议时，应及时向学校反馈，寻找帮助，以便于使自己尽快适应。

制定科学合理的管理制度，创建民主的管理机制，这样才能使乡村流动教师在一个民主的管理机制中乐于从教、安心从教。

---

① 钟旭槐. 创设良好的学校教育环境[J]. 教育导刊，1991（10）：24-27.

专题五

乡村小学教师信息化教学能力发展研究

- 引　言
- C 教师的信息化教学能力发展历程
- 影响 C 教师信息化教学能力发展的原因分析
- 对乡村小学教师信息化教学能力发展的启示

第一节　引　言

一、选题依据

随着科技和社会的发展，人类文明已经进入了高速发展的信息化时代，互联网、网络多媒体技术等现代信息技术对人类社会的发展产生了重大影响。而教育作为一种"有意识的、以影响人的身心发展为直接目标的社会活动"，不仅是信息化传播的重要途径，也是信息化发展的重要渠道，因此教育信息化水平的高低也在一定程度上反映着国家信息化的程度。近年来教育与信息化的关系越来越密切，一方面，教育推动着信息化的发展；另一方面，教育信息化的发展也为当下的教育教学活动创造了更直观方便的教学情境。国家为保障我国信息化教育的普及，加快信息化教育的发展步伐，先后颁布了一系列相关文件，如《关于中小学校园网建设的指导意见》（2001）、《基础教育教学资源元数据规范》（2002）、《视频展示台标准》（2002）、《现代远程教育校外学习中心（点）暂行管理办法》（2003）、《教育管理信息化标准》（2002）、《国家中长期教育改革和发展规划纲要（2010—2020年）》（2010）[①]、《教育信息化十年发展规划（2011—2020）》、《教育管理信息化标准》（2012）等，为国家信息化教育的实施提供了理论指导和实践方向，在很大程度上推动了我国信息化教育的发展，并取得了一定的发展成果。

而对于欠发达的乡村地区，想要阻止贫困现象代际传递，发展乡村教育，让乡村小学生接受到高质量的教育，就要把全面提升乡村教师能力素质放在首要位置，其中更是对教师的信息化设备操作和信息

[①] 中共中央国务院. 国家中长期教育改革和发展规划纲要（2010—2020年）[M]. 北京：人民出版社，2010.

化教学方法使用方面的能力明确提出了要求，《乡村教师支持计划（2015—2020 年）》中提出应全面提升乡村教师的能力素质，要定期对乡村教师进行培训，全面发展和提高乡村教师的信息技术应用能力，积极合理地利用信息技术，使其与教学融合起来，同时也为学校提供必要的信息化专项经费，确保"班班通"的普及，在硬件设备有保障的前提下提升乡村教师的信息化软实力。尽管乡村教育、信息化教学是近几年教育研究界比较关注的话题，但调查和剖析的深度还不够。在信息化时代，乡村小学教师如何通过对教材的合理安排和对教学的有效实施，真正做到将教学和信息化结合起来，这是值得我们深思的问题。2018 年 5 月 31 日，中共中央、国务院印发《乡村振兴战略规划（2018—2022 年）》，文件指出：要发挥科技人才的支撑作用，并且创新培育人才的方式，因此本研究以甘肃省 L 市 Y 县 J 村 M 小学的乡村小学教师 C 为例，通过深入访谈了解其信息化教学能力发展的历程，整理并总结其在信息化教学能力发展过程中的障碍，从而得到一些关于乡村小学教师信息化教学能力发展方面的启示，以期为信息化教学的良好发展提供助力。当下我们必须认识到，信息化设备的普及仅仅是为信息化教学的普及提供了硬件基础，若乡村小学教师自身的信息化教学能力不够，即便硬件条件满足也无助于提升乡村小学生的受教育质量，缩小城乡差距、解决贫困代际传递则更是无从谈起，因此，当务之急是提升乡村小学教师的信息化教学能力。

二、研究目的及意义

1. 研究目的

（1）通过对 C 教师进行访谈和参与式观察，从一定程度上了解 C 教师信息化教学能力的发展情况和存在的问题。

（2）通过分析 C 教师信息化教学能力发展过程中问题的成因，结合访谈和观察结果，得出对乡村小学教师信息化教学能力发展具有普遍适应性的启示。

2. 研究意义

（1）理论意义

我国关于乡村小学教师信息化教学能力发展的研究并不多，准确针对乡村小学教师的研究也屈指可数，多数是对乡村教师进行研究。本叙事研究的对象是甘肃省 L 市 Y 县 J 村 M 小学的乡村小学教师 C，在对 C 教师进行访谈和参与式观察的基础上，通过对 C 教师信息化教学能力的发展阶段及各阶段影响因素的分析，从中得到一些启示，以期丰富乡村小学教师信息化教学能力发展的理论研究，并提升乡村小学教师信息化教学能力的发展效率。

（2）应用价值

本研究主要结合了一些教育学和心理学的相关理论，通过对 C 教师的深度访谈和参与式观察，从其信息化教学态度、信息化设备操作情况和信息化教学方法的发展现状三方面进行访谈和观察，发现对其信息化教学能力发展的影响因素，进行整理分析，得到一些相关启示，有利于乡村小学教师更加全面深入地发展信息化教学能力，争取更加科学地将课堂和信息技术结合起来进行教学，这样能够提高教学效率和质量，也有助于提高学校教师的信息化教学能力，促进教师专业化成长。同时，通过一系列的访谈和参与式观察，从中可以得出一些对乡村小学教师信息化教学能力发展的启示，希望能为发展我国乡村小学教师的信息化教学能力做一点贡献。

三、文献综述

（一）概念界定

1. 信息化

"信息化"（informatization）一词最早起源于 20 世纪 60 年代时一些日本学术文献，首先由日本学者梅棹忠夫提出"情报产业"，当时对"信息化"的理解主要是从产业角度进行描述和界定的。发展至 70 年代，德国、欧共体和联合国教科文组织等国家及组织先后颁布了一系列规划政策，以期更好地将信息技术推广到社会大众中去，这些政策都较为注重信息化基础设施的建设。

发展至今，信息化已经逐渐变成了我们耳熟能详的词，但它准确的定义并非一成不变的，这源于信息化的一个特点：多义性。广义的信息化泛指一切运用到信息技术为人们生活各方面提供信息化便利的资源共享行为。

而本研究的信息化相对狭义，结合研究对象的实际情况，本研究中的信息化专指教育教学中教师对信息化教学的态度、信息化设备的操作和信息化教学方法的使用情况这三方面。

2. 信息化教学

信息化教学，主要指在信息化现代教学理论的指导下，以先进的信息技术为支持，通过信息化的教学手段完成更优质教学的过程。信息化教学以建构主义理论为基础，实施过程以学生为中心，教师只是学习情境的创设者、引导者和组织者，而信息化教学的目标是使整个教学环节实现信息化。

本研究中的信息化教学专指教师的信息化教学态度、信息化设备的操作和信息化教学方法的使用这三个环节。

3. 信息化教学能力发展

信息化教学能力发展，主要指在使用信息化教学模式时教师有关信息化教学各方面能力的发展情况，包括教师在态度理念、教学组织形式、教学内容、教学模式、教学技术等多方面的创新能力和发展意识。教师的信息化教学能力发展具有多元性、动态性、阶段性等特点，包括教学能力、信息设备的操作能力、创新设计能力的发展等。

本研究中的信息化教学能力发展专指教师对信息化教学的态度、信息化设备的操作和信息化教学方法的使用这三方面能力的发展。

4. 乡村小学教师

乡村①，是指主要以从事农业生产和人口分散为特征的广大的乡（镇）、村等行政区域。乡村小学，则是在"乡村"这一概念定位下的欠

---

① 现代汉语词典[M]. 5 版. 北京：商务印书馆，2009：1004.

发达地区，在国家"公办为主、民办为辅"的教育政策下，各种民办和公办的小学。乡村小学教师，就是指在这些学校里教书育人的教师们。

本章提到的乡村小学专指乡村乡镇地区公办的小学，并不涉及乡村民办小学，因而本章所涉及的乡村小学教师指在乡村乡镇地区公办小学中从事教书育人工作的教师。

（二）研究综述

1. 国内研究现状

随着社会和信息技术的发展，国家对教育技术的投入越来越多，对各个学校的教育信息化情况也越来越重视，信息化理念研究在教育领域也逐渐渗透。国内关于乡村小学教师信息化方面的研究寥寥无几，多数是对乡村教师的研究，研究内容主要包括乡村教师信息技术素养、信息化教学能力、信息技术培训这三方面，其中最多的研究集中在乡村教师信息化教学能力方面，对于乡村教师信息化教学能力的研究主要有以下几方面：

（1）有关乡村教师信息化教学能力定义的研究

对于乡村教师信息化教学能力，并没有一个准确的概念界定，各方学者都有自己的看法。

李龙[1]早期在论文中提出教师的信息化教学能力应该包括信息化教学的知识能力、设计教学过程的能力、对信息化设备在教学中的应用能力、评价反思教学过程的能力以及参与相关教学软件开发设计的能力。王卫军[2][3]认为信息化教学能力可以定义为"以促进学生发展为目的，利用信息资源，从事教学活动，完成教学任务的综合能力"。而李娟[4]从教

---

[1] 李龙. 教育技术人才的专业能力结构——五论教育技术学科的理论与实践[J]. 电化教育研究，2005（07）：3-8.

[2] 王卫军. 教师信息化教学能力发展策略研究[J]. 电化教育研究，2012，33（05）：103-109.

[3] 王文君，王卫军. 国际视野下的教师信息化教学能力趋向[J]. 电化教育研究，2012（06）：112-116.

[4] 李娟，张家铭. 甘肃省农村中小学教师信息化教学能力发展策略研究[J]. 电化教育研究，2011（07）：107-111.

师的能力构成角度将教师的信息化教学能力定义为一名教师在适应社会对教师专业化发展的要求时，自身应该具备的信息化教学态度、理念、技能以及实施和研发理论与实践的能力。彭立①则提出：信息化教学中教师应该同时具备"教学能力、信息素养、科研能力和终身学习能力"这四方面的能力素质，而其中信息化教学能力应包括信息化教学的设计、实施和监控这三方面的能力。

还有些学者②③认为，信息化教学能力是指在信息化网络技术以及多媒体计算机技术的结合下，教师将与其相关的信息技术应用到教育教学过程中，并通过这些技术改善教学环境，改革和发展传统的教学模式，在教育教学实践过程中实现信息技术的教育价值的能力。

（2）有关乡村教师信息化教学能力发展影响因素的研究

关于乡村教师信息化教学能力发展的影响因素方面，学者们研究发现，在课堂教学中应用多媒体技术方面有的教师表现得很积极，但在实际应用时会出现很多问题。

主观方面，有的教师自身对信息技术根本不会使用，并且对信息化教学的观念比较落后，安于现状，满足于现有知识与技能水平，对信息化的教学不感兴趣，对现代教学方式视而不见，而且很多教师兼任多科教学而没有条件去提升自身的信息化教学能力④。

客观方面，首先，乡村欠发达地区的资源配置较差，信息较为闭塞，信息化设备设施不完备；其次，乡村学校的教育信息化管理水平落后，虽然近年来在国家支持下，大部分地区安装了信息化设备，但教师十分轻视对信息化设备的应用，所以存在重设备轻使用的问题⑤；

---

① 彭立. 有效教学——信息化教学中的问题与对策 [M]. 长春：东北师范大学出版社，2007：41-43.

② 刘喆，尹睿. 教师信息化教学能力的内涵与提升路径 [J]. 中国教育学刊，2014（10）：31-36.

③ 肖桐，杨磊，易连云. 义务教育阶段教师信息化教学能力的多维测度研究 [J]. 当代教育科学，2016（08）：57-61.

④ 李毅，王钦，吴桐，张晓辉. 中小学信息化教学关键影响因素的多维度比较研究 [J]. 中国电化教育，2017（10）：44-50+95.

⑤ 解帅，赵可云. 西部农村教师信息化教学能力发展影响因素研究——以甘肃省宕昌县为例 [J]. 软件导刊，2015，14（03）：170-172.

最后，乡村教师信息技术素养培训不够，培训重形式而轻内涵，内容过于形式化，并没有什么实用价值，无法应用到日常的教学活动中去，培训结果收效甚微。

（3）有关乡村教师信息化教学能力提升培训情况的研究

关于提升乡村教师信息化教学能力的培训方面，高原[①]通过对哈尔滨的调查提出，在实践过程中应将培训的形式和模式相结合，尽可能地优化培训的组织形式，使培训更有针对性更细化，从而改善培训效果，同时在培训的内容方面应加强信息技术与课程整合方面的培训，重视对教学设计和信息技术的融合，更落到实处地提升教师的信息化教学能力，让培训更有实际效用。

另一些学者[②③④⑤]也通过各自的调查提出了一些策略，总结如下：第一，应明确教师培训的目的，确立重实践的目标，提高时效性。在教师主观方面，应让教师认识到信息化教学能力提升的重要性，从而感受到参加培训的必要性，主动学习；在目标方面，应根据教学的实际情况，综合考虑教学需求，内容重实践，合理化培训内容，让信息化教学能力的培训不再停留于形式，同时也要增加内容的针对性，对相似情况统一安排，进一步提高培训的时效。第二，培训方式多样化。各个教师容易接受的方式不同，因此应在保证相同目标的前提下，提供多种培训方式来满足教师需求，适合的学习方式可以带来高效的学习成果、第三，培训人员、培训条件的优化。选择优秀的、有经验的人员作为培训教师，使接受培训的教师能从培训教师的言传身教中感受到提升信息化教学能力的重要性。同时政府应加大财政投入，改善培训环境，提供良好的

① 高原. 哈尔滨市中小学教师信息技术培训调查研究[J]. 内蒙古民族大学学报（社会科学版），2010，16（01）：83-84.
② 樊文芳. 教育信息化环境下的教师专业发展与培训[M]. 北京：科学出版社，2015：184.
③ 刘璐. 中学教师信息技术应用能力培训现状调查及对策研究[D]. 郑州：河南大学，2016：51-55.
④ 崔婉楠. 农村小学教师信息技术应用能力校本培训研究[D]. 牡丹江：牡丹江师范学院，2017：23-31.
⑤ 王新林，饶志星. 中小学教师信息技术能力培养模式实践研究——以江西省吉安市中小学教师信息技术能力培养为例[J]. 中国电化教育，2015（03）：125-128.

资源保证。第四，建立交流学习的平台。在各个教师接受信息技术学习的同时，建立一个交流讨论的平台，让教师们互相学习，取长补短，更全面地发展。第五，建立合理的评价体系。建立合理、多元的评价体系，这样对参加培训的教师有一定的督促作用，但在评价过程中要注意保证考核的公平公正性，从而激发参加者的学习积极性。

2. 国外研究现状

（1）美国

美国作为世界上信息化教育水平一直处于前列的西方发达国家，对教师的信息化教学能力要求较高，并且已经具备远程教育的环境与所需条件。美国学者在对美国不同州的一些班级进行考察后，从定量的角度提出教学过程中信息技术应用的七大因素[①]："技术方案、领导、与课程一致、专业发展、技术使用、教师对于变化的开放性、教师在校外使用电脑等。"早在 2001 年，美国一些州的教育部门就开始实施《中小学教师一、二级水平技术证书和三级导师水平与管理水平证书标准》，这些证书主要以教育技术证书为主，是教师上岗所必须要获得的教育技术水平证书。而美国更是早在 20 世纪末就提出要加强未来小学教师的专业化学习与培训，以此适应小学教育这个越来越专业化的长期发展过程[②]。在 2008 年，美国教育技术国际协会带头编写了《面向教师的美国国家教育技术标准》，该标准从五个维度对教师的信息技术能力进行了一系列的设计，这五个维度分别为"促进和激励学生的学习和创造性、设计和开发数字时代的学习经验和评估、树立数字时代的工作和学习典范、提高数字化时代公民素养及责任意识、注重专业能力和领导力的发展"。这些要求体现出了美国教育的核心：以学习者为中心。同时美国也鼓励教师之间多进行交流来提升自己的信息化教学能力[③]。

在培训方面，美国主要采用四种培训方式[④]：一是无线网络培训；

① 国外基础教育信息化现状"链接"[J]. 中国教育技术装备，2008（05）：69-71.
② 易红郡. 美国中小学的信息技术教育及其基本经验[J]. 学科教育，2001（03）：45-49.
③ 袁磊，侯晓丹. 美国《AECT 标准（2012 版）》与我国《中小学教师信息技术应用能力标准（试行）》的比较研究[J]. 中国电化教育，2015（5）：20-24.
④ 单新梅. 美国 NETS.T 标准的发展对我国教师教育的启示[J]. 四川教育学院学报，2012（4）：14-15.

214

二是远程学习方式；三是学区与大学合作进行培训；四是通过计算机辅助来进行培训。而为了让教师能积极参加信息化的培训，美国对教师进行免费培训，并针对生活需求发放一些培训补助，并邀请有关名师教授进行培训，以此来提高培训的效果。

（2）英国

张华等研究发现[①]，"在 2002 年英国已经建成了覆盖全国的学习网络平台，它的面向对象不仅是学生，社会各个领域的人都可以选择学习，网络学习平台的资源范围非常广，平台的资源建设是为了满足终身学习的需要而开发的"。其中平台的资源建设有很大部分是由教师来完成的，这一平台受教师、学生、社会各个领域的人欢迎，主要原因就是其先进的硬件设备。而该国中小学教师信息技术在教学中的应用问题被归纳为两个方面[②]：

一是教师本身的原因。其中包括教师对信息技术的爱好与使用的自信心，教师对信息技术所投入的时间，以及有没有充足的时间设计融入了信息技术的教学过程。有些教师习惯于传统教学过程，并不看好也不愿意在教学使用信息技术。

二是外部原因。其中包括信息技术方面的教学资源分配、信息技术能力的培训等，对资源使用的培训不足难以让教师获得足够的信心来优化信息技术在教学中的使用。

而英国的《信息技术应用与学科教学的教师能力标准》中更是指出教师应该将信息技术立足于教师教学的基础上，而不是脱离教育教学来学习信息技术知识。为了实现教育资源的合理配置，英国提出了三条途径：一是质量好的学校带动薄弱学校发展；二是合理分配教育资源，保证教育资源平衡；三是对欠发达地区给予一定的教育资源补偿。

在教师的信息技术培训方面，英国主要有两方面的培训内容：第一，培训学科教师掌握信息技术应用于教学中的能力和信息化教学评

---

① 赵慧臣，张华，文洁. 信息技术与教学深度融合中技术使用问题的哲学分析[J]. 现代教育管理，2014（12）：60-65.

② 王娟娟，徐辉. 国外城乡教育均衡发展的经验及启示[J]. 外国中小学教育，2011（1）：7-12.

价方式；第二，培训学科教师掌握对信息技术理念的理解以及使用的能力。在英国，学者们普遍认为只有教师的信息化素养提高了，才能提高教师对学生信息化素养教学的水平，从而使得全社会的信息化素养有一个全民化的提升。

（3）其他国家

德国、新加坡、韩国、日本等发达国家在教育信息化方面都处于较为先进的水平，信息技术良好地运用到了课堂教学中，并且收到了很多正面的反馈。

各个国家对信息技术融入教育教学都有自己相应的指令或政策，并且投入了大量的资金，而各国共同的特点是都将信息技术的应用作为对教师的明确要求或设立要求确保教师必须达到的考核标准①。

其中，新加坡政府还给每位教师配备了相应的、能应用信息技术进行教学的笔记本电脑,并在20世纪末制定了三期针对教育信息化发展的规划。法国在开设培训时具体详尽地说明了在各个阶段中的要求。日本则采用分层培训的培训模式，先培训骨干教师，再由他们培训其他教师，从而逐层递进让教师们都能得到良好的培训。日本高度重视教育，从三方面对教育资源配置进行合理分配：第一，通过立法进行保障；第二，对校长教师进行轮换制；第三，统一全国教学内容，保证教学质量。

而韩国不但每年会让教师参加岗前培训和在职培训，还会积极开展各类竞赛，为教师们创造信息化素养培养的良性竞争氛围，将其作为聘任、晋升等的判别条件，从而促进了韩国教师信息化素养能力的提高。

3. 研究述评

总的来说，我国对信息化教学能力的含义没有一个标准的界定，各个学者都有自己的理解，对于信息化教学能力的构成方面，各个学者都有不同想法，所以影响信息化教学能力的因素也较为多元化，但总体上都可分为主、客观两个方面，学者们通过研究，从主、客观两

---

① 李立新. 中小学教师信息素养量化评价研究[J]. 电化教育研究，2003（09）：77-80.

个方面都提出了相应的提升策略。不过总体来看，各方研究都比较注重教师自身方面和学校资源配置方面，相对忽视学生在教师使用信息化教学时的配合情况对教师信息化教学能力发展的影响。笔者认为师生的配合对教师信息化能力的发展会有促进或抑制作用，学生积极的配合对教师会有一定的激励作用，从而使得教师更想要提升自身的信息化教学能力。

而西方发达国家的教师专业化发展呈现以下趋势：第一，教师团队越来越向高学历发展，对教师的知识广度要求也变得更高，对其专业素质要求也更加严格。第二，对教师的专业化研究能力培养更加重视，让教师自主探究，处在发展中，从而激发他们的创新能力，让教师团队有一个更好的发展。第三，对教育资源的投入力度更大，信息化的教学设施越来越完善化，加强了学校对教师信息化发展的影响力，为教师创设良好的信息化教育教学环境。

通过对大量文献的阅读发现，不论中外学者，他们对提升乡村教师信息化教学能力的研究主要集中在教师自身对信息化的认识、自身对新型教育方式的接受度和信心、学校设备的投资、学校对教师信息化教学方面的投入和支持等方面，均很少针对乡村小学教师，也不涉及学生在信息化教学中的能动作用对教师信息化教学能力发展的影响。教师施加教育的对象是学生，而学生作为独立的、有自己意识的个体，其对教师的影响是不能忽略不计的。因此本课题以乡村小学教师C为例，试图在总结国内外研究的基础上，结合实地访谈、观察，通过描绘研究对象的心路历程，整理总结出其信息化教学能力的发展过程，找出其中的影响因素并分析其原因，进而获得具有普遍性的乡村小学教师信息化教学能力发展的启示，以期为我国乡村小学教师信息化教学能力的发展提供一条新的思路。

四、理论基础

1. 教师专业发展理论

教师专业发展是指教师作为专业人员，通过不断的学习来提高和发展自身专业思想、理论知识、实践能力等方面的过程，即从新手型教师到专家型教师的一个过程[①]。在此过程中，由于教师是发展中的专业人员，因此相应地，教师专业发展也是一个持续性的、长期的、不断完善的过程，教师信息化教学能力的发展也遵循教师专业发展的各种规律。

第一，教师专业发展理论要求将教师视为一个"专业人员"，具有区别于其他职业的本质属性，以及独特、不可替代的专业特征，例如：劳动的复杂性和创造性、时间上的连续性和空间上的广延性、成果的长期性和实现价值的间接性、自身的主体性和示范性以及劳动方式的个体性和群体性等。

第二，教师专业发展强调发展的主体是教师本人。作为独立个体，教师在自身专业发展过程中遇到的问题及其影响因素有内部因素，也有外部因素，但由于人的主观能动性在学习过程中起关键作用，因此，内部因素更为重要，教师个体的专业发展需要依靠教师自身的主体性才能实现。

第三，教师专业发展具有多样性。教师这个职业劳动的复杂性决定了教师专业发展具有多样性，其内容十分广泛。专业发展内容不仅包括专业知识和专业能力，还包括专业素养、专业道德情感、专业培养、专业认同等各个方面，教师专业发展不只是专业知识与专业能力的发展，也是专业的综合素养的发展。

第四，教师专业发展具有持续性。教师专业发展是一个动态的过程且贯穿教师整个职业生涯。教师的专业发展不是一成不变的，是一个持续发展、持续变化的过程，是一个长期性的活动。不是仅仅通过一段时间的培训就可以达到完全的发展，而是在劳动过程中理论与实际相结合，通过学习理论、进行实践、实践反思、再学习这样的循环往复，不断发现问题、解决问题，从而进行发展，不断完善自我，实现自己的教师专业发展。

第五，教师专业发展有不同的发展阶段。从新手型教师到专家型

[①] 周国韬. 教师专业发展与校本行动研究[M]. 北京：中国轻工业出版社，2010：1-2.

教师，各方学者都肯定了教师专业发展的阶段性。有的学者根据发展过程中关注内容的不同进行划分，有的学者根据职业生涯阶段进行划分，还有的学者根据教师心理发展阶段来划分，等等。虽然划分方式各不相同，但他们的共同点是：都认同教师专业发展是一个从低到高、从模仿他人到创新自己、从生疏到熟悉的过程。

2. 马斯洛需要与自我实现理论

人本主义心理学代表人物美国心理学家马斯洛以性善论、潜能论和动机论为理论基础①，将需要从低级到高级分为生理需要、安全需要、爱和归属感得需要、尊重和自我实现需要这五类。在这从低到高的五个层次中，前四种需要为缺失性的基本需要，类似于人的本能，是基本的生存需要，也是低级需要，而尊重和自我实现需要为存在需要，是最高层次的需要。

一般来说，某一级的需要相对满足后就会向高一级发展，在此发展过程中，人类的各种行为就是追求更高级需要的外在表现。虽然同一时期，一个人可能会有很多种需要，但各时期都会有一种需要占主导地位并决定着人的行为，并且任何一种需要都不会因为发展了更高级的需要而消失，高级的需要得到发展后，低级的需要依旧存在，只是不再对人类的行为起决定性作用。高级需要通过内部因素才能满足，并且是无止境的。因此，当基本需要得到满足后，对基本需要的获得就不再是外在行为表现的驱动力，也就不再具备激励作用。而高级需要则不然，高级需要越得到满足，人类对从事这类工作就越有激情，如此循环往复，不断螺旋式上升，所以高级需要对人类的发展有激励作用，作用时间也是无止境的。

在本章中，教师的信息化教学能力发展也遵循马斯洛的需要与自我实现理论，当教师的传统教学知识储备方面的需求得到满足后，对信息化教学的渴望就会成为教师学习和实践信息化教学的内在驱动力，从而激励教师学习并进一步发展信息化教学能力。当受到外界或

219

① 陈琦，刘儒德. 当代教育心理学[M]. 2版. 北京：北京师范大学出版社，2007：203.

内心的激励时，教师会对信息化教学更富有激情，从而推动教师更加努力地学习信息化教学方面的知识。

3. 建构主义学习理论

皮亚杰是建构主义学习理论的奠基人，建构主义学习理论认为学习是一个意义建构的过程，是学习者通过新旧知识之间的相互作用来形成、丰富、调整、建构自己认知结构的过程[①]。信息化教学就是建立在建构主义理论基础上的一种新型教学模式，建构主义学习理论对信息化教学的实施和教师信息化教学能力的发展都具有指导作用。

建构主义的知识观强调知识的动态性[②]。建构主义的知识观认为，世界中的客观事物都是客观存在的，知识并不是在反映客观现实，而是人们在解释或描述客观世界，是对客观事物的表征。尽管建构主义有多种倾向，但他们都对知识的客观性、可靠性和确定性提出了质疑，认为不同的学习者对知识的理解是多变的，也是会随人们的认识深度不断改变的。

220

建构主义的学习观强调学习的主动建构性、社会互动性和情境性[③]。学习是学习者对知识进行建构的过程，学习不是对知识的转移和传递，而是对知识的概括和重组；学习者也不是被动无意义地接受学习，而是在主动地建构知识并进行自我调节和管理。学习者只有在实际情境中对知识进行应用，才能真正理解和掌握知识，完成知识的建构。同时建构主义的学习观还认为学习共同体内部的互动与合作对知识的建构有很大影响。

建构主义的教学观强调学生经验世界的丰富性和差异性，在教学中不能无视学生已有的知识经验，应该引导学生将新旧知识联系起来，为他们创设理想的学习情境，促进他们知识经验的生长，激发如分析、创新、推断等高级思维活动的出现和发展，并提供学生所

---

① 陈琦，刘儒德. 当代教育心理学[M]. 2版. 北京：北京师范大学出版社，2007.4：185-187.

② 陈琦，刘儒德. 当代教育心理学[M]. 2版. 北京：北京师范大学出版社，2007.4：185-187.

③ 陈琦，刘儒德. 当代教育心理学[M]. 2版. 北京：北京师范大学出版社，2007.4：185-187.

需的各种资源，从而丰富他们的认知结构，培养他们建构、创新和解决问题的能力。

4. 韦纳的归因理论

加利福尼亚大学教授韦纳将一个人成功或失败的知觉归结为能力、努力、工作难度、运气、身心状况和外界环境这六种，将这六大类又分为三个维度：控制点、稳定性、可控性。这六类因素和维度结合起来如表 5.1。[①]

表 5.1　人对成功或失败的六种知觉

六因素	能力高低	努力程度	身心状况	工作难度	运气好坏	外界环境
控制点	内部			外部		
稳定性	稳定的	不稳定的	不稳定的	稳定的	不稳定的	不稳定的
可控性	不可控的	可控的	不可控的	不可控的	不可控的	不可控的

从控制点来说，归因于外部因素时，成功时会产生侥幸心理，同时满意感不高；而失败时则会感到气愤，羞愧感也会减少。归因于内部因素时，成功时会产生自豪感，满意度、信心、动机会提高；而失败时就会产生内疚、羞愧的情绪。

从稳定性来说，归因于稳定因素时，成功时会产生自豪感，提高动机；而失败时会产生绝望的感觉；归因于不稳定因素时，成功会产生侥幸心理，失败则会生气。

从可控性来说，归因于可控因素时，成功时就会更加积极地去争取下一次成功；失败则会更加努力。归因于不可控因素时，成功时不会产生多大的动力去追求下一次成功；而失败会产生绝望的感觉。

在我国传统看法中，努力后成功会愉悦；不努力失败会羞愧；努力后尽管失败也应受到鼓励。同样，在同等努力下，能力低的人应得到更多奖励，所以，能力低却努力的人则会得到最高评价，而能力高不努力

① 韦克难. 管理心理学[M]. 成都：西南财经大学出版社，2001：368.

的人会得到最低评价。因此韦纳强调内部的、稳定的、可控的维度①。

在本章中，教师各个时期对自身信息化教学能力发展情况的归因遵循着韦纳的归因理论，各种情况的归因都影响着教师本身信息化教学能力的发展。

五、研究思路

在确定研究主题后，本研究按"阅读整理文献—拟定研究计划—确定研究对象—编制访谈提纲—实施访谈调查与参与式观察—整合分析访谈、观察资料—总结报告"的流程进行，先对 C 教师的信息化成长历程和信息化教学能力的发展现状进行全面了解，通过了解和观察发现其中存在的问题，分析问题的影响因素，进而陈述从中得到的启示。

六、研究框架

第一部分是绪论，主要由选题依据、研究目的及意义、文献综述、理论基础、研究思路、研究方法几部分组成。选题依据，主要是列举本研究主题的来源、背景以及选择和研究这个题目的原因，在《乡村教师支持计划（2015—2020 年）》的背景下，对乡村小学教师信息化教学能力的研究具有一定的现实意义和应用价值，也具有一定的研究意义。

第二部分是 C 教师的信息化教学能力发展历程，主要根据对 C 教师的访谈记录，按照时间先后顺序，从 C 教师的个人成长自述、观察者的课堂记录以及身边人（包括同事和学生）的他述三方面着手研究。个人自述方面主要从其个人成长经历、初次接触信息化教学、初期使用信息化教学、中期使用信息化教学、后期使用信息化教学几方面描述研究对象的个人内心变化。观察者的课堂记录方面主要通过观摩 C 教师公开课和日常授课两种情境下，对信息化教学的态度、对信息化设备的使用情况及信息化教学方法使用的不同之处并进行记录。身边

---

① 陈琦，刘儒德. 当代教育心理学[M]. 2 版. 北京：北京师范大学出版社，2007：227.

人的他述是通过旁观者对 C 教师关于信息化教学使用过程中表现出的状态的描述。多角度描述研究对象的信息化教学能力发展情况，并揭示出 C 教师信息化教学能力的发展阶段以及影响因素。

第三部分是对影响 C 教师信息化教学能力发展因素的分析。通过对 C 教师信息化教学能力发展情况的描述，分析了影响乡村小学教师信息化教学能力发展的诸多因素，在此基础上从自身因素、外部因素、关键事件、重要影响人四个方面分析影响其发展的原因，进行总结。

第四部分是关于乡村小学教师信息化教学能力发展的启示。通过前几部分对 C 教师信息化教学能力发展的描述，分析因素，找出影响原因，以这些为基础，归纳陈述从中收获的发展乡村小学教师信息化教学能力的启示。

第五部分是结语，总结本篇文章的核心内容。

七、研究方法

1. 文献分析法

对文献资料进行收集、阅读、整理和分析，了解信息化、信息化教学能力、乡村小学教师这些核心概念，了解国内外关于乡村小学教师信息化教学能力发展现状的研究情况，分析取得的成果以及存在的问题。

2. 叙事研究法

叙事研究法是以"质的研究"为方法论，通过解说者对研究对象的访谈和参与式观察，收集资料，对教师的生活故事进行描绘和分析，以故事的形式，从 C 教师的自述、身边人的他述、观察者的观察三个角度对 C 教师的信息化教学能力发展现状、存在问题、影响因素等进行细节描述、事实分析，展现真实的情况。本文就是采用叙事的手法对笔者收集的资料、分析的结果和收获的启示进行描述，将其呈现给读者。

（1）访谈法

访谈法就是通过面对面的交谈，以口头形式，根据被询问者的答复搜集客观的、不带偏见的事实材料，准确地说明样本所要代表的总体的一种方式①。本访谈的对象是 J 村 M 小学的 C 教师以及 C 教师的同事和部分学生。选择 C 教师，主要是因为 C 教师从教时间长，并且做到了无论在传统教学模式还是新型的信息化教学模式的发展历程中都始终保持走在教学质量的前列，因而较为值得单独做叙事研究。访谈 C 教师，是从正面了解她的个人成长经历，通过她的自述，记录其信息化教学能力的发展历程及其中出现过的对其有重要影响的人或事。同时，对 C 教师的同事和学生两方面进行访谈，可从侧面发现 C 教师信息化教学能力发展中真实存在的问题，进而找出影响乡村小学教师信息化教学能力发展的因素，进行分析并陈述从中收获的启示。

（2）观察法

观察法分为广义的观察和科学观察两种，本文所采用的观察法属于科学观察，即研究者按照预定计划限定观察对象范围、条件和方法，有目的、有计划地直接观察自然条件下研究对象的外部表现，搜集事实材料进行分析研究，从而深入认识研究问题。研究者通过观摩 C 教师公开课和日常授课两种情境下的备课和上课过程，观察其信息化教学实施过程，对其信息化教学能力的发展现状进行分析，同时观察其学生的听课情况、学习效果和评价意见等反馈情况，找出问题，并进行记录，再结合访谈情况分析研究，从中得到一些启示。

研究者在访谈过程中，辅之以参与式观察法来弥补访谈的不足，发现更真实的情况，从而得到更加全面的信息。

第二节　C 教师的信息化教学能力发展历程

一、C 教师的成长经历

第一次见 C 教师，是在 M 小学门卫室。进入学校的 C 教师由于一

---

① 裴娣娜. 教育研究方法导论[M]. 合肥：安徽教育出版社，2013：180-184.

位非自己班级女生出现突发状况，对其先进行了一系列处理后，正在询问女生的班主任。见我上前，她一边哄着怀里的女孩，一边带着微笑和疑问看向笔者。笔者说明来意后，她详细描述了如何去校长办公室。在笔者登记时，女孩班主任到达，C 教师便热情地为笔者引路。

通过短暂的交谈，笔者感受到了 C 教师的平易近人与善意亲和。同时，她不时流露出的神情让笔者感到她在教育教学方面是一个有故事的人。因此，在最后确定论文选题后，笔者就想到了 C 教师并联系了她。起初她有点不好意思，认为自己没有什么突出的贡献，在笔者说明自己想法和办公室教师们的鼓励下，C 教师最终同意了。在与 C 教师交谈、观察其教学工作以及浏览其微信朋友圈后，C 教师的形象渐渐清晰起来。

我父亲当兵回来支援大西北，由国家分配进了工厂。母亲贫农出身，我 13 岁那年随我的父亲进城做了家属工。13 岁之前，我们一直跟母亲生活在乡村。父亲年轻时由于家庭经济条件不好，高考后没能继续读书，母亲只念过三年私塾，认得些字。我是他们的第一个孩子，虽然那会儿家里条件不好，但父母都支持我去上学，从小就跟我说知识改变命运。

（摘自 2018 年 9 月 7 日的访谈记录）

C 教师出生在一个平凡的家庭，由于她是父母的第一个孩子，尽管家庭情况不很优渥，但父母都很支持她读书，并寄予厚望。同时，C 教师的父母也会在闲暇时间看书，家里也有藏书，因此，在父母润物细无声的教导下，她自小便懂得读书改变命运的道理。

我们那个年代上学都比较晚，我到八岁才正式开始读小学，读小学时，教师都很严肃，讲课也是一板一眼的，粉笔也都是有数目的，要省着用。虽然一个教师带多个年级多门课，但教师都很认真，我们一个班不到 15 人，一般有两个年级，一二年级一个班，三四年级一个班，五年级单独上课，上课时每个年级讲一半时间，基本上每个学生教师都会亲力亲为。

（摘自 2018 年 9 月 7 日对 C 教师的访谈记录）

C 教师小学是在村小就读，虽然教学环境不佳，但教师们都尽心尽力，认真对待每一位学生，因此 C 教师在父母的熏陶和教师认真负责的教导下，养成了爱钻研的学习习惯，为今后的学习打下了良好的基础。

　　我的初中是在镇上念的，那时我最喜欢的教师就是 Z 教师。她是一个知识渊博却不呆板的教师。初中内容渐难，很多教师都是毕业回原户籍地的，在镇上当教师对他们而言就是混口饭吃，上课根本没有激情。但 Z 教师不一样，她上课常常引经据典，让我们自己思考，在我们提出、回答问题时，并不因为我们的提问或回答不合心意而斥责我们，反而会耐心解释，在课下更是关心我们的生活，是我们课下的好朋友。后来也是受 Z 教师的影响，中考后我报考了一所三年制的师范中专学校，那个时候我就想毕业后做一个像 Z 教师一样的好教师。

　　　　　　　　　（摘自 2018 年 9 月 7 日对 C 教师的访谈记录）

　　从 C 教师的描述中，笔者感受到对于 C 教师而言，Z 教师的出现就像是一抹芬芳的花香飘入了那枯燥无味的校园画卷中，对 C 教师的职业生涯选择与教学方式都起到了很重要的影响。而在中专毕业后，C 教师选择服从学校分配，来到 M 小学担任了数学教师。

　　C 教师 1970 年出生，1990 年参加工作，一直在 M 小学从教，至今已长达 29 年，而 Z 教师作为 C 教师成长过程中的重要影响人，不仅是 C 教师的榜样，也是她的目标。在 Z 教师的影响下，C 教师不仅善于教书，更懂得育人，所带班级不论学习成绩还是班级纪律，一直在村里名列前茅。学生对她更是敬爱而非惧怕，私下学生都亲切地称她"C 妈妈"。C 教师在学生、领导、同事和家长中收获了一致好评。

　　多年的任教经历让 C 教师深切地知道，一个好教师不但要教好学生，更要像学生一样继续学习才跟得上时代的脚步，尤其在变化如此之快的信息化时代。C 教师说：学无止境。因此，C 教师在工作之余，报名参加了本科的函授课程，同时还时常联系发达城市的一些老同学，咨询和学习更先进的现代化教学知识，并将这些知识尽可能地投入自己的课堂中，不断反思和改进自己的课堂教学。我国 2003 年颁布的《乡村中小学现代远程教育工程》(简称农远工程) 强调教育信息化是国家信息化的重要组成部分，而教育信息化的重难点则在乡村。因此为了大力推进教育信息化，国家逐步实施现代远程教育工程。而 C 教师任教的 M 小学响应号召，积极参加教育信息化建设，如今设备齐全，每个班级都配备了多媒体教学一体机，为学校教师的信息化教学提供了良好的硬件保障。

二、C 教师运用信息化教学的个人成长自述

通过各种资料的查阅可以得知，教师的信息化教学能力发展具有动态性和阶段性等特点①，因此笔者按时间顺序将 C 教师的信息化教学发展情况总结如下。

1. 初次感知：魔法般的信息化教学

那时我已经工作了十来年，班里有胶片的小型投影，用黑色水笔在胶片上写字，然后摆在聚光灯下可以投影在黑板上，但是那个很小，一张一般写不了几个题，还不如写在黑板上用完再擦了来得方便。我大城市的同学那会儿给我写信的时候就经常提到"电脑"，说想要知道什么，点一点就能找到，就感觉无所不能，听着特别羡慕。

（摘自 2018 年 9 月 21 日对 C 教师的访谈记录）

从谈话中可以看出，C 教师在 M 小学从教的十几年中，一直采用黑板粉笔的传统教学模式，即便有了胶片式幻灯片，但由于使用不便，用得也不多。而据 C 教师描述，在这十几年的任教过程中，"相同的知识点讲了快 3 个来回，不说倒背如流，却也能信手拈来"，从中不难感受到 C 教师对于日复一日重复相同工作的倦怠感和枯燥感。那时，教育行政部门和学校的理念还没有完全转变，信息化教学设备只在小部分发达地区投入试用，对于 C 教师所处的欠发达城市的乡村来说是遥不可及的。而发展到如今，从信息化设备走进了每一间教室可以看出，教育行政部门对信息化的重视程度影响着各地的信息化教学水平。

---

① 张一春. 教师教育技术能力建构：信息化环境下的教师专业发展[M]. 南京：南京师范大学出版社，2007.

也是那一年，大概是 2005 年，我响应学校号召继续学习，报名参加了本科的函授课程。当时的课程就有计算机课。教师先系统介绍了计算机的发展史，然后描述了计算机能做到的一些情景，结合教师说的和原来同学告诉我的，对计算机这个新事物我越发好奇。最后，在大家的再三恳求下，教师把我们分成几个小组，一组一组带去他的办公室，并为我们简单展示了课堂中讲解的内容。那些图片、文字、声音和视频随着鼠标"咔嗒咔嗒"的声音有条不紊地出现在那四四方方的屏幕上，大家都屏住呼吸，生怕错过了什么。尽管内容还是那些内容，但仿佛吸引人得多，一节课变得生动有趣，连时间都过得快了很多。随后教师还给我们展示了一些信息技术在课堂上使用的照片。那会儿我就觉得用信息化设备上课不但方便，而且直观，如果我的课堂也能用这种教学手段，那不但可以激发学生的学习兴趣，还能培养他们主动学习的习惯。

（摘自 2018 年 9 月 21 日对 C 教师的访谈记录）

2005 年，C 教师参加本科的函授课程时第一次接触到了信息化教学。初次接触让 C 教师不仅初步感受到信息化教学的魅力，对信息化教学产生了浓厚的兴趣，开始积极地自学信息化教学方面的知识，而且还扫清了自己当教师的倦怠感，找到了未来发展的方向。

此时，在信息化教学态度方面，一方面，C 教师亲身感受到了信息化教学的好处，自己作为学生被激发了学习的兴趣和积极性，推己及人，也想到了在自己的课堂上，若是采用信息化教学不仅能有效地激发学生学习的主动积极性，还能将抽象难懂的知识以及一些数学过程的演变清晰直观、生动形象地展现在学生面前，加深学生的理解，让学生不但掌握知识，还能通过了解知识的背景学会应用知识。另一方面，C 教师在接触了信息化教学后，找到了自己今后努力的方向，渴望继续学习并实践信息化教学，所以对信息化教学的理论知识进行了一些自学。她认为信息化教学手段在硬件条件达标的情况下，不仅是为学生营造一个优质的学习氛围，也为自己今后对新型教学模式的应用奠定了良好基础，找准了前进方向。因此，此时 C 教师对信息化教学的态度是肯定且积极的。

在信息化设备操作方面，由于条件的限制，C 教师所在学校和家庭并没有能力配备一台性能良好的计算机供她使用和练习相关操作。

C 教师通过一些书籍也只是了解到了计算机的构成，由于相对复杂、没有实物且 C 教师所学并非计算机专业，所以在自学了一些关于信息化设备的东西后，C 教师发现自己并不能掌握，因此便搁置了关于信息化设备操作方面的学习。此时 C 教师在信息化设备操作方面可以说是"纸上谈兵"。

关于信息化教学方法的使用方面，C 教师自学了不少相关理论，但只要涉及跟着设备操作来实现的方式，C 教师只能依靠想象，无法落到实处。所以，在信息化教学方法的使用方面，C 教师此时的状态是：了解、知道有这种信息化教学方法，但对其内涵、实施方式、各个环节的深意并没有理解，只是学到了这些信息化教学方法的表层。

因此，笔者将此阶段称为 C 教师信息化教学能力发展中的思想准备阶段。

2. 使用初期：纸上得来终觉浅

又过了几年，学校有了多媒体教室，学校鼓励我们用设备上课，所以类似公开课这种展示课都要求我们在多媒体教室上课。刚接到消息时我挺激动的，想到之前的一些想法可以实现，感觉对自己的公开课都变得期待了。公开课时间安排一出，基本每天晚上我都会在办公室制作课件，反复练习。在反复练习的过程中我发现信息化教学看起来很容易，鼠标"咔嗒"就能点出想要的东西，但实际操作起来远比想象的复杂。

（摘自 2018 年 9 月 21 日对 C 教师的访谈记录）

随着信息化的逐渐普及，一方面，M 小学响应"农远工程"等一系列的国家号召建成了多媒体教室，这让 C 教师看到信息化教学在乡村的普及并非遥不可及。另一方面，C 教师在不断自学相关理论知识后，一直盼望的信息化教学终于有了实践机会，虽次数有限，但她热情不减。然而在实践过程中，前一阶段的不足渐渐显现出来。

首先是信息化设备的使用问题，有时键盘鼠标怎么点都没反应，我是个"半吊子"，也找不到原因，只能重启或拔电源，本来就是一边看笔记一边做课件一边试，忘了保存，重启以后就回到原点了，又要重来。还有各种突发状况，制作一个课件真是焦头烂额，想好好学一下吧，但设备不行，也没人教，只好将就。

其次是资源的查找问题，找资源时常出现资源不是想要的或需付费使用的情况，由于操作不熟练，有时付了费却找不到资源，自己独立制作又有太多问题。

最后就是课堂中的使用问题，尽管模拟了一千遍，真到公开课使用时还是问题百出，快捷键总是记不住，所以上课时都会拿着写有操作的笔记本逐步操作。但值得欣慰同时又令人苦恼的是，学生刚接触信息化教学，很激动书本上的知识出现在大屏幕，上课很积极，甚至积极过度，以至于要浪费相较于传统教学更长的时间不断维持纪律，安抚孩子们躁动的心，一节课下来倍感疲惫。每次公开课以后，我都深深感受到"纸上得来终觉浅，绝知此事要躬行"这句话的含义。

（摘自 2018 年 9 月 21 日对 C 教师的访谈记录）

亲身实践后，C 教师感受到理论和实践存在差距，思考过可能是自己对信息化教学的认识有偏差，想探索、弥补自己的不足。同时她又认为其中的原因是实践机会少，因此将"仅有的几次实践结果都差强人意"归因为"纸上得来终觉浅，绝知此事要躬行"——外界环境不佳、实践机会不够这类外部、不稳定、不可控因素，认为"只要机会多、多练习、多使用，就能熟能生巧"。

在此阶段，C 教师对信息化教学的态度较上一阶段更为积极，虽然实践结果差强人意，但她热情不减，更积极地学习相关理论知识，参加相关培训，不懈努力地为每一次可能的实践机会做准备。由于 C 教师将实践结果的差强人意归因为实践机会少，因此，此时 C 教师十分憧憬信息化设备的普及，并在有限的时间里多次抽出时间在设备上实践。此阶段 C 教师对信息化教学的态度仍然是积极向上的。

在信息化设备的操作方面，此阶段 C 教师已不再是"纸上谈兵"了，尽管设备少，但是 C 教师已开始初步进行一些简单的操作来达到教学过程中自己想要的效果。从她的描述中可以看出，C 教师对信息化设备的操作并不熟练，要对照自己的笔记进行操作，同时，在面对设备的突发状况时并不能很好地处理，也没有专业人员解决设备的问题。C教师全依赖着自学的知识在探索研究。此阶段，C教师的信息化设备操作能力较上一阶段有质的飞跃，已从"空谈"转为了"实干"。

对信息化教学方法的使用，C教师只是停留在备课时的搜索资料和授课时的使用信息化设备，对上一阶段笼统学习过的信息化教学方法并不会使用，或者说不知道该在教学过程中的哪个阶段如何使用。因此，C教师的信息化教学依然停留在知道理论这一层。

因此，此阶段笔者称之为C教师信息化教学能力发展中的实践探索阶段。

3. 使用中期：理想和现实的冲突

再往后，学校的信息化设备普及到了每间教室，虽然不像现在这么好，但我很满足了，每个教室都有，我就有很多的实践机会了。我们办公室的老师不是很愿意用，但这是我接触信息化教学以来一直想实现的梦想，所以我兴致高昂地开始了我的信息化教学旅程。每次新授课前我都会熬夜做课件，可能年龄大了，没什么好的创意，课件做的样子很一般，但比原来还是好点了，熟能生巧嘛，也不用拿着本儿看操作了。

（摘自2018年9月21日对C教师的访谈记录）

后期，学校响应国家号召在每个教室都普及信息化设备后，尽管C教师自身对制作课件的想法和创意不够，做出的课件也不够新颖，但仍投入大量时间和精力钻研、实践信息化教学，她认为"熟能生巧"，而且多次使用信息化设备使得她的信息化设备操作能力有所提升。因此她更坚信，只要多实践，信息化教学带给学生的优势是十分可观的。

然而，理想和现实真的差距不小（说到这C教师无奈地笑了一下）。坚持两周后，我发现这样上课教学效果不好，学生作业正确率比以往低了很多，但我学的理论又告诉我信息化教学是优于传统教学的，所以我归因于学生和我都没有适应信息化教学模式。任何事物都需要一个适应的过程，因此我继续坚持信息化教学。

（摘自2018年9月21日对C教师的访谈记录）

在实践过程中，由于 C 教师自身对信息化教学认识的不足，在学生作业质量下降时，她简单地将实施结果的不尽如人意归因于自己和学生对信息化教学这种外界因素（外部的、不稳定的、不可控因素）的不适应，而不是自身信息化教学能力（内部的、稳定的、不可控因素）的不足。因此，犹豫之际她也未减半分热情，坚定地认为多使用就能有收获。谈到对信息化教学方法的使用，C 教师坦言自己比较偏爱情景模拟类的教学方式，而细说之下，又可以明显看出其中的缺陷。

情景模拟类的我觉得很好，给学生创设一个情景或者一个游戏导入，让学生自己去做，但我发现我只能呈现情境作为导入来激发学生兴趣。在激发学生联想和建构认知以及后续的情境操控上，我挺手足无措的，只是抛出一个问题让他们自己做，做好后告知大家答案，想让他们自己找出问题，自己建构新知识。我感觉这里面缺了些什么，但是又找不出，我就想，可能是我还不够适应新式的教学模式，不够放手让学生自主去做。

（摘自 2018 年 9 月 21 日对 C 教师的访谈记录）

可以看出，C 教师仅关注到情景化教学的表面是为学生创设一个情境引入知识，并没有深究情景创设的目的，也没有关注创设的情景是否可操纵、可建构等教学细节，因此 C 教师自身感到若有所失，学生学习也是一知半解，必然导致作业质量下降。

作业质量下降以后，办公室同事们都劝我放弃，我有点动摇，因为效果确实没预期好。另外，那会儿我儿子在市里上高中，教师相比我们又更优秀，他接触的新事物更多，每次我做课件遇到问题就会请教他，想放弃的时候他经常鼓励我。再加上我前期投入了很多，所以也不想放弃，犹豫之后我选择了坚持。就这样大概半学期，迎来了本学期的第一次模拟考。模拟考的成绩像一盆凉水将我信息化教学的热情浇灭了大半。那之前，我的班在村小里排名还算靠前，但那次模拟考却是倒数，班里学生成绩一落千丈，教导主任找我去谈话，让我将重心多放在提高学生成绩上。

（摘自 2018 年 9 月 21 日对 C 教师的访谈记录）

谈到这里时，可以看出 C 教师对信息化教学的态度从积极转变为迷茫。模拟考试学生成绩的一落千丈浇灭了C教师的一腔热情，让她感受到了理想和现实的巨大差距。一方面她迷茫为何在接受了如此先进生动的信息化教学后学生成绩不升反降，另一方面教导主任的一席话让她感受到了来自学校和家长的压力：想要走出乡村，对于这些孩子来说，成绩还是第一位的。由此C教师陷入了坚持信息化教学与专心提升学生成绩的矛盾以及信息化教学究竟好不好的迷茫中。

而此时C教师对信息化设备的操作能力较前一阶段有了明显提高，虽然制作的课件不够新颖精美，但已可以不借助笔记独立操作，制作一份课件的时间也缩短很多,还学会了一些简单的设备故障处理，对信息化设备的操作算是得心应手。

在对信息化教学方法的使用方面，C教师了解其应用过程，但并不能利用这种教学方法熟练地操控和延续学习情境来引导学生建构知识。在实施过程中，不仅C教师自身有迷惑，学生对课堂所学更是似懂非懂，成绩下滑，而在学校的干预下，C教师也停止了情景化学习的实践。

因此，笔者将此阶段称为C教师信息化教学能力发展中的矛盾迷茫阶段。

4. 使用后期：为学校要求而使用

那次之后到现在我也想明白了，信息化教学不仅要求信息化设备这种硬件设施的完备，而且还要求教师信息化教学方法的使用和信息化设备的操作能力。在这些条件都不能满足的情况下，生搬硬套，最多只会是让课堂变得有意思而已，如果运用不当，还会适得其反。至于信息化教学方法，我最多用用近几年比较流行的思维导图，让学生动手画画，情景化教学没人帮助的话我是不敢再用了。

（摘自2018年9月21日对C教师的访谈记录）

讲述到这里可看出，与部分教师相同，C教师在努力尝试过后，看到了理想和现实的冲突，意识到自己之前归因的误区，认识到自己的信息化教学能力还不够强，同时也领悟到，信息化教学的良好实施并不是有了普及的信息化设备这些硬件设施就可以实现的。信息化教学受教师内部因素影响为主，外部因素为辅①，硬件设施的供给是一方面，但更需要教师自身拥有娴熟操作信息化设备进行课堂教学的能力，以及对信息化教学方法的理解和使用信息化教学方法时对课堂的掌控。若在这些条件都不完备的情况下，忽视问题强行在课堂教学中使用信息化教学，最多也只是让课堂变得有趣，若使用不当还可能造成课堂教学的混乱和教学内容的不严谨，使教学效果不增反减。

C教师说道：

现在学校要求上课都要用PPT，不过好在教师用书后面都有光盘，直接复制下来放在电脑上就好，省事又满足要求，不过缺点就是，虽说是信息化教学，但就是把课本原模原样照搬到电脑上，我那会儿学的那些操作也忘差不多了，课件没什么新意和改动，就是响应学校号召走个新教学模式的形式，主要还是以黑板粉笔的讲授式传统教学模式为主，时间紧迫时大概看一遍PPT就行，毕竟也讲了这么多年的内容了（C教师笑道）。

（摘自2018年9月21日对C教师的访谈记录）

可以看出，学校、师生、家长在对信息化教学低满意度和对成绩高要求的同时，又矛盾地希望学生可以接触新型教学模式。因此，C教师也习惯了使用统一的教科书式课件，并简单地将使用信息化设备上课定义为信息化教学，这样既做到了提高学生成绩，又做到了在形式上采用新型教学模式。我们明显可以看出这种美其名曰信息化教学的课堂，实际只是为传统教学披上了信息化教学的外衣，实质未改。

此时，C教师对信息化教学的态度是无所谓的，她也不再执着于深究信息化教学是否等同于用信息化设备上课。一切都以提高学生成绩和应试能力为首要目标，使用信息化设备授课也只是响应学校、国家对新型授课模式形式上的要求，在形式上做到了新型的信息化教学模式。

而在信息化设备的操作方面，由于不常使用，C教师对信息化设备的操作能力较前一阶段有轻微退化，停留在会制作简单的PPT，稍微复杂一点的操作或故障处理也做不到了，仅具备基础的设备操作能力。

---

① 肖桐，杨磊，易连云. 义务教育阶段教师信息化教学能力的多维测度研究[J]. 当代教育科学，2016（08）：57-61.

在信息化教学方法方面，C 教师也不再有更深入的探究，只是按学校要求，简单地将使用设备上课定位为信息化教学，实际只是将信息化教学的使用停留在设备的使用层面，没有将其上升到教学方法上，也没有试图以此来灵活地应用，以求解决教学情境中遇到的问题。偶尔使用的信息化教学方法只是提供一些浅显思维导图，没有探索其中蕴含的信息化内涵，同时她也不再有继续提升的想法和趋势。

笔者将此阶段称为 C 教师信息化教学发展中的最终定型阶段。

三、观察者的课堂实录

从 C 教师的自述中，笔者了解到 C 教师在公开课和日常授课中并不只有一种上课方式，因此，笔者分别观察了 C 教师公开课和日常授课两种情形下备课和授课的教学过程并进行总结。

1. 公开课堂：致细的信息化备课，新颖的信息化教学
（1）大量搜集资料和探讨问题的备课

备课是进行教学环节中最重要的一步，一堂好的课首先依赖于优质的课前准备，备好课不仅是教授一节好课的前奏，也是良好教学成果的保证。

在通知公开课时间后，C 教师常在办公室的计算机上查阅有关公开课内容的资料，包括观摩优秀教师的课堂视频和学习优秀新颖的教案，然后将觉得好的方面吸收进自己的教案和教学过程中。在这次备课时，C 教师花了很多时间和精力在观看优秀授课视频和下载收集整理资料上面，整理过程中还会跟办公室教师和我探讨某环节是否合理，是否能达到想要的教学效果。而在课件方面，C 教师一改常态，不再仅依靠教师用书后的光盘课件，而是一点一点通过搜索资料和自己想要的效果进行制作。在制作的过程中，C 教师会经常问我"这个怎么插入""这个要怎么做才能达到某某效果"，会为了一个小问题认真修改反复实验，与日常备课状态大相径庭，不论是课件还是教学过程，都充满了信息化教学的色彩。在不断修改和反复实验

后，用 C 教师的话就是"这次准备是无愧于心了"，办公室的教师们和我也都非常期待 C 教师精彩的公开课。

（摘自 2018 年 10 月期间对 C 教师的观察记录）

C 教师本身对信息化教学比较感兴趣且愿意实践，但迫于现实的压力和自身信息化教学能力的限制，常选择单一固定的课件上课以节省时间。而公开课对 C 教师来说是个很好的机会，准备一节精彩的课相较准备每节精彩的课容易很多，因此 C 教师可以说是从备课环节就采用了信息化教学的方式，而其中的问题也显而易见。首先，信息化备课在查找资料和课件制作方面都需要大量的时间；其次，信息化的备课对教师信息化教学能力有比较高的要求，掌握不好，要么变成文字的录入，枯燥且无法发挥信息化备课应有的优点，要么变成单纯热闹有趣而无内涵的课件展示。因此，一般只有在一学期一次的公开课或参加比赛时，C 教师才会选择信息化备课。

（2）情境创设的授课和贯穿德育的知识学习

上课，是教学过程、课程实施的一种呈现形式[①]，是一个以师生交往为背景、沟通交流为主要手段、"促进学生身心发展、追求与实现价值目标"的特殊认识过程[②]。

有幸观摩了 C 教师准备很久的公开课，这节公开课的内容为新课——《平行四边形的面积计算》。

本节课的教学目标分三个方面：第一，知识与技能目标：让学生通过自主探索和动手操作得出平行四边形的面积计算公式；第二，过程与方法目标：让学生通过动手操作、比较推导出面积公式，发展小学生思维的灵活性和空间观念；第三，情感态度价值观目标：培养学生的动手操作、分析抽象和解决实际问题的能力，感受数学的生活性，培养数学应用意识。本节课重难点在于让学生学会平行四边形面积的推导过程和计算公式，并学会使用。

师：（出示校园的情境图）图片是哪里？（生：校园）对，是我们

[①] 全国十二所重点师范大学联合编写. 教育学基础[M]. 2 版. 北京：教育科学出版社，2008：173.

[②] 王道俊，郭文安. 教育学[M]. 北京：人民教育出版社，2009：181.

同学们每天学习和生活的地方。（然后点开其中的一块草坪，放大显示）老师现在想要测量学校校园里的一块草地，这是什么形状的？如何计算面积？

图 5.1　对 C 老师公开课 PPT 的截图（1）

生 1：长方形。

生 2：长方形的面积=长 x 宽。（板书：长方形的面积=长 x 宽）

师：大家对学过的知识都记得很牢固，那么知道了长方形的面积计算，我们可以以此类推求出其他平面图形的面积，下面这块草地是什么图形呢？面积怎么求？

图 5.2　对 C 老师公开课 PPT 的截图（2）

生 1：平行四边形。

生 2：边×边。

生 3：底×高。（指出底和高）

师：那么两种算法哪种才是正确的呢？（展示 PPT 方格）我们来数一数这两个图形，看面积是不是一样大呢？先数整格的，一格表示一平方米，不满一格按半格算，数一数。（学生数过后都是 24 格，就是 24 平方米）

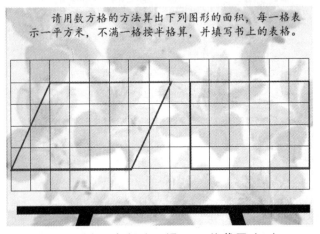

图 5.3　对 C 老师公开课 PPT 的截图（3）

师：那同学们能不能把一个平行四边形转化成一个长方形呢？

生 1：可以把左边移到右边。

生 2：可以剪下来拼过去。

师：好，那同学们拿出昨晚准备好的学具平行四边形纸片来剪一剪、拼一拼，前后四人一小组讨论 5 分钟，稍后派代表来说明你们组的讨论结果。（学生动手剪、拼，教师巡视）

师：老师看到同学们都讨论好了，哪位同学来总结一下你们组的讨论结果和刚刚裁剪过程中发现的问题？

生 1：剪歪就拼不成长方形了。

生 2：必须要沿着高剪。

师：同学们看大屏幕。（展示平行四边形的裁剪和拼接过程，动态展示并提问、讲解、总结长方形的面积、长、宽与平行四边形的面积、底、高之间的关系）

图 5.4　C 老师公开课平行四边形转化为长方形的动图截图

　　教师回到校园情境图，点开平行四边形的花坛（平行四边形中有一个黑色的东西），进行巩固练习，提问总结本节课知识点。

　　师：有同学看到老师的花坛上有个黑色的东西，问我这是什么，这啊，是今早老师看到花坛中的垃圾。校园是我们的家，我们大家要爱护我们的校园环境，不能——（生：不能随手乱扔垃圾）对，不仅是对我们的校园，对我们所经过的每一处都要像爱护我们的家一样爱护。同学们回家后把这节课你学到的内容制作成一个思维导图。赠人玫瑰——（生：手有余香）对，制作以后，我们在明天的课上跟同学们一起分享吧！

239

（摘自 2018 年 10 月 23 日对 C 教师教学的观察记录）

　　在公开课上，C 教师主要将信息化教学应用在教学的情境导入、教学内容的呈现、巩固练习和课后作业中。课堂上，C 教师主要是利用信息化教学的情境创设法进行导入，以身边的事物为例，吸引了学生的注意力。在讲授新课时，她制作了平行四边形转化为长方形的动态过程，让课堂变得生动，也调动了学生学习兴趣。而巩固练习中延续导入时的情境，使得情境与学生的思路都变得连贯起来，并顺其自然地做出了相应的小结。最后在课后作业部分，C 教师引导学生用思维导图的方式总结这节课内容。在整个教学过程中，C 教师还穿插了德育教育活动。美中不足的是，C 教师并未将信息化教学融入学生的交流活动中，整个课堂还是以传统的教师讲为主。学生虽参与了整节课，但参与方式仍是传统教学的视、听、做，信息化教学手段变成了辅助传统教学的机器。因此，总的来说，C 教师在课堂教学中使用了两种信息化教学方法，对信息化设备的操作也较熟练，但学生对于信息化教学的参与度不够，师生之间的配合并未以信息化教学为媒介。

2. 日常课堂：信息化的外衣，传统教学的内里

（1）复制课件的浏览式备课

日常教学活动中，C 教师还是会用信息化设备上课，但日常所用课件已不再自己制作了，主要是将教师用书后光盘上的课件拷贝到电脑上，再放进 U 盘去教室使用，C 教师常打开光盘的课件备课。

光盘中的课件多是课本的录入，与其说是课件，不如说是电子课本，课件一般以概念、定理、练习题这种文字性内容为主，基本没有图片和动画，有时学校工作重，C 教师会直接拿着课件去上课，一边临时看课件一边上课。在日常授课时，C 教师备课时并没有充分发挥信息化的作用。

（摘自 2018 年 10 月期间对 C 教师的观察记录）

笔者在观察到这点过后，对 C 教师就是否用信息化手段备课问题进行了访谈。

现在我不像以前那样执着于信息化备课和课件制作了，而更注重学生成绩和应试能力。虽然我知道信息化教学能更好地开发学生各方面能力，但我的信息化教学能力有限，到目前为止，也最多是使用信息化设备让课堂有趣些。既然如此，我觉得还是把精力放在提高学生成绩上，继续选择传统教学模式教学，解决好当下的问题更为重要，毕竟我们乡里还是把学生成绩和升学率看得更重要，所以我选择把时间花费在如何提高学生成绩上，争取让他们把知识学透比较好。我现在更多是把时间用在辅导和培养学生应用知识的能力和良好的学习习惯上，不会再像原来一样扎在搜集资料备课和制作课件上面了。

（摘自 2018 年 10 月 26 日对 C 教师的访谈记录）

在日常备课中，C 教师对信息化设备的使用极少，首先因为年龄关系，所以 C 教师没有更多的时间和精力每节课都自己制作像公开课一样的课件；其次，C 教师虽然采用信息化设备备课，但只是将教师用书后的课件复制到计算机上，外加一些课本知识的简单文字录入；最后，C 教师意识到在乡村地区，学生成绩更为重要，因此还是以传

统教学的模式为主，PPT 只用简单的、现有的作为辅助工具，信息化教学方法并未贯彻到备课中，而信息化备课也没有得到良好利用，同样也无法发挥其应有的作用。

（2）习题堆砌的上课

C 教师日常上课，都会使用教师用书后光盘中的课件。用同样的公开课课件，C 教师在另外一个班也进行过新授课。

课上，C 教师并未创设情境导入，在复习过上节课知识后，跳过创设情境的导入图片，直接展示方格图让学生数，在数过后直接动图告知学生平行四边形可以转化为长方形，让学生自己观察探究的时间很短，也没有让学生自己动手裁剪和拼接。而在学生说出一点想法后，C 教师会立即出示平行四边形与长方形面积的关系，然后直接进入练习环节，进行了很多平行四边形题目的练习。完成 PPT 上的练习之后布置了课堂作业，让学生自己通过作业再次进行练习巩固，课后作业也没有思维导图的制作，只是布置做练习册。C 教师在这个班的课堂教学明显活跃度不如公开课，学生反应也不如公开课。与日常上课时，教师用光盘中的课件相比，学生学习情况并无明显差别。

241

（摘自 2018 年 10 月 23 日对 C 教师的观察记录）

可以看出，同样的课件，教师授课方式不同，教学效果也是不同的；而不同的课件，教师用相同的授课方式，教学效果的差别却很小。因此，信息化教学并不仅仅指多媒体课件，更是对多媒体课件的良好应用。如果空有好的课件而没有好的信息化教学方法，信息化教学也无法发挥应有的作用，也就与传统教学没有差别，信息化设备就只是呈现课本的工具，学生也无法参与进信息化教学，依然是传统教学下应试教育的学习方式。笔者在实施参与式观察后发现，日常课堂中，C 教师并没有发挥信息化教学的作用，只是使用课件，进行的仅是形式化的信息化教学，内里仍然是传统教学。

四、身边人的他述

经过对 C 教师课堂的参与式观察与访谈，为更全面了解 C 教师信息化教学的情况，笔者分别对 C 教师办公室的同事以及 C 教师目前所带班级的学生进行了访谈。

1. 同事对 C 教师的他述

笔者分别从 C 教师"信息化活动""信息化作业的布置与辅导""信息化备课"等方面对 C 教师办公室的同事进行了简短的访谈：

C 教师和我们已经一起工作好多年了，最早就是她先对信息化的东西感兴趣，现在因为时间不多，所以我们都一样用教师用书后的课件。平时作业方面，都是卷子、练习册。一方面我们乡里不是家家都有计算机，所以信息化的作业没布置过；另一方面，成绩还是比较重要的，像实践活动更是能少则少，我们学校的活动也就是全校对成绩优秀的学生进行表彰大会，偶尔搞个演讲比赛。像用到计算机，最多的就是上网找找别人的考试卷子给学生做。

C 教师课间会在办公室给作业或成绩落后的学生补课，也有学生问问题，不过她没用过信息化的方式对学生进行辅导。现在每个班都有个微信群，我们也就用于群发作业。

只有像公开课或者要参加比赛时，C 教师才会天天"霸占"办公室电脑，搜索资源备课。能感受到 C 教师其实是心有余而力不足，她很想像每次视频里的优秀教师一样，熟练自如地使用信息化教学，自己闲下来也会坐在电脑旁边看一些信息化教学的课程，但很少见到她实践，她的理论知识应该是我们这些人里最好的了。

（摘自 2018 年 11 月 12 日对 C 教师同事的访谈记录）

从 C 教师同事口中了解到，C 教师对学生布置作业依然是传统教学模式下的练习，而课下辅导也没有与信息化结合，只是将课堂内容巩固，以此来增加学生熟练度，以便提高成绩。而 C 教师本身对信息化教学的态度是很感兴趣也愿意学习的，但迫于学校和社会对学生成绩的要求，C 教师对信息化设备的操作和信息化教学方法的使用都停留在理论上，并没有深入实践。

2. 学生对 C 教师的他述

C 教师每天上课都会用课件，就是跟书一样，图没变化，也几乎没视频，有时有的小视频很僵硬，也都是教师用书后面带的，视频很没意思，有时还会播放不出来。这时 C 教师会口述视频内容让大家自行想象，大部分时间是做练习题。

如果在使用课件时电脑有问题的话，C 教师点几下没用的话，就不用了，直接打开课本继续教学，在我们做题的时候重启电脑或者拔电源。

有时在提问环节，我们对课件上的东西进行提问时，C 教师会停在提问页简单口述讲解，大体都是以书上内容为主，没啥书外的，C 教师不会做在课件里，但会在讲到时随口提一句。

公开课时 C 教师就像换了个人一样，PPT 比平时好看，有很多书上没有的，特别吸引人，上课时对 PPT 的使用也比平常更频繁，虽然更多的还是讲，但我们都更喜欢公开课。

（摘自 2018 年 11 月 12 日对 C 教师学生的访谈记录）

通过 C 教师学生对 C 教师日常使用信息化教学的描述可知，C 教师在日常授课时对信息化教学的使用只是对信息化设备的使用，仅在表面符合新时代要求的新型教学模式，实际仍是传统教学模式，讲授灌输占主导，所谓的信息化教学，多媒体发挥的只是课本投影的效果，没有起到应有的作用。

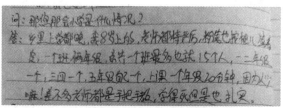

图 5.5　对 C 教师的访谈记录（1）

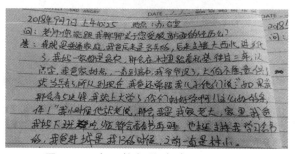

图 5.6　对 C 教师的访谈记录（2）

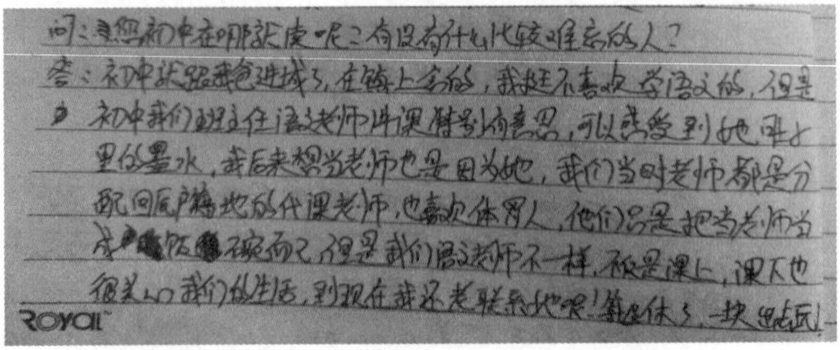

图 5.7　对 C 教师的访谈记录（3）

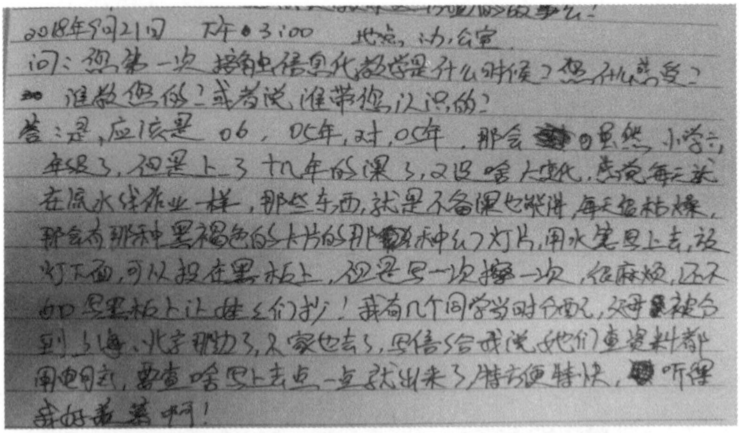

图 5.8　对 C 教师的访谈记录（4）

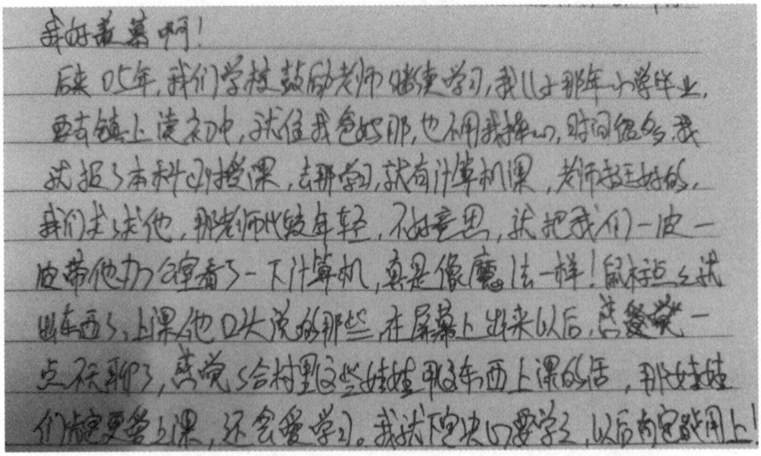

244

图 5.9　对 C 教师的访谈记录（5）

第三节 影响 C 教师信息化教学能力发展的原因分析

一、教师的态度方法

由教师专业发展理论可知，教师是发展中的"专业人员"，教师专业发展强调本人为主体，教师信息化教学能力发展的主体也是教师本人，教师自身的主观能动性对信息化教学能力的发展起关键作用，是教师信息化教学能力发展的内在动力。同时，教师专业发展的持续性决定了教师信息化教学能力的发展也是一个持续发展不断变化的长期活动，通过学习、实践、再学习这种循环往复的过程，持续进步，循序渐进地实现自身信息化教学能力的发展。因此，教师专业发展的主体是教师本人和发展具有持续性这两方面，决定了教师信息化教学能力的发展与其自身有密切关系。

教师信息化教学能力的发展主要包括对信息化教学的态度、信息化设备的操作和信息化教学方法的使用能力。信息化教学态度主要指教师对信息化教学支持、积极与否，对信息化设备的操作主要指对信息化设备硬件状况的处理和软件的使用，信息化教学方法的使用主要指上课模式是不是新型的、信息化的、充分发挥学生潜力的教学模式，这三点都影响着教师信息化教学能力的发展。

首先，当 C 教师处于信息化教学的思想准备阶段时，初次接触就对其产生了浓厚的兴趣，并期待将其应用于自己的课堂教学中，希望"有一天在这个大山里也能让学生们感受到发达城市的教学氛围"。根据马斯洛的需要与自我实现理论[①]可以看出，此时 C 教师对传统知识教学方面的需求已相对满足，她开始主动向高一级发展，对信息化教学的渴望成为 C 教师自学信息化教学方面知识的内在驱动力，激励着

---

① 陈琦，刘儒德. 当代教育心理学[M]. 2 版. 北京：北京师范大学出版社，2007：203.

她学习。此时 C 教师积极自学，渴望实践，尽管没有硬件条件，但并没有打击她对信息化教学的积极性。因此，在思想准备阶段，C 教师对信息化教学的态度是肯定、积极且期待的，并意识到这种教学方式的优点，认为采用信息化教学"不但可以激发学生的学习兴趣，还能培养他们主动学习的习惯"。但由于她只是初次接触，因此她虽认识到信息化教学的优点，但也仅是认识到其优点。由于条件限制，C 教师对信息化设备的操作和信息化教学方法的使用并未落到实处，此时她的信息化教学能力发展情况为：只具备好的信息化教学态度。

其次，当 C 教师处于信息化教学的实践探索阶段时，是她的实践初期。每次公开课她"都积极参加认真准备，很珍惜每次机会"。C 教师珍惜一切可用机会学习和实践信息化教学，用热情和向往的态度面对信息化教学，"仅有的几次实践结果都只是差强人意"让 C 教师一方面模糊地认识到可能是自己对信息化教学的认识不完整，但另一方面又认为不完整的原因是练习不够，因此将其片面地归因为"纸上得来终觉浅，绝知此事要躬行"——外界环境不佳、自己实践次数不多这类外部、不稳定、不可控因素，认为"只要机会多、多练习、多使用，熟能生巧"。建构主义学习观强调学习者要不断思考，将新旧知识建立有机联系并进行反思性推敲和检验[①]。可以看出，尽管 C 教师模糊地认识到是自身的不足，产生过疑问，但并未对传统教学和信息化教学这两种不同的教学方式进行过反思性的推敲，也没有进一步思考来为它们建立有机联系从而发展自己的信息化教学能力，只简单地归因于外部环境。自然，她对信息化教学产生的疑问也随这种归因一起无疾而终了。当学校有了信息化基础设备，C 教师想在有限的机会里提升对信息化设备的操作能力，但一方面由于自身年龄的增长，知识存储和记忆能力下降，对新知识的接受能力也随之下降，因此对一些信息化设备的操作接受度和学习的效率不高；另一方面，由于学校仅有基础设备，无人指导，并没有专业人员为 C 教师解惑，因此 C 教师对信息化设备的操作能力为：具备最基础的开关机和对办公软件的简

① 陈琦，刘儒德. 当代教育心理学[M]. 2 版. 北京：北京师范大学出版社，2007：186.

易使用，掌握最基础的操作。而在信息化教学方法的使用上，此阶段C教师简单地将信息化教学方法等同于使用信息化设备备课和授课。此时C教师的信息化教学能力发展到具备良好的信息化教学态度、基础的信息化设备操作能力和停留在表面理解的信息化教学方法使用。

再后来，C教师经历了信息化教学发展中的矛盾迷茫阶段，这是C教师的实践中期。起初她跃跃欲试，以最饱满的态度迎接新时代的信息化教学模式，频繁的实践过后"发现这样上课教学效果不好，学生作业比以往正确率低了很多"。短暂的反思、怀疑、矛盾和犹豫过后，C教师认为自己"学过的理论中信息化教学是优于传统教学的"，所以将这种现象归因于学生和自己"都没有适应信息化教学模式"。此时C教师使用信息化教学已出现问题，但她选择视而不见继续坚持，这样的做法违反了建构主义的教学观。建构主义的教学观强调不能忽视学生已有的知识经验，应引导学生建构新旧知识的联系，而C教师忽视学生在信息化教学和传统教学这二者之间转变的情感体验，没有引导他们在信息化教学这种新知识和传统教学这种旧知识二者之间建立联系，反而将其割裂开来，缺乏一个合理的过渡。同时C教师对信息化教学方法的使用上也是一知半解，两方面的认识不足使得教学效果不理想，导致模拟考试"班里学生成绩一落千丈"。这时，C教师才不得不正视那些忽视的问题，反思自己信息化教学中出现的问题。一系列心理斗争后，C教师的信息化教学态度由矛盾后的坚持转变为迷茫，虽然实践结果不如人意，但在此期间C教师的信息化设备操作能力却有所提升，已经可以熟练基础操作，并可以进行一些办公软件的复杂使用，明显高于前一阶段。在信息化教学方法的使用方面，C教师学习了很多相关理论，但都停留在表面，没有达到深层次的理解，也没有人指导她使用，因此可以概括为：有心无力。此时C教师的信息化教学能力发展情况为：迷茫的态度、熟练的基础操作和信息化教学方法使用上的有心无力。

发展至今，C教师的信息化教学停留在了最终定型阶段，即她的实践后期。通过对C教师的访谈辅之以课堂观察可以发现，C教师不再热情洋溢地对待信息化教学，只是把它当作学校的要求，只在公开课期间才激发出原来对信息化教学的热情。此时，她对信息化教学的认识转变为传统教学的华丽外衣，也不再有兴趣钻研和实践信息化教学方法，一切以提高学生成绩、培养学生应试能力为宗旨，课件只是为传统教学节省时间而存在。在此阶段，C 教师的态度不算消极，属于漠不关心的情况，对 C 教师来说信息化教学只是"形式上一种可有可无的东西而已"，而 C 教师对信息化教学的认识却上了一个新的台阶，对中期实施结果的不理想也进行了正确的归因，明白了信息化教学不仅是"信息化设备这种硬件设施的完备"，教师也需要一定的"信息化教学方法的使用和信息化设备的操作能力"，而自己当前处于"这些条件都不能满足的情况下"，坚持使用信息化教学反而事与愿违。根据马斯洛需要与自我实现理论可以看出，由于对信息化教学这种需要长期得不到满足，C 教师对使用信息化教学进行课堂教学这项工作的激情逐渐淡化，因此她信息化教学能力的发展也停滞不前。而信息化设备的操作方面较前一阶段有明显退化，继续发展也会很困难。此时C 教师的信息化教学能力发展情况为：漠不关心的态度、退化的操作和形式化的信息化教学方法使用。

综上可知，C 教师自身对信息化教学的态度并不消极，她乐于学习且想要实践，但自身信息化教学方法的使用情况与理论学习情况并不匹配，空有理论而没有实践能力无法发挥信息化教学的优势。同样，实践能力很强却没有可以支撑的理论基础，也无法将信息化完美地应用到教学中。在信息技术与学科教学深度整合的背景下，教师专业发展提出教师要更新自身的认识观念并不断提高自身在信息化教育教学能力方面的知识掌握度、技能熟练度以及创新能力。C 教师的信息化教学能力发展历程中，她在对待信息化教学的态度方面、对信息化设备的使用和掌握情况方面的发展都符合信息化背景下教师专业发展的新要求。但是在创新能力方面，从 C 教师的自述和课堂教学情况可以明显看出，C 教师的创新能力受到了自身（年龄）和地域环境（乡村小学）很大的限制。对 C 教师来说，她的信息化教学能力发展情况一定程度上符合新模式下教师专业发展对教师提出的相关要求。通过 C 教师的发展情况可以看出，对于教师自身来说，对信息化教学的态度、信息化设备的操作和信息化教学方法的使用都是影响教师信息化教学能力发展的内部因素。

二、学校的支持力度

教师在学校从教，学校对教师使用信息化手段教学的态度影响着教师对信息化教学使用的情况，进而影响教师信息化教学能力的发展。通过对 M 小学的实地考察，笔者发现，M 小学在硬件方面已达标，每个班都配备了多媒体教学一体机，为教师开展信息化教学提供了必要的硬件保障。区别于城市小学的是，乡村小学校方虽然也支持教师使用信息化教学，但这种支持建立在学生成绩得到保障的情况下，当信息化教学的发展与学生成绩的提高发生冲突时，学校会优先考虑学生成绩。

同时，古语有云"近朱者赤，近墨者黑"，这可以看出环境对一个人的影响。教师开展信息化教学也是如此。作为教师，在受到学校、家长、社会各方压力的情况下，一起工作的伙伴都对信息化教学持无所谓的态度，环境里充斥着消极懈怠的氛围，长期处于这种氛围足够悄无声息地影响和动摇教师对信息化教学的坚持。从建构主义学习观的角度来说，周围同事的不理解和消极态度使 C 教师在提高信息化教学能力时没有与之一起沟通交流、分享资源、共同发展的学习共同体，而学习共同体之间的协商、互动和协作[①]对知识的建构有着重要的影响，因此她的学习缺乏社会互动性，信息化教学能力也很难有发展空间和发展可能性。由此可见，教师对信息化教学交流氛围的懈怠感也影响着教师信息化教学能力的发展。C 教师在努力尝试并投入大量时间和精力实践信息化教学时，她的同事并不能理解，都认为学校虽然提倡信息化教学，但更看重学生成绩，所以"把学校任务完成就行了"，C 教师的做法在他们看来只是在"浪费时间"，同时以自己"岁数都大了"为借口，在劝服自己的同时也动摇着 C 教师对信息化教学的执着。

---

① 陈琦，刘儒德. 当代教育心理学[M]. 2 版. 北京：北京师范大学出版社，2007：186.

而在了解了 C 教师办公室的情况后，笔者也去了其他教师的办公室，了解到并不只是 C 教师办公室，其他教师的办公室也都存在这种比较消极懈怠思想。在学校对成绩的要求下，教师们都是本着"混一天是一天""成绩至上"的想法进行教学，在这样的氛围下，不仅是 C 教师，任何教师都会随波逐流，渐渐忘记初衷，因此学校氛围的消极懈怠是影响教师信息化教学能力发展的外部因素之一。

尽管学校更重视学生的成绩，但依然会对教师定期进行信息化教学的培训，而培训也是提高教师信息化教学能力很重要的方式。通过对 M 小学的实地调查，笔者了解到该校主要采取集中去培训基地的方式进行培训，但从结果来看，培训效果显然不佳。

第一，M 小学的培训是集中培训，内容不具有针对性，较为忽视教师的个体差异性。每个教师已有的信息化教学能力高低都是不同的，因此培训应针对教师的实际情况和需求来制定内容。同时每个教师容易接受的学习方式是不同的，所以应选择适合教师的方式进行培训。在谈到培训内容时，C 教师说道：

> 培训一般都是讲设备的操作，并没有涉及怎么将信息化的东西和学科整合起来，设备的操作学过就忘，所以我记了一个笔记本的操作方式，然而用的时候并没有感觉与培训前有什么差别。

（摘自 2018 年 11 月 12 日对 C 教师的访谈记录）

可以看出，M 小学信息化教学的培训将其简单粗暴地等同于对信息化操作的培训，不结合情境和教学，单纯地培训信息化操作能力，教师不但提高不了信息化教学能力，枯燥冗长的操作培训有时还可能让培训效果适得其反。

第二，M 小学的培训过于形式化。据 C 教师描述，培训一般没有什么实质性的东西。

> 培训以后，培训的内容都记在本子上，就会发现跟以前记的没什么区别，但年年都有培训要参加，就是走个形式，表示学校响应了国家政策的号召，没学到什么有价值的东西。

（摘自 2018 年 11 月 12 日对 C 教师的访谈记录）

而且在教授过程中，并没有实践环节，所以理论知识只是一些存在于笔记本上的文字而已。建构主义的学习观[①]指出，学习应该与情景化的社会实践活动相结合，而非传统教学中认为的那样，习得的知识可以自然迁移到各种情境中。情境是不断变化的，抽象的学习并不能适应各种具体情境的变化，而 M 小学的培训脱离了实践情境，只是抽象的知识符号供教师们学习，这违背了建构主义学习观中情境性的要求，因此培训效果不尽如人意，教师的信息化教学能力也得不到发展。

第三，对于培训结果，M 小学并没有进行检测或基础应用的考察，只是为了培训而开展培训。想要提高教师的信息化教学能力就必须重视这一点，适当的压力才会有学习的动力。M 小学对培训的考察停留在出勤率和上课记录的上交，并没有重视培训后实际实践结果的检测，也没有合理的奖惩制度来激励教师对信息化教学的学习，因此在教师看来培训只是"一群同事免费出去旅游"而已。

综上所述，可以发现 M 小学在信息化教学培训方面做得还远远不够，信息化教学培训流于形式，同时教师对信息化培训的积极性也不高，因此，培训结果自然不尽如人意。

而基于 M 小学是乡村小学的背景，学生要走出大山，学习成绩是第一要务，在学习成绩面前，不论学校有多支持信息化教学，当信息化教学与学生成绩发生冲突时，最优化的教学模式依然是传统教学，M 小学依然本着成绩第一的教学目标，所以学生成绩也是影响教师信息化教学能力发展的因素之一。

毕竟，评价一个学校的好坏，家长和社会的关注点还是学校学生的成绩，如果成绩不好，就没有生源，学校就无法存在了。

（摘自 2018 年 9 月 21 日对 C 教师的访谈记录）

三、师生之间的配合

教师施教的对象是学生，学生对教师使用信息化教学的课堂反馈情况直接影响着信息化教学的效果，由此影响教师对使用信息化教学

[①] 陈琦，刘儒德. 当代教育心理学[M]. 2 版. 北京：北京师范大学出版社，2007：186.

的信心和实践频率，从而进一步影响教师信息化教学能力的发展。因此，学生是否接受信息化教学的课堂反馈情况对教师也有很强的导向作用。

据 C 教师所说，她所带的学生，刚开始对信息化教学都很感兴趣，上课只要看到教师打开多媒体设备，教室就开始充满了欢呼声。小学的学生容易受外界的影响，所以最开始每次使用信息化教学总要花费不少时间让学生冷静下来。

刚开始我对他们这种情况觉得很开心，因为他们积极，我就感觉自己努力学习信息化教学的知识、熬夜做课件都是值得的，学生的学习兴趣高涨，我上课也上得有激情。

（摘自 2018 年 11 月 13 日对 C 教师的访谈记录）

随着教学导入的结束、新授内容的正式开始，学生已对多媒体课件有趣的外表失去了新鲜感，随之而来的是躁动的情绪和"开小差"的现象，整堂课都需要不停地提醒学生集中注意力，导致浪费时间的同时，学生还没有掌握应有的知识和技能，继而作业出现问题，久而久之成绩也一落千丈。而询问学生的感觉时，学生答道：

有很多图片。教师的 PPT 挺好看的。那个动画太好笑了吧。教师点那个的时候会动好神奇。

（摘自 2018 年 11 月 12 日对 C 教师学生的访谈记录）

学生的注意力几乎完全被课件中的图片、声音、视频和 PPT 的动画效果这些外表的东西所吸引，当询问到"你觉得 PPT 如果没有这些好看的东西，你还喜欢 C 教师用多媒体课件上课吗？"时，学生的回答大多为"不喜欢""那有什么意思啊""那还不如看书，还可以看到答案"。仅有个别学生觉得喜欢，也只是觉得"PPT 会一个一个出现内容，看起来比课本上少一点。"对于这一点，笔者采访过 C 教师"您觉得 PPT 做的花哨一点好还是朴素一点好"，C 教师很犹豫：

挺难回答的，因为一方面，你做得不有趣不花哨，很朴素地呈现知识和内容，学生的注意力就不会被你的 PPT 内容吸引，那样达不到吸引学生兴趣和培养学生主动学习的目的；但是另一方面呢，做得有趣、花哨了，学生整个注意力都在你那些图片视频上了，一节课下来只记住了那些东西，知识点记住的还不到30%，所以这也是我们都用教师用书后面课件的原因——自己做不清楚，那书上给的总不会错了。

（摘自 2018 年 11 月 13 日对 C 教师的访谈记录）

后来，C 教师谈到，应学校要求要使用信息化教学，每节课都用课件上课，学生们习惯了也就没那么躁动了，但遇到动画或者图片的时候还是会惊奇地大叫并且急于讨论和分享，相较以前情况已经好了不少。

教师用书后面的课件其实也没有多少动画和图片，所以用着用着，学生反馈的课堂效果也就不明显了，也没了那么多感兴趣的表现。

（摘自 2018 年 11 月 13 日对 C 教师的访谈记录）

此时 C 教师无疑走回了传统教学模式的道路。学生没有积极的反馈，久而久之教师发觉使用信息化教学与否，对学生上课的积极性并没有多大改变。课堂就像一个话剧舞台，教师相当于话剧演员，信息化教学模式如同话剧剧本，学生相当于观众。演员表演剧本是为了让观众满意，当观众对话剧没有兴趣、反馈不好时，演员自然对剧本的好坏产生怀疑，进而更换剧本。课堂教学亦然，教师的施教对象是学生，教师进行信息化课堂教学的目的是让学生有更好的发展，学习更轻松。当学生对信息化教学模式反馈不佳时，教师就会对使用信息化教学模式产生怀疑，从而减少信息化教学的使用次数，因此也渐渐会懈怠于发展自己的信息化教学能力。

同时，在访谈过程中笔者发现，乡村小学生很少去机房上机学习信息技术这门课，对信息化的理解只是手机、计算器和电脑，情况稍好些的也只是会开关机和在 word 软件中打字，因此对教师在课堂教学中使用信息化教学是没有配合的，因为不理解，所以最多是表象上的"热闹"，学生们并没有感受到信息化教学与传统教学的实质区别。对于这一点，笔者采访过 C 教师"您觉得信息技术课去机房上有没有必要"，C 教师内心是矛盾的：

挺矛盾的，因为一方面，现在号召素质教育，全面发展，咱乡里的孩子也应该多见见世面；但是另一方面呢，文化课都不够复习呢，上啥机房啊，又不是人人家都有电脑，就靠每周一节课能学会啥，太浪费时间了，我们文化课老师都不太让娃娃去机房上课。

（摘自 2018 年 11 月 13 日对 C 教师的访谈记录）

通过以上对 C 教师及其学生的访谈和课堂实录可以看出，乡村小学的学生几乎没有在计算机上进行过实际的操作，对信息化的理解也停留在认识设备上，自然也就谈不上与教师在使用信息化教学时相互配合。因此就导致学生仅关注课件的外表而不注意内涵，当短暂的外表新鲜感逝去后，学生在信息化教学模式和传统教学模式中与教师的互动、配合并无明显差别。而教师感受到这种无差别时，就会生出一种无力感，从而会更倾向使用简易的传统教学模式。因此，师生之间的配合对教师信息化教学能力的发展也有一定的影响作用。

四、关键事件的助推

关键事件是指影响一个人做出决定并且对其日后生活产生影响的事件。它并不是必然会发生在每位教师的职业生涯里，也不是相同和确定的事件。影响每位教师的关键事件都带着与教师本身经历相关的浓厚的个人特点。这些事件影响着教师所做的决定，也影响着教师未来信息化教学能力的发展情况。

事件一：在从教十来年后，C 教师自学参加本科的函授课程时初次接触到了信息化教学，同时引发了对信息化教学的浓厚兴趣。这份兴趣激励着她在没有先进信息化设备的条件下也依然坚持学习信息化教学的理念，为她信息化教学能力发展中的信息化态度部分奠定了一个良好的开端。同时也是因为本科函授课时看到了信息化教学的优点，当学校有了多媒体教室时，C 教师"每次公开课，都积极参加认真准备，很珍惜每次机会"，因为信息化教学对比传统教学模式的优越性在C 教师心里留下了一个烙印，因此从有了多媒体教室到后来各个班普及信息化设备后，C 教师都积极实践，其间即使遇到了问题也只是错误地归因为"学生和我都没有适应信息化教学模式"，继续坚持实践着信息化教学模式，直到影响了学生成绩被教导主任谈话，才停止了信息化教学的使用。但她依然迷茫"不明白那么先进生动的信息化教学怎么反而会让学生的成绩下滑"。可以看出，尽管 C 教师实践效果不佳，受到学校、同事与家长各方面的质疑，但她不曾否定信息化教学模式的优越性，只是迷茫于学生成绩的下滑。由此可见，本科函授课上的初次接触在 C 教师的教学生涯中留下了不可磨灭的印记。直到现今——C 教师的信息化教学发展到流于形式的最终定型阶段，她也从未否定过其优势，只是不断反思自身存在的问题。可以看出本科函授课是影响 C 教师对信息化教学的态度的关键事件，也是影响 C 教师信息化教学能力发展的关键事件之一。

事件二：如果说本科的函授课作为 C 教师信息化教学能力发展的一个关键事件，是 C 教师信息化教学能力发展的萌芽，那么模拟考的成绩则可以算是 C 教师信息化教学能力发展的另一关键事件，是 C 教师信息化教学能力发展的终点。C 教师在违反了建构主义教学观、无视学生已有知识经验的同时忽视学生学习情况和自身信息化教学方法使用水平，仍坚持使用信息化教学后，模拟考试中学生成绩的一落千丈"就像一盆凉水将信息化教学的热情浇灭了大半"。这一事件是引导 C 教师正确认识信息化教学的关键事件。模拟考成绩先让 C 教师迷茫于十分具有优越性的信息化教学为何不能提高学生成绩，随之引发深思。反思过后她认识到，对于她和她所处的外界环境，信息化教学并不能很好地发挥其应有的作用来提高学生的成绩和学习能力。信息化教学不仅包括"信息化设备这种硬件设施的完备"，教师自身"信息化教学方法的使用和信息化设备的操作能力"才是信息化教学实施的"心脏"。而她认识到自己"这些条件都不能满足"，却还坚持使用信息化教学，导致的结果就是"学生成绩一落千丈"。模拟考成绩事件让 C 教师正视了信息化教学的含义，端正了自己信息化教学使用过程中的态度，看到了过去自己盲目使用信息化教学、追求新型教学模式中存在的问题，并开始愿意接受和面对现实，结束了自己并不符合实际教学情况的信息化教学方式。因此这一事件是影响 C 教师信息化教学能力发展的关键事件之二。

五、重要他人的感染

重要影响人是指影响一个人做出决定或对一个人信念、观点的转变产生重要影响的人物。产生的影响因时间、地点和情境的不同而改变，同一个人可能会因为在不同的时间、地点和情境中而心境不同，因此重要影响人对他产生的影响也不尽相同。在 C 教师的教师信息化教学能力发展过程中，重要影响人对 C 教师信息化教学能力的发展起到了不可替代的作用，这些重要影响人影响着 C 教师信息化教学能力的发展。

首先，在幼年时期，接受学前教育之前，家庭教育是 C 教师接受教育的主要来源。C 教师的父母并不因为她是女孩而限制她学习，反而一直鼓励她学习。不但父亲用自己当年因经济条件而无法继续上学的经历来激励她，而且"父母每天下班回来晚饭过后也都会看看书，家里有很多他们借来的书"。得益于父母"润物细无声的教导"，C 教师从小就努力读书。也是因为 C 教师的父亲参与国家"支援大西北"，C 教师才有机会去镇上读书，从而遇到了人生的第二个重要影响人——Z 教师。因此，父母是 C 教师的重要影响人之一，父母读书的陶冶、家庭的学习氛围，使 C 教师从小耳濡目染，这是她端正对学习知识的态度和养成努力读书等好习惯养成的原因之一。

其次，Z 教师可以说是使 C 教师成为一名教师的重要影响人。Z 教师在教学过程中不同于当时的其他教师，开放的教学方式、平易近人的教学问答处理和耐心的教导都潜移默化地影响着 C 教师，让她在日后的从教过程中无时无刻不关心爱护着学生，想方设法地使学生更好、更全面地发展，因此才会努力学习和实践信息化教学。因此 Z 教师不但使得 C 教师确立了人生目标：投身教育事业，成为像 Z 教师一样的好教师，做一名辛勤的园丁，而且使得 C 教师以关爱学生的发展为出发点，在从教后认真学习和实践信息化教学。

如果说 C 教师的父母和 Z 教师是用自己感染 C 教师成为一名人民教师，为 C 教师今天发展自己的信息化教学能力提供了必要前提，本科函授课使 C 教师对信息化教学充满热情，为 C 教师日后使用信息化教学提供了契机,那么C教师的儿子A则是让C教师在使用信息化教学犹豫迷茫时保持坚定的支持力量。儿子A在C教师受到同事劝说犹豫、想放弃信息化教学时,坚定地以自己在学校受到的教育经历为证,向C教师证明信息化教学的优势,鼓励和支持C教师坚定发展自己的信息化教学能力。尽管结果不如意,但儿子A为C教师发展信息化教学能力的迷茫阶段提供了肯定和认同,因此,儿子A也是C教师信息化教学能力发展过程中的一位重要影响人。

第四节 对乡村小学教师信息化教学 能力发展的启示

一、教师的自身作为是最基本条件

1. 树立正确的信息化教学观

当前社会是一个信息化高速发展的社会,信息化与人类的学习生活越来越密不可分,而信息化教学作为一种新型教学模式也越来越被社会所接受。然而,信息化教学不是单纯地指使用信息化设备进行教学或上课用PPT,而是在信息化教学理念思想的指导下,用信息化教学方法和对信息化设备的操作来引导一节完整的课。仅将信息化教学当作对信息化设备的使用,将其作为呈现课本的工具,而不将信息化理念贯穿整个教学活动中,这样不但不是对信息化教学的正确使用和实践,反而只是将黑板粉笔式的传统教学变成了信息化的传统教学,变相发展和强化了传统教学模式。理论指导实践,而实践又反作用于理论。因此,正确的信息化教学观是良好实施信息化教学的必要基础。对于乡村小学教师来说,在发展信息化教学能力过程中区别于城市小学教师的就是对信息化教学这件新事物的正确认识和对信息化教学学习的认识。因此未来应首先应从教师入手,帮助其树立正确的信息化教学观，理解信息化教学的真正内涵。

第一，应引导乡村小学教师树立终身学习理念，学无止境也是对教师的职业要求。通过 M 小学教师对信息化教学的态度可看出他们并没有树立终身学习理念，而对信息化教学常用"年龄大了""工作不了几年了"这类借口来回避。作为乡村小学教师，应树立终身学习理念，"要给学生一杯水，首先自己要有一桶水"，因此教师应积极学习先进教育理念，并将其应用到自己的教学过程中，才能提升自己的职业能力，同时促进学生学习。而树立正确的信息化教学观，首要前提就是教师本身愿意学习，以积极的态度对待自己的职业，因此终身学习理念的树立就变得至关重要了。

第二，树立正确的信息化教学观要做到跳出传统教学模式。信息化教学不是传统教学的衍生物，而是完全不同于传统教学的新教学模式。信息化教学不应与传统教学一样以教师为中心，信息化教学应改变以教师中心的现象。小学生心智尚未发展成熟，需要教师来帮其建立，但这并不意味着教师要包办学生的学习和思考。学生是认知活动的主体，学生需要自己主动探索知识，并将新旧知识建构联系，加工为自己内化知识的过程。因此，正确的信息化教学观应以学习者为中心，教师只是学生学习过程中的引导者和教学活动的组织者，师生之间应是一个相互学习相互促进的关系。

第三，乡村小学教师应加强信息化教学理论的学习。通过 M 小学的实地考察，像 C 教师一样主动学习信息化教学理论的教师屈指可数，信息化教学不是简单的使用设备，它还包括信息化资源和课程内容的整合等各方面的知识。因此教师应加强自身信息化教学理论的学习，多观看网络上优质的信息化教学视频，学习优秀教师的信息化教学方法，并吸收好的方面应用到自己的信息化教学中。同时，教师间应多交流、探讨和反思，互相学习来弥补不足。

2. 理论与实践并重地学习信息化设备操作

理论指导实践，同时实践也是对理论的应用，对知识最好的掌握方法就是练习。C 教师包括更多的教师在教学过程中遇到硬件设备或软件的意外情况时，都只能选择放弃，并不能及时处理和解决，归根结底是对信息化设备操作的实践不够。多数教师在学习了设备操作方面的理论知识后，都只是将其变为了笔记本上的一条条记录，并没有落到实处地对这些记录进行实际操作，因此导致理论和实践脱节。尽管学习了很多理论知识，但可实践的内容始终没有增加。教师在学习信息化设备操作方面的理论知识时，应从硬件和软件两方面进行学习和实践。

在硬件方面应熟知并能熟练使用日常教学中所涉及的基本操作，做到在硬件方面有突发状况时，可以及时处理而不是简单地断电或放弃使用。另外，现在学校大部分是多媒体教学一体机，与之前的幕布投影不同，更加便捷，对其细致的学习和实践能更轻松地达到自己想要的教学效果，有效提高课堂教学效率。

在软件学习方面，量变无法带来质变，由于教师日常工作量大，可以选择自己感兴趣的一到两种软件。在学习过程中，应一边学习其理论知识，一边进行相应的实践，做到专精一种教学软件并在课堂教学中熟练应用，用以辅助自己的课堂教学，使课堂教学过程更富有活力。例如对 PPT 演示文稿感兴趣的教师要做到放映模式下的幻灯片可以达到视频带来的视觉效果，喜欢 Flash 动画制作的教师要能做出普通课件展示的效果，喜欢 Authorware 中调用 Access 数据库制作具有数据库结构课件的教师，同样也要做到其他软件所能达到的一般效果等，做到只精通一种教学软件，但可以达到任意想要的课堂教学展示效果。同时还应精通一种教学管理软件，例如班级优化大师这种简易软件，对学生课堂教学过程中的表现进行即时性评价，可以激励学生课堂教学中的积极性和专心程度等，有能力的教师还可以利用 VB 程序编写自己制作一个 VBA 按钮来为学生加分减分等，对学生进行课堂行为的即时评价，这样既有助于教师对信息化设备的操作，又有助于吸引学生的注意力。

3. 选取符合实际的信息化教学方法

信息化教学方法多种多样，当代教师常学习的主要有个别授导类、情景模拟类、调查研究类、课堂授导类、合作学习类、学习工具类等。而在乡村小学日常的课堂教学中，教师们多偏向情景模拟类、课堂授导类以及合作学习类这三种，教师应基于自身及自身所处班级学生的学习情况，从中选取适合的信息化教学方法，而非杂乱地将方法生搬硬套进自己的课堂。但从对 C 教师的访谈和观察中可以看出，教师在不经意中就会将信息化教学变成披着外衣的传统教学，这是因为他们虽然学习了很多信息化教学方法，但并没有深入理解，也没有深入探究适合自身实际的某一种，只是浅显地理解为上课使用信息化设备，例如使用情景模拟类的信息化教学方法时，不少教师只是在导入部分使用一个学生喜爱的动画或图片，而在后续的新课讲授、巩固练习、课后小结及作业布置环节并不对导入时使用的情境进行有逻辑的延续和继续建构，导致只具情景模拟之形，而不具情景模拟之神，学生课堂学习效果自然没有任何改变。

作为一名乡村小学教师，应在学习了信息化教学方法后，先选取适合自己和学生的其中一种，理解其内涵，探究其具体实施意义，再将其逐渐加工进自己的教学过程。同时可以鼓励教师们集体备课，然后展示自己的课件，并开展说课，交流思路，在为别人提供自己思路方法的同时，也学习别人值得借鉴的方面。在遇到问题时多思考，学会利用自己学科的性质特点，在学习过相关教学方法后及时进行实践，反复推敲。多次实践以后，一定会有所感悟，从而使自己的信息化教学能力"更上一层楼"。

因此，教师在学习信息化教学方法的同时，应关注自身实际情况，选取最合适的一种深入探究，不盲目追求多样的信息化教学方法，这样才能真正发挥信息化教学方法在课堂教学中的作用。

二、学校的培训改革是必要支持

1. 组织适合教师个体差异的培训

合理有效的信息化教学培训是信息化教学培训有效的重要条件。通过对 C 教师的访谈，笔者了解到 M 小学每年会组织 2~3 次信息化教学培训，但都是所有教师一起培训，在近两年才开始分学科，这样的培训是无效且浪费时间的。

首先，各个学科有自身特点，将所有学科教师聚集在一起，教师最多能学习到基础的信息化设备操作知识。C教师也说培训了几次以后的状态：

上课听的例子很多是美术、英语的，不是自己学科的感觉听了也没办法用在自己学科上，就总走神，走神以后再听又是之前记过笔记的，久了发现听不听差不多，就去那儿走个过场，证明自己参加培训了。

（摘自2018年11月12日对C教师的访谈记录）

可以看出，即使小学多是综合课程，但分科对教师进行信息化教学培训仍是必要的。分科可以细致针对各个学科分析、讲解这门学科与信息化教学整合的方式以及这门学科的特点，这样有利于教师掌握和合理使用信息化教学，将自己的学科和信息化教学有机结合，更好地发挥信息化教学的作用。

其次，各个教师已有的信息化教学基础是不同的，不能一概而论地将他们放在一个培训班进行无差别培训，同时还想要得到好的培训效果，这是做不到的。例如对一些基础知识，基础较好的教师觉得没有挑战性，没有学到东西，因此培训效果不佳；基础较差的教师，培训时又觉得跟不上培训速度，培训效果同样不好。因此，在培训前应对参加培训教师信息化教学所掌握的基本情况有一个大致的了解，然后根据他们已有的信息化教学能力进行分班教学，针对不同情况的教师采用不同的培训方式和培训内容，效果自然也更好。

2. 开发有关信息化教学的校本培训

学校革新培训其中一项就是应尝试开发符合自己学校特色的信息化教学校本培训。让教师们收集在日常使用信息化教学过程中经历的问题，组织讨论解决，经过不断积累，编辑成培养教师信息化教学能力的校本课程。这种校本培训具有很强的可操作性。

首先，因时制宜。遇到的问题可以尽快解决，具有即时性。当时遇到的问题可以很快和其他教师交流，集思广益来解决，不会出现由于时间太长而忘记问题或描述不清问题，导致问题无法得到解决的现象。在解决的同时也可以为其他教师提供一个案例。

其次，因地制宜。遇到的问题具有学校特色。组织教师一起解决贴合实际、自己日常遇到的问题可以让信息化教学的提升更有针对性。这种培训更深入人心，更有所侧重。如学生一般，与自身相关的问题更能引起教师的注意，也更能引发教师学习兴趣，从而吸引教师主动获取知识，在不知不觉中既解决了自己的问题，也提高了信息化教学能力。同时，校本培训的开发更方便学校教师培训，随时随地只要没有课就可以开展，不用专程去城区解决问题，省时省力。

第三，校本培训的开发可以从备课、课堂教学中各环节、学生作业等多个方面开展，组织教师进行探讨研究，解决教学中的实际问题，在提升教师信息化教学能力的同时，也让教师们对信息化教学有更多信心，进而更愿意去钻研和使用信息化教学相关内容。

因此，开发信息化教学的校本培训课程也是提升乡村小学教师信息化教学能力的途径之一。

3. 开展便捷的网络培训

培训的目的是提升教师的信息化教学能力，提升学生的学习效果，因此不应只采用组织教师集体去某个地方进行培训的单一方式。

乡村小学教师身处乡村，线下学习条件本就不太好，通常是去城区参加培训，这样不但在来回路上浪费时间，而且没有时间来提出问题和疑惑。既然培训目的是提升教师的信息化教学能力，而不是遵守国家规定走一个培训形式，那么可以让教师参加一些网上培训，例如超星、慕课等，与线下培训相结合。通过线上培训学习信息化教学，从中发现问题、提出问题，再利用线下培训来向专家提问解决这些问题。二者相互促进可以使教师信息化教学能力的提升更行之有效。

另外，网络培训本身就是教师对信息化教学能力的一次提升。通过网络培训本身，教师可以学习自己在参与网络培训过程使用到的信息化教学方法，将其总结整理，在亲身经历过、感受到效果后，可以更有效地理解其实施要点，懂得如何使用才是对学生课堂教学的积极辅助，也有助于提升教师的信息化教学能力。

4. 对培训效果应进行合理化的考核

没有考核的培训是不完整的，培训考核并不是为了甄别参加培训教师学习情况的好坏，而是检验培训的效果，找出改进方案，没有掌握的教师继续培训，掌握良好的教师进行自学，最大化利用培训资源，惠及每一位乡村小学教师。因此，培训过后，学校应相应地进行一些合理化考核，并设置奖励制度。

第一，可在每次培训前对教师已有的信息化教学能力进行考核，让他们上一节课并保留结果，在培训结束后，再让教师们参加信息化教学能力考核并重新准备培训前所讲的那节课，前后进行对比，让教师们知道，考核不是为了教师之间对比，而是通过考核对比自己培训前后的差别来提升自己的信息化教学能力。可以设置类似进步最快这种类型的证书来鼓励教师学习的积极性。同时教育行政部门也应加强对信息化教学的肯定力度，为考核合格的教师颁发国家认可的证书，或在职称考核时将其算入加分项等，让教师们觉得信息化教学是有用的，不仅是为了学生的发展，也是为了自己的发展，是值得花费时间和精力学习的。

第二，可在培训结束后设置自我展示平台，并将优秀的展示结果刻录成光盘并上传学校官网。自我展示平台不是为了炫耀自己在这一段培训期的优秀，而是为了在培训后让参加培训的教师有一个互相学习和交流的平台，可以通过观看其他教师的展示结果发现自己存在的问题，或发现其中的闪光点并将其运用到自己的信息化教学中，从而优化自己的信息化教学，提升自己的信息化教学能力。

第三，可对参加培训的教师进行次数相对较多的公开课展示或日常教学的随堂观摩。对评价高的教师进行奖励，例如奖金的发放、职位的晋升等，也可让考核优秀的教师指导本校本学科教师的信息化教学等。同时还可开展互帮互助活动，让信息化教学能力较强的带动较薄弱的，一对一辅导，两人共同发展，从而提升教师的信息化教学能力，也提升整个学校的信息化教学能力。

三、教师引导学生的主动参与是最佳助力

学生是教学活动的参与者和学习者，因此信息化教学应让学生也主动参与进来。

第一，需要让学生正确认识信息化的含义，理解信息化不是某些设备的代名词，是可以通过操作做出一些满足自己需要的东西的。而让学生正确认识信息化最直接的途径就是信息技术实践课的参与，因此要保证学生实际上机操作的机会，尽可能避免文化课教师占课的情况发生，例如保证每月学生至少要有两次及以上的上机记录，在机房让每个学生都操作设备，引导他们动手做出想要展现的效果。

第二，需要学生回答问题或动手操作时，可以引导学生自己在信息化设备上操作。例如数学教学中图形的拼组，可以利用信息化管理软件，随机抽取学生在设备上操作，让学生自己在设备上点击图形进行拼组，这样即可以提高学生上课的积极性，也不会让课堂很乱没有秩序，同时可以保证学生的注意力都集中在课堂上，让他们主动参与进知识的学习和信息化教学的环节中。

第三，课后教师可以针对课上信息化教学方面让学生提出问题。学生与教师一同反思本节课信息化教学中存在的问题，能提出相关问题的学生在管理软件上可以加分，从而激励学生主动参与教师的信息化教学，有助于教师和学生的交流和配合。

第四，作业环节中，教师可以布置一些查阅资料的作业，隔天在课堂上汇报。乡村学校的学生并不是每家都有计算机，但大都有手机，学校也可以在每天放学后开放电子阅览室供3年级以上学生上网查阅资料使用，这样学生预习、上课和复习都参与进了信息化中，他们的思维也会逐渐信息化，在课堂教学中与教师的配合会更紧密，信息化教学的实施效果也会更好。日积月累，既增加了教师实施信息化教学的信心，也拓展了学生的知识，提高了学生的信息化收集和归纳能力，从而不仅提升教师的信息化教学能力，也提升学生的信息化能力。

专题六

全日制教育硕士"双导师制"实施现状研究

第一节 引 言

一、问题提出

全日制教育硕士专业学位研究生教育是一种新型人才培养模式，旨在培养掌握现代教育理论、具有较强教育教学实践和研究能力的高素质高层次中小学教师。培养方式上，实行"双导师制"，强调理论与实践相结合，注重实践教学。

本章中的"双导师制"指向硕士专业学位研究生教育层次。"双导师制"狭义上可理解为校内外导师或理论导师与实践导师，两名导师共同合作，致力于研究生的培养。广义上，双导师不应局限于两位导师，可以是两位，也可以是多位，具体可理解为，空间分布上的校内与校外（企业、科研单位等），知识构成上的理论性与实践性，能力构成上的学术型与应用型，两种来源交融，两方面知识与能力互补，在培养中发挥各自优势，共同致力于高层次应用型人才的培养。

2009年全日制专业学位硕士研究生增招计划提出后，教育部紧接着出台了《关于做好全日制硕士专业学位研究生培养工作的若干意见》，指出要"建立健全校内外双导师制，以校内导师指导为主，校外导师参与实践过程、项目研究、课程与论文等多个环节的指导工作。吸收不同学科领域的专家、学者和实践领域有丰富经验的专业人员，共同承担专业学位研究生的培养工作"。

《国家中长期教育改革和发展规划纲要（2010—2020年）》提出："大力推进研究生培养机制改革。建立以科学研究为主导的导师责任和导师项目资助制，推行产学研联合培养研究生的'双导师制'。实施研究生教育创新计划。"

在研究生培养过程中，导师历来承担着"第一责任人"的重担，

266

对研究生培养全过程起指导作用。随着专业学位研究生培养工作的广泛开展，以提高专业学位研究生实践能力为指向的'双导师制'以制度形式被列入国家相关文件。2013年国家三部委联合发文的《关于深化研究生教育改革的意见》中提出："建设专兼结合的导师队伍，完善校所、校企双导师制度"。同年出台的《关于深入推进专业学位研究生培养模式改革的意见》中再次提出："大力推广校内外双导师制，以校内导师指导为主，重视发挥校外导师作用。根据不同专业学位类别特点，探索导师组制，组建由相关学科领域专家和行（企）业专家组成的导师团队共同指导研究生。"由此可见，在未来的一段时间内，双导师制将成为专业学位研究生培养工作中的一项重要制度被全面贯彻执行。以上几个文件虽然未对"双导师制"实施细则做具体规定，但是明确了"双导师制"的培养机制，为各培养单位推行该制度提供了政策依据。伴随着相关政策的出台和研究生培养模式改革的推进，教育硕士培养单位纷纷引入"双导师制"，但是落实程度不一。"双导师制"落实了吗？落实的效果怎么样？如何才能更好地发挥其作用？

综上，本章以 T 学院为个案，旨在调研全日制教育硕士"双导师制"的实施状况，涉及"落实与否""落实效果"两方面。基于全面性与客观性的考虑，将全日制教育硕士在读生、校内外导师、学校管理人员一并纳入调查对象，旨在多角度、多渠道获取信息，发现"双导师制"实施过程中存在的问题，并提出相应对策。期望为提高校内外导师的合作指导能力、促进教师专业发展寻求一种有效可行的策略。同时期待，进一步规范专兼职导师职责，完善专兼职导师协同指导机制，建立互惠多赢的合作培养体系，探索出一条具有特色的、能够促进教育硕士全面协调发展的，保证教育硕士培养质量的新途径。

目前，"双导师制"一般以一名校内导师和一名校外导师共同指导一名研究生的形式出现，双导师被赋予的职责有所侧重，分别偏向于理论和实践的指导，故了解校外导师作用的发挥必然离不开对研究生教育实践的调查。学生调查除了解被调查对象的基本信息外，亦涉及教育实践、导师与导师的指导等两部分，每部分再按研究需要具体细分。导师方面的调查侧重于了解导师对制度实施中学校对双导师的管理、双导师合作指导的体验，对制度的认同度、实施的满意度如何，实施中存在哪些问题，特别是合作指导中遇到的问题原因何在，建议如何解决，向管理人员了解实施的进程、效果与问题，并请求获取相关培养资料。

二、个案学校教育硕士培养工作基本情况

（一）培养工作发展历程

1. 招生基本情况

T 学院从 2013 年获批"服务国家需求人才培养项目"，同年正式开展全日制教育硕士专业学位研究生的招生、培养和学位授予工作。当年在 4 个学科领域招生 49 人，迄今已在 13 个学科领域（方向）招收 7 届学生，2018 年 5 月，以"服务国家特殊需求人才培养项目"为基础，成功获批硕士学位授予单位，获批教育硕士学位授权点，教育硕士累计招收学生总数 820 人。教育硕士不仅要学习理论知识，掌握科学方法，更要注重理论联系实际。实践教学是培养职前教师中最重要的教育课程，是引导未来教师进入专业领域的关键环节。

2. 培养方案

T 学院全日制教育硕士培养方案中加强了实践环节，体现出实践教学的培养特点。学校规定，教育硕士实践教学包括教育实习、教育见习、微格教学、教育调查、课例分析、班级与课堂管理实务等实践形式，其中到中小学集中进行实践教学培养的时间为 24 周。

3. "双导师制"

学校规定"要重视理论与实践相结合，采用课堂参与、小组研讨、案例教学、合作学习、模拟教学等方式。在中小学建立稳定的实践教学联合培养基地，做好实践教学的组织与实施。建立导师组负责制，

并在中小学聘任有经验的高级教师担任指导教师，全面落实双导师制。"[①]

4. 教育硕士的管理

T 学院教育硕士的管理实行校、院两级管理体制。2012 年，学校成立"研究生处"，旨在完善管理，整合培养学院课程与优质教学资源，提高培养质量。研究生处的职责主要是负责教育硕士的招生、培养、学位授予等组织与管理工作。对全日制教育硕士而言，研究生处还负责建立教育硕士联合培养基地、聘任校外导师、安排实践教学、制定规章制度等。

（二）教育硕士培养过程

1. 培养过程的特点

T 学院全日制教育硕士的培养过程具有实践性的特点。首先，课程设置体现理论与实践相结合的原则。课程分为四大模块，即学位基础课程、专业必修课程、专业选修课程和实践教学课程。非师范类专业毕业生和跨专业毕业生入学后，均有补修相关课程的规定。非师范类专业毕业生入学后，应至少补修 3 门教师教育课程（如教育学，心理学和学科教学论），不计学分。跨专业毕业生入学后，至少补修 2 门学科专业基础课程，不计学分。

实践教学环节，时间上要求不少于 1 年，其中到中小学联合培养基地集中开展实践教学培养的时间为 24 周。具体的实践教学形式上包括微格教学、教育见习、教育实习、教育调查、课例分析、班级与课堂管理实务、校本行动研究等多种形式。[②] T 学院十分重视教育硕士联合培养基地的建设，采取了一系列措施：实践教学前的准备，在实践教学开始之前，开展教育硕士课堂教学竞赛。以全校每年举行的全日制教育硕士的教学技能比赛为抓手，通过各学科建立教学行为训练工作坊，学科教师通过课堂行为的训练和日常磨课，使学生熟悉课堂

① T 学院. 全日制教育硕士培养方案 [Z]. 2015.
② 教育部发[2011]5 号. 全日制教育硕士专业学位研究生指导性培养方案[Z].2011.

教学与班级管理的基本行为要求，通过从备课、说课到课堂教学的实际操作，帮助学生体验具体的教学过程及反思课堂教学的策略。

另外，校、院两级举办实践教学动员大会，主要目的是提升学生的思想认识，明确实践教学要求。同时也邀请联合培养基地领导、导师参加，对即将开展实践教学的研究生提出要求与期望。

2. 实践教学工作安排

《T学院教育硕士实践教学工作方案》中规定由研究生处根据联合培养基地学校及研究生工作站的实际，以学科为单位，安排研究生实践教学，统一管理。各培养学院可在学校工作基础上，协同安排学生到联合培养基地开展实践教学，但纳入学校统一管理，学校按当年参加实践教学研究生人数向各学院核拨实践教学培养经费和相关补贴。

教育硕士中有97%的学生到联合培养基地开展实践教学，取得了理想的培养效果。当然，由于学科领域（方向）不断变化，参加实践教学研究生人数呈动态变化，联合培养基地的规模也在不断建立，也存在很多需要改进的地方。

3. 联合培养基地建设基本情况

T学院利用学校与周边各区县建立的全面教育合作关系以及学校已建立的各种基地学校等优质资源，在甘肃省三个地市的中小学和陕西省部分地市的中小学建立了12个教育硕士联合培养基地，建立了23个学科教学研究生工作站。

2012年起，学校分批次聘任了50余名校外优秀教师作为全日制教育硕士的校外兼职导师，主要是由相关院系上报校外导师的资料，研究生处审核后报校学位评定委员会讨论、票决，由学校统一聘用，聘期3年，并颁发聘书。这样做的好处是便于了解校外导师的情况，统一管理。

三、"双导师制"调查的设计与实施步骤

为了尽可能真实、全面地了解"双导师制"的落实情况，课题组

先搜集了关于专业学位建设、硕士专业学位研究生培养的相关资料，然后进行比较阅读与思考，并提出相关疑问，再在此基础上进行实地调查。

（一）调查对象

本研究的调查对象主要分为：

（1）校内外导师。"双导师制"一般以一名校内导师和一名校外导师共同指导一名研究生的形式出现，双导师被赋予的职责有所侧重，分别偏向于理论和实践的指导，故了解校外内外导师作用的发挥必然离不开对研究生实践教学的调查。

（2）教育硕士。教育硕士是教育过程的主动参与者，亲身参与教育培养的整个过程，和校内、外导师的接触最为密切。

（3）高校的研究生管理者和联合培养基地的校长。研究生处负责人和工作人员、相关培养学院分管研究生工作的领导和研究生秘书是高校研究生的管理者，他们既需要和联合培养基地建立联系，又负责实践教学的前期准备、协调。由于校外导师属于联合培养基地的在编教师，因此对联合培养基地的管理者即校长的调查是必需的。

（二）调查方法

本章中，笔者采用了问卷法、访谈法和文本分析法。

1. 问卷法

为准确了解教育硕士的校内外导师的现状，笔者制作了两份问卷，对象为 T 学院校内外导师和参加了集中实践教学培养的 2017 级、2018 级教育硕士。从指导者和被指导者的两方视角，搜集相关数据，并对所得资料进行数据处理、分析与整合。

2. 访谈法

为了更为深入、全面地了解校外导师工作状况和真实想法，笔者选择对 2 名联合培养基地校长或管理者、4 名校内外导师、1 名高校的研究生管理者、8 名教育硕士进行访谈，共 15 名。不同对象采用不同的访谈提纲，利用录音和笔录同时记录并整理。学生访谈提纲共有 32 题，5 个模块，分别是"基本信息""选导与指导""教育实践""双导师合作与管理""关于校外导师指导"模块。共访谈了 6 名对象，涉及专业为语文、英语，美术、数学等。

3. 文本分析法

文本分析法主要是通过收集教育硕士开展实践教学的相关规章制度、文件等资料。

（三）调查实施

在本研究中，调查步骤有序展开。

1. 问卷的编制

（1）校内外导师问卷

问卷的客观题中共分为三部分：第一部分是校外导师的个人情况，主要是年龄、性别、学科、学历、职称、科研情况、专业发展状态等；第二部分是有关教育硕士的指导情况，如与学生之间的关系、对教育硕士培养的要求了解程度、指导方式、遇到的困难等；第三部分是联合培养基地学校与高校之间的关系，如对校内外导师聘用标准和程序的理解，对培训的必要性和培训方式、时间的偏好，对校内外导师考核与评价的方法等。

开放性问题为"你认为学校在校内外导师队伍建设工作中和联合培养基地建设的工作中存在哪些不足？应当如何改进？"

（2）教育硕士问卷

教育硕士问卷共有 31 题，分 2 个部分："基本信息""导师与指导"。其中多选题有 5 题，半开放式题型有 3 题，开放式题型有 1 题。对每份问卷进行编号，如"1、2、3……"

开放性问题为"你认为学校在校内外导师队伍建设工作中存在哪些不足？应当如何改进？"

2．访谈提纲的编制

（1）研究生处负责人和联合培养基地校长或管理者

访谈提纲主要围绕对教育硕士的培养过程、实践教学工作的安排、遴选校内外导师的标准、基地学校与高校多方面合作、沟通等问题，旨在从管理者的角度对校内外导师队伍建设进行探讨。

（2）校内外导师

访谈提纲主要针对校内外导师在指导研究生过程中的情况，高校与校外导师之间的交流、合作，对校内外导师的考核与评价、激励等，旨在了解他们的实际需求。

（3）教育硕士

访谈提纲主要围绕对教育硕士培养过程的回顾、校内外导师提供的指导和帮助情况、对实践教学管理情况的评价等。

3．调查实施和统计

（1）校外导师问卷

对现在聘的 52 名校外导师，共发放 44 份，回收 38 份。剔除无效问卷 3 份，共得 35 份。实际回收率为 79.50%。

（2）教育硕士问卷

对 48 名 2017 级教育硕士、72 名 2018 级教育硕士共发放问卷 120 份，回收 112 份，剔除无效问卷 5 份，共得 107 份。实际回收率为 89.2%。

第二节 "双导师制"落实现状的调查结果

一、"双导师制"配套制度建设情况

T 学院已在"双导师制"的配套制度建设上做出了努力。自 2012 年以来，学校在制度建设上成效显著，配套制度趋于完善，相关制度的可操作性增强，起到了较好的指引作用。以下主要从导师遴选、职责与考核、薪酬与奖励等方面研究"双导师制"的配套制度建设情况。

1. 遴选条件与程序

学校制定了教育硕士导师遴选办法，包括教育硕士导师遴选的原则、条件与程序等具体规定。

2. 导师职责与考核

学校制订了《教育硕士导师考核与管理办法》，校内导师的职责与考核较为明晰。但对校外导师，只有笼统的职责规定，没有相关的考核与制度约束办法。2013年，学校就提出在教育硕士培养中贯彻"双导师制"，并对导师岗位职责做了规定，其中特别指出，"校外兼职导师主要承担指导教育硕士在实践教学期间的指导任务"。起初的岗位职责规定只是列明了导师的职责，没有明确双导师的分工与合作。

3. 导师薪酬与奖励

T学院依据实际情况支付校外导师指导津贴，同时对参加课程教学或论文指导的导师给予课时津贴。但是相关的费用补贴、报销方面没有具体规定，如交通费、通信费等。访谈中学校某管理人员说，"校外导师的薪酬主要是课酬，指导津贴偏低，我们还在积极争取这一项。但是受聘为硕士生导师对他们也是一种荣誉，有利于提升他们的社会声誉"。（2019年4月T学院管理人员语）导师奖励方面，设置了"优秀指导教师"奖项。此为导师激励机制之一，值得推广；缺陷在于，没有奖项的评选方法与细则。

4. 实践教学

从学校的制度建设方面看，已制定了有关"实践教学"或"联合培养基地管理"方面的制度办法。《T学院全日制教育硕士专业学位研究生实践教学管理规定》对教育硕士实践教学的任务、实践教学的时间、实践教学的形式等进行了详细说明，同时对教育硕士实践教学的组织领导、联合培养基地及研究生工作站的任务进行了规定。

5. 导师配备方式与时间

在双导师的配备方式上，学校采用的是"一内一外"的形式，校外实践导师的选择方式与校内理论导师基本相同，采用互选形式。新生入学后的半个月时间内，学校召开师生见面会，校内导师首先自我介绍，然后学生自我介绍，校外导师的基本情况由导师组组长代为介绍。在见面会后，采用师生互选方式确定校内外导师。访谈中有学生A说道：

我们采用师生互选、填志愿的形式，有三个志愿。我们专业有六个校外导师，平均下来每个导师指导3个学生（该生所在专业共有12个学生）。一开始我们填的志愿也"撞车"了，有的导师第一志愿没有报，后来学院做了内部协调，以后填报的时候应该说好你选哪个，我选哪个……

我们有校内导师组，承担部分专业课教学的老师平时经常可以见到，没有承担课程的老师电话或者其他方式联系也比较容易。校外导师也有承担专业课的，几乎每周也能见到，非常方便交流。没有承担课程的，只能是在实践教学时才能见到。

（摘自 2019 年 4 月对学生 A 的访谈）

一般来说，校内导师指导学生最多5人，最少为1人。校外导师指导的学生人数最多6人，最少1人。这说明校外导师指导的人数般多于校内导师。超过半数的学生（62.5%）对校内导师"基本了解"或"完全了解"。而对校外导师"基本不了解"的学生最多，占42.5%，绝大多数学生都是通过学校公布的信息了解他们"较主动"或"很主动"地去了解校外导师的学生人数（58%）不如对校内导师的学生人数（72%）多。说明学生在实践教学开展前对校外导师的了解少，了解途径较单一，不太主动。

二、"双导师制"落实情况调查

学生对双导师的指导满意度评价主要考察指导的频度、内容、质量及存在的问题等方面。从问卷调查结果看，学生对校内导师的指导满意度普遍高于对校外导师的指导满意度，这主要是由于校内导师会面频率和指导频度比较高。

（一）学生对校内外双导师的指导满意度评价

1. 指导频度

学生对双导师的指导满意度评价主要考察指导的频度、内容、质量及存在的问题等方面。从问卷调查结果看，学生对校内导师的指导满意度普遍高于对校外导师的指导满意度，这主要是由于前者会面频率和指导频度比较高。指导质量主要与导师的精力投入和能力相关，学生与校内导师的沟通交流比较及时、频繁。如访谈中学科教学（数学）的一个学生谈道：

我们专业的校内导师共有 5 人，在我们实践教学期间，学院每天都有一位老师去基地学校与学生一起听课、讨论、指导，并经常在课后和学生在办公室交流。帮助学生评课，解答教学中的疑难问题。

（摘自 2018 年 10 月对学生 C 的访谈）

无论是校内导师还是校外导师，都对学生提供了有效的指导与帮助。还有一学生谈道：

我们与校内导师保持差不多两周一次的面谈，对于基地离学校较远的学生，学校也规定了校内导师亲自去基地的次数，他们在实践教学期间也得到了老师的指导。我们与校内外导师采用最多的沟通方式是面对面沟通，其次是电话或短信、网络方式。我们与校内导师面对面沟通的次数一般会多于与校外导师的面对面沟通。

（摘自 2018 年 12 月对学生 B 的访谈）

由此可见，现在的沟通方式比较灵活，可以多种途径与导师交流。调查还发现，72%的校内导师去基地的次数是 1～2 次，只有 6%的导师没有去过，说明校内导师去实践基地的次数并不多。进一步对教师进行访谈发现，个别导师校内的本职工作较多，有时会忽略实践基地的指导，认为研究生在实践基地有校外导师指导就可以了。实际上，在实践教学期间，部分学生与校内导师的联系频率仍然高于校外导师，这说明有些校外导师并没有充分发挥其应有的指导作用。

2. 指导内容

接近 56%的学生认为校内导师的指导"一般"或"不是很满意"，

对于校内导师的实践能力学生还存在一些不满意的地方。经过访谈发现，许多校内导师由于缺乏一线教学实践经验，对于全日制教育硕士实践能力的培养没有起到充分的指导作用。尽管我们从调查问卷发现多数研究生认为导师对自己的专业知识、学术兴趣、科研能力、治学态度有"很大"或"较大"的影响，但无论是问卷调查还是访谈都反映出校内导师对研究生的实践能力培养指导是不够的。在访谈中，一位校内导师 A 给了我们这样的反馈：

我们导师的敬业精神、工作态度是不容怀疑的，对全日制教育硕士的指导都还是比较认真的，但我们校内导师们都有自己的教学科研任务，很多导师还承担着一定的管理工作或社会兼职，导师平时都还是挺忙的，尤其是中青年教师还可能面临学习、家庭、教学科研的多重压力，加之学校在本科生教学管理中各种形式化的内容给不少导师带来了一些额外的负担，所以导致部分导师对研究生培养工作有时比较忽视，能拖就拖。

（摘自 2018 年 10 月对校内导师 A 的访谈）

访谈中也有导师谈道：

我们自己也知道自身缺乏基础教育的实践经验，只是学校的教学、科研任务比较重，而学校人事方面没有专门的教师激励制度，每次去基地学校，对方都不是很愿意接收，我们的调课手续也比较麻烦，所以，基本上没有时间，没有机会真正到中小学一线去学习。

（摘自 2019 年 4 月对校内导师 B 的访谈）

教育硕士的培养目标和课堂教学都要求增强教育硕士导师熟悉和掌握基础教育实践性的内容。那么，校内导师有关基础教育的知识来源于哪里呢？调查发现主要是通过参加基础教育会议、主持和参与基础教育研究课题的方式了解基础教育现状。基础教育会议是来自不同区域、不同学校的从事基础教育教学研究者交流的平台，是教育硕士导师及时捕捉基础教育教学改革热点、焦点的便捷通道。教育硕士导师参加基础教育会议的统计数据显示，12.8%的受调查者"从未参加"过基础教育会议，82.1% 的受调查者"偶尔"参加，5.1%的受调查者"经常"参加；受调查者参加的"市级"会议占 28.2%，"省级"会议占 46.2%。基础教育研究课题往往聚焦教育教学中的典型问题，这也是教育硕士导师了解基础教育现状的一条捷径。教育硕士导师主持基础教育研究课题的统计数据显示，39.6%的受调查者主持过基础教育研究课题，其中"地厅级"课题为21.4%，"省部级"课题为13.5%，"国家级"课题为4.7%。教育硕士导师参与基础教育研究课题的统计数据显示，46.5%的受调查者参与基础教育研究课题，其中"市级"课题占20.3%，"地厅级"课题占15.2%，"省部级"课题占8.4%，"国家级"课题占2.6%。在教育硕士导师主持的基础教育研究课题中，仅有36.7%的课题吸纳中小学教师作为课题参与者。上述统计数据总体说明，校内导师主要是自己主持和参与基础教育研究课题，更多的是书斋式的学术研究，缺乏实践指向性。

（二）学生对校外导师的指导满意度评价

1. 指导频度、满意度

60%的学生反馈校外导师实践教学期间指导的频率是每周1~5次，反馈"基本没有指导"的学生占7.5%。绝大多数学生（87.5%）独立上课的次数为12节以上，听课多为二三十节，试教都在10节以上。其间，校外导师修改教案、给予课堂教学的指导和建议，校外导师对论文选题情况也有帮助。如学生B说道：

> 我的论文选题与实践教学经历息息相关，在实践教学过程中主讲过一段时间的文言文，对这个方面的问题关注、思考较多。我与校内外导师商量过好几次，最后就确定了'高中文言文教学方面存在的问题'方面的选题。从这一方面可以看出我们学校对听课、讲课量的重视，及大多数校外导师也对论文选题进行了指导。其实，校外导师大多是具有多年基础教育经验的骨干教师，从教年限多为20年以上。我们认为指导实践教学的校外导师应具有的素质从高到低排列依次是：丰富的教学理论知识和教学经验、愿意花时间指导学生、丰富的实际指导经验、耐心、和蔼可亲。

（摘自2018年12月对学生B的访谈）

这说明学生较为注重教师的理论知识、经验的积累以及对待学生的态度，具有这些素质的老师也最受学生接受与欢迎。所以选拔校外导师时除了从教年限之外，也可以考虑将这一点纳入选拔校外导师的考量标准之中。

或许是因为学生接触校内导师时间久、次数多、交流频繁，而与校外导师交往时间短、次数少且不频繁，也或许因为在一些论文选题、指导方面校内导师发挥的作用更大，学生对校内外导师在指导频度、指导质量与作用、指导满意度方面的总体评价是校内导师在指导方面频度高、质量高、作用大。调查发现，62.3%的学生认为校内导师指导很多、很频繁；绝大多数学生（82.5%）认为校内导师的指导质量较高，对学生帮助较大。而认为校外导师的指导频度"一般"的学生占 68.3%；认为校外导师的指导质量"一般"的学生比例占 32.5%，只有 12.5%的学生认为指导质量高。访谈中有 5 人对校外导师的指导非常不满意。如学生 D 反映：

我对自己的校外导师的指导很不满意，主要在于校外导师自身的教学能力水平比较高，他知道怎样去做，可他不会带学生，讲不出来。比如：在进行教学设计时，怎样把握教学的重难点，怎样把握教学步骤的顺序等方面，校外导师给不了具体的建议。

（摘自 2018 年 12 月对学生 D 的访谈）

但是，也有些校外导师对学生的指导很详尽、认真和负责。如访谈中学生 C 谈道：

我的校外导师张老师对教育事业的态度和热情，还有教学能力、学科素养（熟悉教材、课前充分备课）深深感染着我。校外指导老师还具有很强的探究意识，对于提出问题以及如何处理问题有自己一套独特而深刻的见解。我在实践教学期间遇到问题向老师请教时，他态度好，思路看法非常清晰、独特。

该同学还特意形象生动地列举了一个事例：

"龟兔赛跑"问题出现在学生们的配套练习中，大多数学生不会做，讲解后学生还是听不懂。所以我就和同专业的同学一起请教导师，导师用还原法从另一个侧面讲解，透彻、明了，给了我很大的启发。导师不仅在教学过程中提供帮助，还经常在生活中照顾我们。他知道我们几个学生都不是本地人，经常给我们介绍推荐一些好吃、好玩儿的地方，丰富了我们的业余生活。

（摘自 2018 年 10 月对学生 C 的访谈）

由此可以看到，校外导师队伍质量参差不齐，差异较大，所以建立一个完善的校外导师选拔制度势在必行。

2. 指导内容的满意度

校外导师的指导：根据学生的了解，大部分学生认为校外导师有简要的实践教学指导计划；30%的学生认为校外导师没有实践教学指导计划，随机性强，无人监管。可推断校外导师对教育硕士实践教学的重视程度以及自身素质还有待加强。访谈中学生 E 认为：

在教学中发现自己备课方面还存在不足，尤其是知识层面，因为面对的是高中生，且是层次较高的重点中学学生，有时会出现知识断层现象。所以我与校外导师沟通很频繁，每天导师听课后都会对我们进行小组评价，并提出一些建议与要求。比如不同的课型要求不一样，在复习课上，教学方法、教学技巧的设计上要根据不同的班级情况做出调整。在阅读课的导课以及问题设计上，有些学生基础比较好，对于简单问题看一眼就知道答案是什么，所以不需要花费过多时间去讲解。有的班级学生情况不一样，必须体现层次性的要求。导师的要求很具体，我们也在教学实践中慢慢琢磨，不断反思。

（摘自 2019 年 4 月对学生 E 的访谈）

绝大多数学生认为校外导师对自己的指导与评价具有真实客观性，也有部分学生反映校外指导教师没有认真履职，特别是一些重点高中的导师们，经常忙于提高学生成绩，无暇顾及研究生。如访谈中学生 F 谈道：

我们进入基地学校后自由听课，几乎没有导师点评，听课可以，上课很难，学校怕影响了教学质量，我们的主要任务是听课，帮其他老师改作业。回来，在低年级试讲过一次，反响挺好的，我们集体向学校反映，经协调，才允许我们上讲台。

（摘自 2018 年 10 月对学生 F 的访谈）

另外，学校关于实践教学工作的具体安排，很多学生都不知情或有问题之后不知向谁反映。所以，建立一套完备的实践教学工作安排制度很有必要，且在学校落实实践教学工作细项时要责任到人。在指导方式方面，校外导师听课评课、教学示范、解答学生疑问等工作做比较多，而指导班主任工作、指导论文写作、指导课外活动、指导课题研究等方面较为欠缺。这说明在实践教学过程中，基地学校较为重视学生教学能力的提高，课堂管理、教研方面则关注较少。加强课堂管理与教研、论文指导方面的工作，注重学生身心健康的发展，增强其学习兴趣，助其养成良好的学习习惯，拥有积极的、正确的人生态度与价值观等也是十分重要的。

三、双导师合作与管理情况

调查发现，反馈校内外导师之间沟通频率"一般"的学生占到59.2%，4.5%的学生认为二者之间没有沟通。这说明校内外导师间的沟通还有待加强。26%的学生认为校外导师"没参与"或"基本不参与""较少参与"实践教学以外的其他培养环节。说明校外导师目前多在实践教学环节中发挥指导作用，在其他指导环节中发挥的作用较少甚至没有。所以应该让校外导师也全程加入学生培养的各个环节之中。

近一半的同学（43.8%）认为"双导师制"实施中存在以下问题：首先是校外导师作用发挥不够。其次是双导师沟通太少，校外导师"挂名"现象严重，双导师协调难，合作困难。关于"双导师制"没有落实和其他原因，一半的同学认为"双导师制"实施状况与效果"一般"，有18.6%的学生认为效果"很好"。学生们认为"双导师制"实施中还存在一个问题：基地离校太远，致使与校内导师联系不便。访谈中校内导师谈道：

我们专业的培养基地有两个点，一个在市区，一个在周边县市。我们平时承担着本科生、研究生的教学任务，周课时十几节，比较高，还兼有院内行政工作、科研任务等，有时间会通过电话和校外导师联系，听取学生实践情况。学生实践教学中，学校或学院也会组织校内导师到基地去听课、评课，具体指导的时间有限，与校外导师的沟通也不及时。

（摘自 2019 年 4 月对校内导师 B 的访谈）

调查显示，T 学校关于双导师职责的规定已趋于明确，学校也在尝试用各种办法加强双导师的沟通，校外导师职责规定中有一条是"与校内导师、我校研究生教育管理人员保持密切联系，协调解决研究生实践教学指导中的有关问题"。并且学校分学科领域成立了导师组，设立组长一名，负责校内外导师之间的联系和沟通、参与实践方案和实践环节考核办法的制订等。然而现实的情况是"双导师沟通、联系很少"，因此"合作"更难体现。首先，校外导师来自高校外的工作单位，有自己的岗位职责；其次，由于校外导师主要担任实践指导的角色，在实践以外的其他培养环节中的参与度不高，故而双导师接触机会少，沟通联系不多。校外导师都有自己的本职工作，与学生会面的机会本来就少，为此 T 学校专门聘请了一部分校外导师在校内承担部分研究生课程。到大学承担一定的教学有利于师生间的相互了解、沟通，也有利于校内外导师之间的联络与沟通，对双导师的合作有帮助，这部分校外导师与校内导师较为熟识。但是，有被访者提到，即便是在熟识的情况下，双导师也较少甚至从未对学生培养工作进行过沟通、探讨，因为没有这种"氛围"。此外，校内导师存在的较大问题是"缺乏基础教育经验"和"研究方向不对口"。校内导师理论知识丰富，一线基础教学方面的锻炼较少，或者说已经脱离。而校外导师实践方面的经验丰富，理论基础有些欠缺。调查表明，校外导师的指导内容存在较大差异，其指导内容在某种程度上与其自身的职业、职务背景以及专业特长等方面存在较大联系。校外导师对"讲课技巧"指导较多，主要是提出研究生授课时的不足以及改进的方法。例如某导师对研究生的一堂课进行了长达半个多小时的点评：

这个同学讲得很具体，包括语音、语调、节奏、时间安排、导课的技巧、对细节的关注与中学生心理的捕捉，特别是如何观察学生的反应、学生的精神状态怎么样，思考如何让学生集中注意力，学生对讲课内容有没有兴趣继续听下去等。

（摘自 2019 年 4 月对校外导师 A 的访谈）

有些校外导师倾向教授行政事务处理、为人处世之道、交际技巧等，比如有导师提道：

> 研究生的实践教学内容应该是全方位的，我会教学生怎么安排一些学校的日常工作、怎么撰写公文……拿出一些修改稿作为指导资料等，还有一些是"饭桌文化"的教育，如何安排座次、点菜、说话、敬酒等。
>
> （摘自 2019 年 4 月对校外导师 B 的访谈）

综合来看，教学类校外导师（如骨干教师）更多是从教法与学生心理对研究生进行指导，而行政类校外导师（如校长）更多是传授管理技巧、社会交际技巧、为人处事等经验。所以双方沟通上难免会出现断层，比如校内导师指导的更多是理论方面，校外导师可能不懂或者需要实践去检验，所以双方在某些问题上存在分歧和差异。从理论和实践两方面相结合发展起来会更好一些。在研究生实践过程中，学生与校外导师沟通相对多一些。也有学生反映"校外导师工作繁忙，并不能经常指导学生""校外导师一般不会主动和学生沟通"等。而跟校内导师，除了大型的听课、讲课活动、论文选题外，学生遇到了问题等需要交流，主要通过电话、邮件的形式沟通，"因为白天一般 6 点出发，晚上 8 点才回来，而周末也要判作业，白天没有时间与校内导师面对面的沟通，所以从校内导师那里获得的只是表皮东西。"（摘自 2018 年 10 月对学生 F 的访谈）

全国教指委在教育硕士专业学位研究生培养工作的指导意见中提出，"全日制教育硕士专业学位研究生实践教学时间应不少于半年，可采用教学观摩、辅助教学、试讲、说课、参与教学管理和教学科研活动等多种方式开展实践教学活动"[①]。实践教学的开展从空间上可以分为校内和校外，校内主要是微格教学，校外主要是指到中小学观摩、实习。顶岗实习的效果应该是最优的，但是调查显示，教育硕士培养中的实践教学环节却非常薄弱。关于校内的微格教学，有学生谈道：

> 按培养方案，这学期安排的是微格教学，一开学就安排了。但是，校内导师忙，有时候不来，只是我们学生自己练习，自己评教。
>
> （摘自 2018 年 10 月对学生 F 的访谈）

---

① 教指委发〔2011〕14 号. 关于教育硕士专业学位研究生培养工作的指导意见 [Z].2011.

校内微格教学可以让学生提前做准备，以便更好地适应实习现场，也可减少学生因经验不足而给基地学校的教学或管理工作带来的不便。特别是对于学科教育的同学，微格教学尤为重要。

校外的实践教学环节也存在一些问题，主要是时间太短、重形式轻指导、对实践进展缺少跟踪指导等。实践教学呈现形式化趋势，一方面由于高校没有给予足够的重视，实践教学中缺乏有效指导与过程监督；另一方面，某些学生认为毕业论文和就业考试是硬条件，实践环节比较简单，参与实践教学的积极性与意愿不强，抱有应付了事的态度。校外导师最重要的职责就是指导实践，没有稳固的实践平台，校外导师的作用发挥必然受限。

通过访谈我们发现，校外导师对全日制教育硕士实践教学能力的提高有着重要价值。以下是我们对一位校外导师的访谈实录：

我指导的两个研究生整体素质都不错，其中一个理论基础比较扎实，喜欢问问题，沟通能力比较强，也非常谦虚，对我与其他同事非常尊重，担任班主任期间能够协助我做好学生的管理，而且我要求她们多听课，记反思笔记。她每天能用心观察不同教师的教学细节，课堂教学的把控能力和实施能力在我们学校实践期间有了明显的提高。但是在她教学的过程中我也发现一些不足，这些也是新老师的共性问题，比如她的课堂教学理念比较好，但是在实际教学中不能很好地落实这些新的教学理念。她在教学过程中比较注重教师教的环节，却往往忽视了学生学的环节，对学情的分析做得不够，还有就是对教材的分析和设计不够，教学目标和教学过程没有完全对应，没有形成本门学科的知识体系。

（摘自 2018 年 10 月对校外导师 A 的访谈）

尽管我们从调查问卷发现多数研究生认为导师对自己的专业知识、学术兴趣、科研能力、治学态度有很大或较大的影响，但无论是问卷调查还是访谈都反映出校内导师对研究生实践教学能力培养的指导是不够的。在访谈中，一位校内导师给了我们这样的反馈：

我们导师总体上还都是比较认真地对待教育硕士培养工作的，平时也在不断学习，努力提高自己的指导能力。但是教育硕士的培养对于我们而言是一项全新的工作，我们与学生一起在探索中不断汲取经验，总结经验。加之我们常常认为在培养过程中应该注重研究生的自主学习、自我提高，导师更多是给予答疑解惑，觉得没有必要像对待本科生那样手把手去教，所以就出现了对研究生管理相对宽松的现象。比如我指导了三个学生，我们原定每两周就在一起碰个头，交流最近的学习情况、遇到的问题，可是一忙就推后，有时只能一个月一次。

（摘自 2019 年 4 月对校内导师 B 的访谈）

在访谈中，我们还发现在培养过程中，校内导师和校外导师之间各自的责任并不是很明确，导师之间还缺乏有效的沟通，如何更好促进校内导师与校外导师的专业合作值得深入研究。

第三节　"双导师制"落实中的主要问题

"双导师制"已被 T 学院列为全日制教育硕士培养的主要方式之一，并产生了积极的影响，但仍存在不足之处，下面就具体问题进行探讨。

一、聘用校内外兼职导师的相关制度有待进一步完善

（一）校内导师的实践教学水平偏低

校内导师往往沿袭培养学术型研究生的思维与方式去指导教育硕士，这显然不利于全日制教育硕士职业导向、应用实践特色的彰显。为此，T 学院全日制教育硕士专业学位在建设之初就明确提出了"双导师制"，其主要目的是使全日制教育硕士将教育教学理论与基础教育鲜活教育现场和具体问题紧密结合，突破学术型研究生培养过程特定化的价值取向、理论体系、指导方式，实现不同类型导师知识与能力的互补，提升全日制教育硕士的职业胜任力。然而在指导全日制教育硕士的过程中，很多导师无视实践教学对全日制教育硕士成长的重要

价值，整天忙碌于自己的学科专业领域，缺乏对全日制教育硕士培养规律的研究，忽视对鲜活教育实践的关注，甚至部分导师对基础教育现状知之甚少，不少导师自身缺乏基础教育实践背景和经验，又不屑于参加基础教育实践活动。对教学实践研究得少，思考得少，参与得更少。校内指导教师很少深入中小学教学一线，不了解中小学教育改革状况、中小学教师的教学情况、学生的学习情况，也不了解中小学教学过程中面临的一些急需解决的问题。如果导师对全日制教育硕士培养过程、操作程序、基本规范缺乏足够的认识，不能与基础教育改革保持同步，他们在指导研究生实践时就只能指导一些表面上的东西，无法做更深入、更有效的指导，这样培养出来的全日制教育硕士质量得不到保证在所难免。访谈中有校内导师谈道：

> 学生在论文选题过程中要求面向基础教育的教学实际问题，最初感觉还是有些难度的。说实话，因为平时的教学、科研任务比较重，最近这些年很少去中小学学习，有些具体问题，我们也要与学生一起学习，一起成长。
>
> （摘自 2019 年 3 月对校内导师 A 的访谈）

（二）校外导师遴选标准不统一，教学研究水平参差不齐且时间没有保证

当前 T 学院全日制教育硕士导师队伍的选拔标准是：校内导师一般都具有较高的学术研究水平，并有相关指导本科生实习的经历。校外导师的主要职责是负责学生专业知识在实践中的应用。原则上要求他们不仅要有很高的理论应用水平，而且在实践方面也要有深入的研究，熟悉实践中需要解决的一些问题以及知道如何去进行研究。但实际上，现在聘任的校外导师研究水平和预期存在一定的差距。全日制教育硕士培养过程中，来自中小学的校外导师自身缺乏指导研究生的规范要求和严格训练，校外导师由于大多是中小学的领导和名师，课上得非常出色，或者班主任工作做得非常棒，但他们的教育研究做得却不多，甚至可以说是很少。一些校外指导教师

确实有很强的教研能力，过去也有很多教研成果，但由于后来升任领导职务，较少有时间再进行教研工作，很少有时间亲临实践第一线，因此不再或者是很少对实践中的问题进行研究，常常忙于自身的工作而疏于对全日制教育硕士的实践活动的指导。部分学校还存在校外导师"挂名"的现象。加之各联合培养基地客观条件的差异，致使校外导师的遴选标准不尽相同，因此校外导师的素质也参差不齐。如果校外导师没有对全日制教育硕士相关课程的教学，其对研究生的实际指导意义就更低。虽然校外导师的主要目的是弥补校内导师对基础教育了解的不足，让全日制教育硕士学位论文选题更具现实针对性，但在研究生学位论文或毕业设计撰写过程中，校外导师大多只是象征性出席一些开题、答辩等事务性活动，很少对研究生提出有价值的专业指导，加之校内外导师交流联系不够密切，对全日制教育硕士的培养没有达到预期目标。

二、校内外导师的职责、分工不够明确

双导师制需要校内外导师分工协作，共同完成全日制教育硕士的培养任务。双导师制培养模式要贯穿于研究生培养的整个过程中，即从学生培养计划的制定、课程的选择确定、课程知识学习、理论研究、实践能力培养，以至于最后学位论文的撰写等各个方面都需要校内外指导教师共同参与、协同完成。同时，他们在上述各环节的指导职责也应该各有侧重。但是，目前双导师制实际运行过程中却出现了问题，校内外导师之间的分工不明确、责任不落实、指导能力较弱、合作意识不强等现象还普遍存在。制定导师的工作职责是为了明确导师在培养研究生过程中的责任，规范导师培养研究生的过程，提高研究生的培养质量。因此，尽管学校已制定了研究生导师的遴选条件、办法与工作职责，但是制定的工作职责主要针对或者适合校内导师，没有分别阐述校内、校外指导教师的工作职责。已经制定的全日制教育硕士导师工作职责叙述得比较笼统，不够具体、清晰、明确。

三、对校内外导师缺乏有效的培训和管理

"双导师制"是针对专业学位教育提出的一种研究生的培养方式。其字面意思是配备校内和校外两位导师。校内导师主要指导学生专业理论知识的学习，而校外导师则负责学生专业知识在该领域的应用。但是根据调查情况来看，"双导师制"这一培养模式的实施现状不容乐观。在问卷调查"您觉得是否应进行校外导师的培训"中，有 58.3%的校外导师选择"很有必要"；27.1%的校外导师选择"有一些必要"；剩下 11.2%的校外导师选择"没有很大必要"；仅有 3.4%认为"没有必要"。这些数据表明校外导师愿意接受对自身专业发展有提升的培训，高校如果开办培训班，校外导师的积极性会增强，同时可进一步推动实践教学的指导工作。校内外导师的培训往往是空白或薄弱环节。事实上，校内外导师的培训是极其重要的，只有不断更新其教育观念，提高其教学技能，才能满足培养单位对教学质量的要求。培训活动主要应分为两种：一种是支持校内外导师专业发展的培训；一种是关于实践教学具体要求的培训，包涵目标、内容等。除了对校内、校外导师的培训较少外，T 学院对校内外导师在指导全日制教育硕士进行教育教学研究、撰写学位论文的整个过程也缺乏有效的监督和管理。校内导师对研究生专业实践环节的参与度不够；校外导师积极性不高，因工作繁忙对研究生指导不及时、不到位。这些问题在管理上并没有能很好地解决。T 学院对研究生导师大多是单一的聘任机制，缺少具体的、有效的考核和激励等机制。对校内外导师的监管力度不够，严重影响了校内外导师作用的充分发挥。因此，对校内外导师加强管理，充分调动校内外导师的积极性、掌控校内外导师指导研究生学习和研究的全过程，是落实"双导师制"有效实施的重要保障。

四、校内外导师缺乏有效的合作交流

全日制教育硕士特别强调两种能力的培养，即创新能力和专业实践能力，尤其突出专业实践能力的培养。针对全日制教育硕士的这一

培养特点，"双导师制"得到了高等学校、中小学校和大部分研究生的认可。但是调查结果显示，校内外导师间没能体现出合作的优势，问题主要表现在：

（1）校内导师和中小学校外导师不能有效沟通。很多校内导师和校外导师相互不主动联系和交流，形成校内导师不了解学生在基地学校的具体实践教学情况、校外指导教师不关注学生在校内的学习情况的局面，影响了全日制教育硕士的培养。"双导师制"是为了实现不同类型导师的知识与能力的互补，让双导师在培养任务上有所分工，以发挥他们各自的专长，达到良好的培养效果。分工不等于各做各的，分工是为了更好地合作。"双导师制"不仅要明确双导师职责，有所分工，更要体现合作。"双导师制"模式下研究生就要从理论与实践两方面跟进导师，因此加强双导师的沟通、交流与合作是非常重要的。

（2）中小学对校外导师没有给予足够的重视。对全日制教育硕士的培养不应让教育管理机构和高等院校去唱独角戏，中小学校本身也是这场戏中的主要角色，而且是最终受益者。但是相关实践基地的领导和导师没有足够重视，没有区分教育硕士实践教学与本科生实习之间的本质区别，指导不到位或敷衍应付的现象依旧存在。

（3）高校应给校内外导师提供更多的交流合作机会。根据全日制教育硕士培养方案，实践教学环节主要安排在第一学年的第二学期，因此对于大部分学生，他们与校外导师交流的时间也就集中于该学期。如此一来，虽然学校在第一学期就为学生配备了校外导师，但是只要是校外导师没有参与到实践教学外的其他环节，提早配备校外导师的实际意义就不大。校外导师的主要职责是指导实践，并尽可能地参与到全日制教育硕士的培养过程中。但实际上，只有在论文开题、中期检查、预答辩和答辩环节，校内外导师才有机会见面讨论和交流。因为时间问题，很多校内外导师连这四次见面交流的机会也没有，导致很多学生在培养过程中几乎没有同时与校内外导师交谈和学习的机会。显而易见，校内外导师缺少工作上的交流联系是不可能做好全日制教育硕士指导和培养工作的。

五、对校外导师缺乏奖励和考核评价制度

完善的导师评估体系是保证研究生人才培养质量的重要手段，是研究生培养过程的尺度、要求和标准。目前，我国研究生导师评价体系还不够完善，在评价过程中容易忽视导师发展的持续性和周期性，对导师评估"一刀切"，很难科学地反映出导师培养研究生的真实状况。①教师是具有专业知识技能的人群，在实现了生理、安全、社交的需求后，必然要追求"尊重"和"自我实现"的高层次需求境界。目前的指导工作，除了最基本的指导津贴之外，并没有配套有效的激励措施。优良的师资队伍建设需要一定的经费投入，"双导师制"的真正实施需要适度地增加教育成本。对于校外导师来说，指导研究生属于兼职工作，大部分中小学对于校外导师指导研究生工作并没有计入工作量，也很少有针对硕士生指导教师的奖励机制，所以教育硕士指导对校外兼职导师并没有吸引力。再者，目前也缺乏行之有效的校外联合培养基地的考核机制，通常是校外实践基地自身对其所指导的研究生进行评价与考核，各单位之间没有参考对比和竞争，各高校对参与研究生实践能力培养的单位缺乏必要与可行的监督、评价和奖惩办法，政府、社会也缺乏对这类校外单位参与研究生培养贡献度进行评价、资助和监管的制度与措施。因此，如何制定合理的奖励与考核评价制度、提高校外基地和兼职导师参与教育硕士培养的积极性和贡献度，是高校研究生教育改革、社会高层次人才培养亟须解决的难题。②

第四节 "双导师制"存在问题的原因分析

发现存在的问题之后，需要进一步揭示校内外导师队伍建设中问

---

① 杨雷，邓启刚，等. 新时期研究生导师队伍建设探索[J]. 教育探索，2013（2）.
② 杨俊茹，韩宝坤，孙雪颜，等. 全日制专业学位硕士研究生双导师制联合培养模式探索[J]. 吉林省教育学院学报，2015（8）.

题产生的原因，即问题的症结所在，以寻求改进的有效对策。"双导师制"之所以流于形式主要基于一系列的主、客观因素，既有学校的因素、导师的因素，也有学生的因素。

一、学校管理方面

（一）学校重视不够

首先，聘用双导师，要增加投入。其次，管理成本也要增加，包括各种管理建制。聘任制度、考核制度、激励机制等都要跟进，必要的过程管理也要耗费人力、物力。再次，校外导师发挥作用也需要实践平台，而搭建实践平台，开展教育调查、教育见习、教育实习等活动都需要经费的支持。因此，办学资金的紧缺、制度的不完善等都将成为阻碍学校推进"双导师制"实施的因素。"双导师制"工作是一项投入大、周期长但成效不显著的工作，学校对校内外导师队伍建设的认识有所欠缺，因而采取了应付心理和消极应对的办法。对具体实施人员来说，这项工作是"额外"的，因而缺乏足够的积极性。对一些中小学校校长来说，未能认识到"合作、共赢"的发展前景，没有充分重视校外导师队伍建设这项工作是有原因的。长期以来，联合培养基地往往将接受研究生实习视为一种负担。高师院校与中学关系疏远，教学实践只立足于"自身"发展，很少考虑实践基地学校的发展，与基地学校没有建立起一种互惠互利的机制，以至于基地学校主观上对高师院校的实践教学缺乏积极性和合作精神，担心实践教学会打乱他们正常的教学秩序，影响教学质量。[①]校外导师工作繁忙、压力大。笔者在与某高中校长进行访谈时，该校长曾多次提到高中老师日常工作的压力很大，如今的家长对孩子的期望值特别高，老师们处在一种高负荷的状态下，对于指导研究生实践教学常常是"力不从心"。有时校外导师一次指导 2 个或以上的学生，有时还需要指导来自其他学校的学生。实践基地的校长不得不考虑到教师的工作量，以及给正常教

291

---

① 窦福良. 高师院校教育实习改革探索[J]. 教育理论与实践，2010（2）.

学工作带来的负面影响。因此，他们往往将接受实践教学任务视作负担，更不愿意花精力在培育校外导师上。

其次，联合培养基地对教育硕士和本科生的校外导师的认识存在混淆，没有区分。访谈中学生 A 说道：

实践学校有时会把实习生当作廉价的劳动力，哪个老师请假了，没有人上课，赶紧替补上，一直坚持上课。哪个老师请假了，没有人监考，赶紧替补上，不能按时返校，坚持到他们学校放假。实习生的主要任务之一是帮助导师改作业，几乎是全部的卷子，往往三个人之间合作、帮忙，判作业量太大，主要是学生作文和数学作业，一般一周判 3~4 次作业，对作文批改方面抓得较严，有时，还得周末加班判作业。

（摘自 2018 年 7 月对学生 A 的访谈）

就这类问题我们也访谈了相关学校的负责人，他谈道：

这种现象可能有，学校老师一个萝卜一个坑，少了一个，有时候谁有空就让谁来应个急，老师们可能司空见惯了。学生中有素质比较全面的，所以我们就调用了实习生。我们也是第一次接触教育硕士的实践和培养，也在探索过程中。导师们没有区别于本科生，空闲时间就安排帮自己批阅学生作业。校内导师和学生都向我们提出了这个问题，我们也在改进。不过初衷是让这些学生能够全方位了解学校的具体情况，能够在多个岗位上锻炼自己。

（摘自 2018 年 7 月对基地负责人 A 的访谈）

联合培养基地常常和多个高校有合作关系，因此常常要接待来自多个高校的本科生和教育硕士。但是，基地和校外导师都不太了解不同层次教育实践的目的以及内容的区别，常常凭以往的经验对学生一视同仁，走个形式和流程，更没有按照规定参与教育硕士的指导。

最后，对于研究生实践教学，高校也存在被动应付的情况。基地挂牌成立后，高校一般的做法是不再介入，放手给基地，对于校外导师的人力资源管理工作更是以一种被动的姿态，点到为止。高校认为校外导师是兼职导师，理应由基地学校来管理。这样的后果是各基地学校缺乏机制和动力，校外导师队伍的积极作用得不到充分发挥。

（二）校内外导师的管理缺乏细则

目前，大部分研究生培养单位尚无较为科学规范的外聘研究生导师方面的规章制度，对外聘研究生导师的管理与对本单位导师的管理一视同仁，使得对外聘导师的管理要么是无据可依、无章可循，要么是不从其特殊情况出发。这样的管理难免会带来一定的负面影响。因此，学校要从自身的实际出发，制定出校外导师的管理办法，就校外导师的待遇、权利与聘方的要求等都做出明确的规定，使校外导师的指导工作有据可依，规范运作。[①] 要对校外导师进行规范化的管理，首先就是要有详细的管理细则，然而从校内外导师和高校实践教学负责老师那里调查发现并没有这样的专门管理细则。在对校内外导师的问卷调查中有一题为："您对校内外导师的管理细则内容是否了解？"结果如下：选择"非常了解"的人数只占到 18.2%，"有些了解"的人数占 38.4%，"不太了解"的人数占 36.3%，"完全不了解"的人数占 7.1%。

1. 高校层面

要加强校内外导师队伍建设，需要有全面而具体的管理举措。从学校所制订的相关管理制度，如联合培养基地建设管理办法、联合培养基地协议、研究生实践教学工作手册、研究生实践教学管理规定中，可以找到校外导师片段式的管理规定，但主要还是导师的职责，始终没有一个专门的校内外导师管理细则。缺乏管理细则，说明对教育硕士校外导师的管理缺乏一个整体的考虑和规划，忽视了校外导师的需求，结果是学校对校外导师的管理无从入手。

2. 联合培养基地层面

联合培养基地未制定校外导师的管理细则。在实践工作中，对校外导师的管理无从入手，不能全权委托给联合培养基地学校。而联合培养基地学校未按照教师的常规化管理制度进行管理，并没有专门的校外导师管理制度。造成"校外导师"只是个"名"，而无相应的"实"。管理较为随意性，往往是各个联合培养基地各有各的做法。从"教师

---

① 赵慧辉，张靖，等. 做好外聘导师工作创新研究生培养机制[J]. 中医教育，2010（5）.

专业发展理论"发展阶段理论看，选取一种教师专业发展的划分，可分为适应期、发展期、成熟期和持续发展期。校外导师一般处在"发展期、成熟期、持续发展期"。针对不同时期的校外导师可以采取侧重点不同的激励措施，使得这支队伍能保持活力。

二、导师方面

在调查过程中发现，高校和联合培养基地的关系始终处在一种松散游离的状态。双方缺乏经常的、有效的沟通，关系也是忽远忽近，两者间的合力无法得到充分发挥，所以校内外导师队伍也受到影响。

（一）两者之间缺乏有效的沟通

高校的实践教学管理者与校外导师的沟通程度做得如何呢？面对校外导师问卷中的"高校的实践教学管理者就如何开展指导工作，与您的沟通情况如何？"一题，选择"有时沟通"的最多，占总人数的36.7%；选择"偶尔沟通"的居第二，占总人数的28.4%；选择"经常联系"占22.6%；选择"没有联系"的比例最低，为12.3%。

"校外指导老师就如何开展指导工作，与您的沟通情况如何？"一题选择"有时沟通"的最多，占总人数的32.3%；选择"偶尔沟通"的居第二，占总人数的30.6%；选择"经常联系"的占22.3%；选择"没有联系"的比例最低，为14.8%。

由此看来，校内外导师对实践教学的具体要求不清楚是有原因的。两者之间主要是通过联合培养基地的管理者进行信息传递，并不是一对一地联系。这造成的结果是：第一，沟通的过程由于隔了一层而容易产生失真；第二，校外导师无法在实践教学前期、中期、末期与实践教学管理者或者校内导师形成畅通的沟通渠道，许多信息无法反馈。校内导师认为把学生交给了校外指导老师，校外指导老师没有及时与校内导师对接，这样不利于我校直接获取研究生的实践教学进程，实践教学处于缺乏监管的状态。在对校外导师 A 的访谈中，笔者也得到类似的反馈：

我们与校内导师的联系也不是很多，每年实践教学之前，学校相关老师会把学生来校实践的时间告诉我,然后由他们学校的带队老师把学生送到学校,有一个交接座谈会,介绍研究生的具体情况。随后我和分配给我的研究生直接联系。我们一起交流前期的准备工作和实践教学的规划。与校内导师的见面有可能是在送学生来基地或是专门看望时。

（摘自 2019 年 4 月对校外导师 A 的访谈）

（二）双方需要良好关系的"黏合剂"

要想让高校与基地中小学保持并发展一种稳定的合作关系,让联合培养基地最大限度地发挥作用,双方就应不断丰富合作的内容,扩大合作的领域,实现双方共建共赢。特别是高校,应主动追求与基地中小学更进一步的合作,以保证联合培养基地发展壮大。除了经常沟通,相互间保持一个健康和谐的关系也是极为重要的。校内导师与校外导师之间通过什么方式保持一种和谐的关系是值得深思的。[①]访谈中校外导师 A 谈道:

高校和基地学校要建立良好的关系,研究生是纽带和桥梁。总的来说,指导学生实践的过程对自己的促进也是很大的,这是一种教学相长的过程。有很多问题是可以深入讨论的,比如在学科教学过程中,如何让学生听得明白,学会运用,新教师有自己的方法,而我们现在对教法已经是约定俗成了。这样一来形成一种冲击力,感觉好像有时候还是他们的方法更好一些。虽然说是指导学生,也是搭建了交流的平台。

（摘自 2019 年 4 月校外导师 A 的访谈）

校外导师 B 也就这个问题谈了一些自己的体会:

我们和校内导师见过三次,一次是建立基地的时候,这几位老师来参加签约和挂牌活动,我们初次见面;还有就是学生来基地实践的时候,老师送过来,我们召开了师生见面会,共同拟定了实践教学指导方案;第三次是学生实践的中期,学校老师来检查工作,这一次在听、评课后对学生的实践教学情况进行了面对面的详细介绍,导师组的老师都参加了,汇报、交流很充分。我有一个不成熟的建议,最好

---

① 李斌. 对高校师范专业教育实习基地建设的认识[J]. 江苏社会科学,2010(2).

在学生到学校之前，学校就有专人和我们进行联系，把研究生的基本情况告诉导师，我们直接与学生和校内导师沟通，及早商定培养方案，请示学校，通过后实施，这样遇到问题也可以及时解决。

（摘自 2019 年 4 月对校外导师 B 的访谈）

从两位老师的谈话中可以发现，研究生确实是两者间关系的纽带。从高校的角度，实践教学本身是为了服务于教育硕士，学校投入了大量人力、财力来建设联合培养基地，期望能提高实践教学培养质量，培养更优秀的人才。从联合培养基地的角度，研究生的加入是一种新鲜血液的注入，对教师的教学有一定促进。另外也能和高校建立长期合作的机制。故双方的关系有一个共同的目标和基础。但是，如果事先没有多次的沟通和充分的准备，就难以与校外导师形成良好的互动，继而使高校与联合培养基地的关系也受到影响。

（三）双方合作的局限性

通过对高校管理者、校内外导师的访谈发现，校外导师与校内导师间的合作十分有限。有个别学科做得较好，每年校外导师都会被邀请参加硕士论文的评阅或答辩工作。这样每年至少有 2 次合作，通过这种方式参与论文的评价，有利于校外导师掌握教育硕士的论文评价指标。但是，大多数校外导师，特别是年轻的老师并没有机会参与论文、答辩、课题研究等方面的合作。

以下摘自与校外导师 A 老师的访谈记录：

学院的硕士论文开题我参加了，从基础教育的角度提出了一些建议。学校曾经组织过导师培训活动，我也参加了。其实，担任教育硕士的导师，我自己的压力还是比较大，对这项工作非常重视，平时比较注意加强学习，尽可能对实践教学进行指导。另一方面，这些学生也很认真，有热情，对我们的发展也是一种督促。我解决不了的问题，让他们去请教自己的导师。不过，与他们的校内导师主动沟通几乎没有。"

（摘自 2019 年 4 月对校外导师 B 的访谈）

我们同时也访谈了校内导师 A，他说：

实践教学工作是教育硕士培养很重要的一个环节，学生到实践基地之前我们做了大量的培训，有教学设计、说课、评课、微格教学等。有些实践教学基地在周边县里，学生不常回校，也不主动和我们联系。在把他们送到实践基地后，我们就放手了，没有太多关注他们。一则学生主动联系得少，基地老师也安排了；一则我们自身到中小学参与实践的机会不多，工作重心似乎也不在这儿，总感觉这是校外导师的责任，论文指导是我们的重点，有时候对学生讲太多，校外导师会不会有意见呢？所以，没有主动、及时与校外指导老师联系过。

（摘自 2019 年 4 月对校内导师 B 的访谈）

三、学生方面

教育硕士专业学位设立之初规定，其招收对象为大学本科毕业、具有三年以上一线教学经历的基础教育的专任教师和管理人员。2009年起，我国开始对研究生教育进行战略性结构调整，除部分不适宜应届本科毕业生就读的专业学位之外，其他专业学位面向应届毕业生招收专业学位研究生，实行全日制培养。在教育硕士专业学位的各专业方向中，"教育管理"专业要求报考人员具备三年以上工作经验，其他专业方向则没有工作经验的硬性要求。

第一，生源构成复杂。招生范围的扩大，使得教育硕士的生源构成趋于复杂化。从受教育背景来看有师范生、非师范生，有本专业、有跨专业的；从工作经历看，有拥有一定教龄的，也有没有任何工作经验的；年龄构成多样，婚姻状况不一。所有这些特点都给教育硕士的培养工作带来了巨大挑战，所谓众口难调。其中，工作背景因素的影响应该是较大的，访谈中有管理者也提出对于有教学经验和没有丝毫教学经验的学生进行同质培养有失得当。在被调查的 107 名学生中，有 87 名（占81.3%）学生"无工作经验"，有工作经验的同学只有 20 名（占 18.7%）。

第二，求学动机异化。调查与访谈中笔者发现相当一部分学生（主要是非师范生）对从事基础教育并未表现出很大的热情。究其原因，一部分学生因调剂而就读于自己了解得并不透彻的专业，一部分学生则是出于分数线较低或容易考上的考虑而选择了自己并不太感兴趣的专业。当然，也有学生很希望从事基础教育，但因为"编制难""竞争大"（尤其是在城市里），只好放弃。就求学动机而言，很大一部分学生是基于缓解就业压力（58.26%）的考虑；其次是职称评定或职务的需要（16.37%）；真正出于兴趣、希望通过学习提升专业素养的所占的比例很小，只有5.82%。就业意向与所学专业不符、学习兴趣不浓难免影响积极性，而研究生阶段不同于中学时代，本身就要求学生能够较为积极、主动地学习、研究。学生积极性不强也将影响了导师尤其是校外导师的指导。

第五节　促进"双导师制"落实的对策和建议

一、重视宣传教育：开展"入学教育周"，奠定职业理想

　　良好的观念基础可以促进"双导师制"的有效实施。首先，承担主要培养工作的高校应给予足够的重视。重视不仅体现在办学投入上，而且也应体现在对"双导师"实施中各环节的过程管理上。其次，作为发挥作用主体的双导师要从观念上认同，并应对自身的职责有较为清晰的了解。再次，受教的学生也应对"双导师制"有较为清晰的认识，并对职业定位与职业能力发展有一定的规划。重视要体现在行动上，尤其是给师生（包括校外导师）以好的"第一印象"。笔者调查发现，很多学生对教育硕士的培养目标、培养方案了解不深，对"双导师制"也缺乏了解。而导师尤其是校外导师对自己的工作职责也缺乏了解，有相当一部分校外导师与研究生交流互动甚少，有些甚至从未碰面。"双导师制"的施行也应具备良好的观念准备，鉴于实际中存在的问题及入学教育的重要性，建议高校开展"入学教育周"活动，借此加大"双导师制"的宣传力度，不仅针对学生，也针对校内外导师。此外，对于学生来说，入学教育特别关键。此时学生对学习、活动的参与热情较高，而且对学校好的第一印象也可以为学校树立好的"口

碑"，主观上也往往会激发他们的学习热情、增强信心。

具体操作模式如下：

（1）时间：入学第一周至第二周。由于受公共课程影响，活动在公共课程以外的时间段进行，专业课程顺延。

（2）入学教育主要内容：建议涵盖教师职业教育、培养方案解读、"双导师制"解读等。

（3）地点：高校内、中小学（参考标准：方便出行、费用低廉、适宜进行集体联谊）。

（4）形式：课堂内外活动与校内外活动相结合，可以包括讲座（新生与校内外导师见面的好机会，讲座后留一定的师生交流时间）、新老生联谊与经验交流（先联谊后经验交流，高年级学生负责联谊活动策划与组织，高年级学生学习经验介绍、介绍校内外导师）、中小学课堂内外观摩等。

（5）活动的目的：① 帮助新生了解培养方案；了解"双导师制"；了解教师工作与职业（基于中小学教师标准中职业情感的要求）。② 帮助高年级学生提高沟通交流能力与活动组织能力（基于中小学教师标准中专业能力的要求）。

二、规范导师遴选标准和聘用程序

1. 选拔标准方面

校内导师来自培养高校，是研究生在校期间最为直接的学习对象；校外导师是研究生在校外实践中的主要指导人员。校内校外两位导师既承担各自的培养内容，又互相取长补短，共同将全日制教育硕士培养成具有较高的专业理论知识、能够解决实际问题的复合型人才。为了实现这一目标，必须要有一个严格的流程和严格的导师遴选标准。从调研情况来看，高校对"双导师制"指导教师的选拔做出了明确规定，选拔出来的校内指导教师都是教育类课程教学中的佼佼者，普遍具有丰富的教学经验和科研能力。选拔出来的中小学校外指导教师都是中小学校各学科教学骨干，普遍具有较高的职业素养、较丰富的教学经验。调研中也发现，导师选拔中存在对导师要求低或者不明确、评价指标模糊、遴选操作性差、挂虚名、缺乏定期考核等问题，使得导师的质量参差不齐。因此，需要进一步健全和完善选拔程序和机制。

对于校外导师，因其职责侧重于培养研究生的专业技能和教学实践能力，所以聘任校外导师不应只注重科学研究和获奖情况，在中小学校校外导师的评聘中还加入了考查其教学指导能力、组织管理能力和指导研究生的能力等相关考核内容。在考查其实践科学研究能力时，不仅要看其实践应用研究，还要看其教育研究是否有相当的理论高度；不仅要看其实践研究成果，还要看其近几年（如近三年）的实践应用研究成果。同时，T学院在评聘校外导师时，还应听取其所在单位相关专业教师的意见，依据应用实际才能遴选出合适的校外导师，制定出正确、切实可行的评聘标准。

具体而言，校内导师主要以扎实的教育理论功底、基本的指导能力、承担基础教育应用研究项目、参与基础教育科研经历、从事基础教育实践经验、与基础教育相关的科研成果、协同创新的意识和能力为标准。选拔规定必须具有副教授（硕士研究生）以上职称（学历），同等条件下，具有博士学位者优先；必须具有丰富的教学经验、较高的科研水平，并以教改论文、教学成果奖、教材（著作）等予以量化。基础教育校外导师的遴选标准主要立足于导师的行业地位、教师的学理素养与学识水平、教师的从教能力和执教水平、参与各种科研活动的经历、相关的科研成果、导师协同创新的意识和能力等。对校外导师的选拔要求，必须具备中小学高级教师职称、丰富的教学经验和教学成果、发表专业学术文章、完成教学改革课题等。通过建立与学术型硕士生导师不同的遴选标准，严格把关选聘环节，既从制度上保障，又从观念上强化专业学位硕士研究生培养中的应用型目标定位。

2. 选拔程序方面

制定了严格的"双导师制"指导教师的选拔方案，强调自愿报名的前提下，遵循公开、公平、公正原则进行选拔，经由校学位评定委员会会议讨论通过后，正式下发文件，颁发聘书。

三、进一步明确校内外导师的工作职责，推行导师组负责制

教育硕士研究生的培养需要校内外指导教师通力合作，共同尽职尽责，既要共同参与，又要各有分工与侧重，实现真正意义上的"双导师制"合作培养模式。为此，必须根据校内、校外指导教师的不同特点、要求和责任，制定出具体、清晰、明确的导师工作职责，分别规范校内外导师在指导研究生学习、问题调研、应用研究以及毕业论文的撰写等各环节过程中应该承担的最基本的责任，要达到的最低要求。只有这样才能使导师明确自己的职责所在，才能使提高研究生培养质量成为可能。

（一）校内导师

校内导师的主要职责在于指导学生正确做人做事，培养学生的学习能力，拓展其在专业方面的理解能力、认识能力和创造能力。

指导内容侧重于：

（1）职业信念培养。通过"走近名师""专家论坛"等方式，帮助学生树立职业理想、强化专业精神和职业道德等。

（2）学习方法指导。指导学生制定学习规划、分层课外阅读、制作读书笔记等。

（3）专业知识答疑。通过课堂教学、典型案例、小组讨论等方式，帮助学生掌握专业教育教学的理论和学科前沿；通过课堂演练、微课教学训练等方式，提高学生实践教学能力，为导师和学生提供相互观摩、学习和交流的平台。

（4）科研能力培养。指导学生参加学术会议、开展创新课题研究、指导撰写毕业论文等。

（5）实践教学和社会实践活动中的理论指导。学生以未来教师的身份到教学一线去观摩，体验基础教育的现实生活，观察师生在教育教学中的言行举止，全面参与课程教学、学生管理、人际沟通、活动组织等实践活动。教师也要同时深入基础教育一线，积极指导学生实

现教育理论静态的文本知识向动态的教学实践智慧的转化，在实践中反思实现自身教育理念的重构。

（二）校外导师

校外导师职责在于培养学生理论联系实践的能力，增加实践认知能力。

实践内容包括：

（1）指导学生组织开展内容多元、形式多样的教学技能实训活动。如通过"精彩一课""示范学课""教学互动"等方式，手把手地指导学生开展听课、说课、评课、反思、教学设计、上课和班主任工作等教学活动；指导学生利用互联网等载体开展网上查阅资料，对基础教育教学名师教学视频资源和真实课堂进行观摩、研讨、学习，感受名师课堂行为细节，发挥实践教学的优势。

（2）指导学生开展教学热点、难点问题研究。围绕当前基础教育改革的热点话题和需要解决的教育教学实际问题，运用科学合理的调查工具，对基础教育现实状况做全面、深入、客观的调查研究，如撰写调查报告、行动研究报告、典型案例评析、参与校本教研等，以增强全日制教育硕士适应和引领基础发展的目标。

（3）指导学生提高课堂管理、班组建设、课程开发等方面的能力。如设计组织主题班会活动、结合案例撰写教研论文等。

指导方式包括：

（1）集中指导。针对学生的共性问题进行集中指导，师生共同分析问题，解决问题。

（2）个别面授。针对学生的个性问题，导师与学生进行一对一沟通交流，寻找问题症结所在，重点是指导提高学生解决问题的能力。

（3）小组活动。导师指导学生小组开展活动，如模拟活动、讨论会等。

（4）休闲谈心会。导师不定期地与所带的学生聚集谈心，形成良性互动。

（5）现代通讯方式。利用 QQ、短信、邮件、微信等方式随时帮助学生解决在学习过程中遇到的问题。

（6）实践教学全过程指导。在实践教学期间，导师通过听课、评课、上课、反思、教研等教学活动指导学生深化理论知识，掌握教学技能。

校外导师接受聘请后就相当于为所在学校承担了一份社会责任。因此，要保障"双导师制"的可持续发展，一方面需要增加联合培养基地的数量；另一方面，要尽快构建"学生—学院—基地"三方责、权、利相对明确的运作机制。

从调研情况来看，"双导师制"实施过程中还存在一个相当明显的问题，就是中、小学校导师数量少、分布不均。就所调查的 T 学院某个专业来说，该专业按照"双导师制"高校指导教师与中小学校指导教师 1：1 的要求，选拔了校内外指导教师，校内导师指导学生人数为 3 人，校外导师为 2 人。在学生实践教学过程中，问题出现了，学生所选学科并不是校外导师所承担的学科。为了化解这一现实矛盾，该专业推行了"导师组"制度。所谓导师组，顾名思义，是指按照"双导师制"实施方案和管理办法，在原有校内外指导教师的基础上，基地学校结合研究生选修学科，为语文、数学和英语等学科邀请该校本学科的骨干教师加入导师团队，并在学校遴选了由省市县青年教学能手、优秀少先队辅导员、县级优秀教师、优秀班主任和省市县优质课竞赛获奖者等组成实践教学导师组，为研究生的实践教学进行具体的引领指导。推行导师组制度的意义主要体现在两个方面：一是通过导师组，有效化解中小学校指导教师与到中小学校见习、实习的学生之间的矛盾，加强校外导师指导与学生专业之间的针对性；二是通过导师组打造中小学校基础教育改革理论和实践研究的高素质团队，从而不断提高实践教学效果，提高中小学校在研究生培养工作中的整体合力。借助导师组的优势，经过基地学校安排与衔接，学生们先后参与了学校内部教学交流的公开课观摩、校际教学交流的公开课观摩、全县优质课竞赛全程观摩（小学组、幼儿园组、初中组、高中组），以及县级骨干教师培训、小学研说教材竞赛观摩等活动，同时还参加了全国"一师一优课、一课一名师"活动的注册与网上赛课（有两位同学的赛课已进入市级评选）等活动，使学生在教育教学方面有了较为全面的观摩、学习。

四、探索高校–中小学合作模式，推进"双导师制"有效运转

　　探索高校-中小学协同培养的模式，一方面可以为学生实践和校外导师作用的发挥提供稳固的平台支持；另一方面可以借此尝试选拔一批优秀中小学教师进行储训，发展成为教学辅导教师，扩充校外导师队伍。为了促进理论导师和实践导师优势互补，杜绝全日制教育硕士培养环节出现真空地带，校内外导师在研究生培养过程中的协同创新尤为重要。校内外导师交流与合作有利于提高人才培养质量；校内外导师都要参与整个培养过程，无论是培养计划的制定、课程教学协作，还是实践指导和论文的撰写，每个环节都需要校内外导师的相互协作。加强双导师与研究生之间的沟通，在三方互相信任的基础上，及时了解双方导师的工作动态和全日制教育硕士培养过程中需要解决的问题，更好地促进全日制教育硕士理论学习与实践活动的结合。例如新生入学后一个月内培养计划的制定，培养计划应该是专业培养方案和学生个体差异的结合，是培养学院或校内外导师为学生制定的个人在读期间的学习计划，对学生学习起到指导或约束的作用。但是，日常工作中经常会忽视这种重要性，培养计划往往不是校内外导师根据学生的教育背景和研究兴趣共同制定的，而是在入学时由学院统一组织填写的，填写的内容基本是一个年级一个版式，甚至跨年级也是一个版式。这样缺乏个体性和差异性的个人培养计划就失去了其原本意义，造成学生学习课程的无目的性，不能调动其学习的积极、主动性，无形中增加了学生后期学位论文选题和写作的难度，也造成了导师之间分工不清、责任不明的现状。因此，在今后的发展中，要创造必要的条件，充分照顾学生的专业背景、工作经历、工作现状与需求，在学生与校内外导师共同商讨之后，制定出突出个性的学生个人培养计划，进一步加强双导师在研究生培养全过程中的合作与交流。

　　"双导师制"落实效果明显与否，很大程度上取决于校外导师作用的发挥。校外导师最重要的职责就是指导实践，假若没有实践平台，校外导师的作用发挥也就受限。当前，"双导师制"实施过程中还存在

实践环节薄弱等有碍制度施行的因素，以及校外导师师资不足、指导不够、管理不便等问题。因此，应该强化全日制教育硕士培养中的实践教学环节，尤其应该重视教育实习，尝试模式的革新，借此充分发挥校外导师的作用。为此，T 学院自 2015 年 9 月起对新生的实践教学模式进行了新一轮的改革探索。

根据 T 学院原全日制教育硕士培养模式，教育硕士第二学期进行为期一学期（18 周）的实践教学培养；第四学期前 6 周教育硕士在教育教学实践中进一步验证、完善学位论文（设计）。第二学期实践教学分为 4 个阶段，分别为校内准备阶段（1 周），教育见习阶段（2 周），教学实践、班级管理和教育科研工作（15 周），总结、考核及课堂教学汇报阶段（2 周，其中校内 1 周）。具体环节按各培养学院会同导师组和专兼职导师制定的教育硕士实践教学培养计划及实施方案执行。针对原是实践教学培养模式存在的问题，该校进行了充分调研、论证，于 2015 年 5 月启动新培养方案的修订工作。新修订的培养方案对实践教学模式进行了较大改革。自 2015 级研究生开始，该校将原有的两个学期的实践教学工作分散于四个学期，贯穿研究生的整个培养过程。具体实施"2+10+10+2"嵌入式实践教学培养模式，即第 1 学期在理论学习的同时，进行为期两周的教育见习，研究生走进中小学全方位了解学校的组织机构及教师专业标准实施情况；第 2 学期前 10 周教育实习，重点内容是课程教材教法的实训、班级管理实务及课标实施情况调查；第 3 学期前 10 周教育研习，重点内容是围绕论文选题进行基础教育现状的调查；第 4 学期含 2 周教育研修，重点内容是基础教育改革对策研究。

（1）教育研习Ⅰ，教师专业标准实施情况调查（1 学分）。

（2）教育研习Ⅱ，课程教材教法实训、班级管理实务及课标实施情况调查（3 学分）。

（3）教育研习Ⅲ，基础教育现状调查（3 学分）。

（4）教育研习Ⅳ，基础教育改革对策研究（1 学分）。

该模式的特点在于：

（1）"循环—多次"实践效果比集中实践教学更能让学生充分利用实践教学时间，走进校园—走进课堂—走近教师—走近学生。

（2）见习、实习的结合可以让学生更快地适应实践教学工作，同时也减少对基地学校正常工作的干扰。

（3）实践教学有计划、分步进行，由易到难，贯穿学生培养过程，可以在不同时间，突出不同的实践教学重点内容。

（4）实践教学中有分工、有交流、有合作，实践教学任务明确、指导教师职责清晰，而且有严格的成绩评定。这些一方面与 T 学院对实践教学的重视和高效率的管理水平有关；另一方面是在建立合作关系上，基地学校也表现出了较大的积极性。一位基地学校负责人说：

> 与高校合作是件双赢的事情，我们承担了这项任务也应承担一份社会责任，会尽全力做好协同创新的……至于实习指导的酬劳模式也是值得借鉴的。指导报酬要按指导付出的工作时间计算，加上必要的补贴（比如必要时的交通补贴等）。

（摘自 2018 年 7 月对实践基地负责人 B 的访谈）

校内指导教师主要辅助校外指导教师，需定期到基地学校访视，询问研究生的实践教学情况，与校外指导教师会面，交流学生的计划、进展，并讨论实践教学中出现的问题。校内导师由校内负责研究生实践教学工作的联络员协调具体去基地的时间。校外导师要对实践教学过程指导负主要责任，包括指派任务、跟踪进展、提供指导、与校内导师交流和讨论并共同进行实践教学成绩评定。校内外导师分工明确，责任到人，共同商定培养方案，探索专题讲座、参观考察、案例分析、小组交流、教育论坛、合作研究、个人研究、读书汇报会等独具特色的实践教学形式，通过见习、实习、研习等训练活动，在学习、反思、研究、实践中学会发现以及分析解决教育教学具体问题的方法，并在实际情境中不断地尝试、改进、提高教育研究能力，充分体现全日制教育硕士职业性与应用性的统一。

从 2014 级学生实践教学工作开始，该校设立了 6 个研究生实践教学校内联络员岗位，主要职责是掌握所有研究生工作站及实践基地的信息，负责安排基地学校与校内导师的配备，以及其他有关事宜。该模式下，研究生进入基地学校之前由联络人将本学期实践教学的时间、人数和要求，在与校内相关管理部门、指导教师协商确定后提前通知联合培养基地做好准备。这项工作遵循一定的规则与流程，而非随意的安排。首先，联络员要了解研究生的基本信息及其即将开始的实践教学活动；其次，送研究生到基地学校，召开师生见面会；再次，学生实践教学结束后，负责组织召开总结会议。被访者在谈到组织经验时提道：

> 起初接受这项任务觉得很简单，似乎一个电话就可以解决了。通过一个学期的忙碌，真正体会到学校设立专人负责的重要性。当基地学校学生顺利返校的时候，才意识到我这个桥梁和纽带是不可少的，所有的辛苦好像都值得了。

（摘自 2018 年 7 月对校内管理人员的访谈）

五、搭建"双导师制"校本培训平台

各高校、中小学校"双导师制"工作中普遍存在"重选拔、轻培养，重结果、轻过程，重能力、轻精神"等问题，尤其在导师的培训方面。由于全日制教育硕士对于培养单位和导师来说都是新鲜事物，导师的指导也缺乏成熟有效的可借鉴的经验，为了使每位导师能熟悉培养标准，适应相应的角色，应该根据国家相关的要求和各校实际建立合理的导师培训制度。从教师专业发展的角度说，任何一位教师都处于专业发展的过程之中，都需要不断地充实自己的专业知识、优化自己的专业结构、提高自己的专业技能、培育自己的专业精神、提升自己的专业道德修养。不管是校内导师还是校外导师，都应该组织进行岗位培训，以提升导师的素养，明确导师的职责，发挥导师的作用。应该建立"双导师制"校本培训平台，从字面上讲，培训对象是"双导师制"指导教师。这一群体不是学校教师的全部，而是按照"双导师制"选拔条件，经过自愿报名、单位推荐、部门审核、会议研究等环节选拔出来的。他们本身就具有较丰富的专业知识、较高的专业技能和专业道德。然而，社会在发展、知识在更新、学生在变化，从调研结果来看，校外导师或是担任学校行政职务，或是担任班主任工作。他们大都教学经验丰富、教学能力突出、教学效果良好，但由于他们身兼行政，自然就少有时间为自己"充电"。校内导师是初次接手此项工作,在对专业学位研究生教育的特点以及规律把握上不会非常准确。校内导师不论是指导研究生还是自身搞科学研究,尽管具有一定的学术水平和造诣,但均侧重理论方面。在注重"应用实践"的专业学位研究生教育面前,这部分导师的指导能力会相应大打折扣。所有这些都要求"双导师制"指导教师必须跟上时代发展的步伐,不断充实和发展自己、超越自我。因此,高校必须建立并完善"双导师制"校本培训平台的硬件建设和相关软件建设,制订科学的导师培训规划和详尽的实施方案,对其进行科学务实且富有针对性的岗前培训,实现"双导师制"指导教师的专业发展,努力打造一支具有自我发展、自我超越、自我创新的高素质导师团队是势在必行的。

1. 要加强校内导师的培训与学习指导

校内导师应充分认识专业学位的特点,全面了解全日制教育硕士人才培养的规格和要求,客观深入地掌握基础教育的前沿动态。学校要提供各种到基础教育实践岗位锻炼的机会,鼓励导师参与各种基础教育实践活动,不断丰富校内导师的专业实践背景,增强导师适应和引领基础教育发展的能力。T学院借助了教育部"国培计划"和"省培计划"这个良好的平台,在学校、教师培训机构的骨干培训者和一线优秀教师(教研员)进行集中研修的过程中,让学校校内导师也参与到这样的培训计划中。通过专题学习、案例研讨,提升校内导师的专业理论知识,并以此为契机,加强校内导师同中小学校教师之间的相互学习和交流,提升校内导师的教学实践指导能力。为了给教育硕士导师提供一个相互切磋与交流的平台,该校举办了不同规模的教育硕士观摩课。首先是全校观摩课,具体做法是在各学院选出授课经验丰富、效果好、方法佳的教师在全校范围开出一堂公开课,要求其他老师观摩并讨论。然后是学院层面观摩课,该校建议各学院在本院范围内至少组织一次观摩课,其他学院的老师可以自由选听。另外,为群策群力、全面提高教育硕士培养质量,该校动员各学院组织召开"教育硕士培养工作研讨会",参加讨论的有各学院的主管领导、指导教师,还有教育硕士。通过主题研讨,加强了师生的交流与沟通，也增强了认识、丰富了经验，为进一步提高教育硕士培养质量奠定了基础。

2. 要加强校外导师的培养

全日制教育硕士的培养是严肃的工作，每个培养环节都要有基本的规范和要求。各培养高校应该承担起对校外导师业务培训的职责，要通过各种形式的交流与培训，让校外导师详细了解研究生培养方案和研究生教育相关政策和规定、目的和要求，加强导师对专业学位研究生培养特点和规律的认识，熟悉指导过程的操作规程和具体任务，增强指导教师的学理素养和研究水平，提升校外导师的责任意识和指导能力，使其将理论规约与实践经验实现真正的融合。为了增强教育硕士学习氛围，提高教育硕士培养质量，体现教育硕士培养特色，该校特别举办了"基础教育名师讲座""教育硕士知行讲坛"和"我与中小学校长面对面"等研讨活动。讲座、研讨围绕教育硕士培养主题，邀请校内外著名教育专家学者和市里著名中小学的校长、特级教师等到校开展内容丰富的学术报告、专题讲座或面对面主题研讨。该校还在全国教指委的大力支持下，于2014年7月利用"送培训上门服务"这一良好契机，聘请教育硕士培养与管理吴刚、石鸥、陈学军等对校内专兼职导师、任课教授、研究生管理人员进行了专题培训；2018年9月，该校主办"服务国家特殊需求人才培养项目——教育硕士培养院校 2018 年工作年会"，借助参加年会的专家，有效开展了相关校内外导师培训。这些培训在校内外导师中的反响很大。这些培训活动还受到了教育硕士的广泛好评，反映这样的活动能开拓学习研究思路，希望今后应该多举办。

3. 建立了双导师的培训与开发制度

经过几年的探索，双导师的培训已经常规化、制度化。从流程上看具体包含岗前培训和任期持续培训。从内容上看，包含三个方面：一是道德层面的职业道德规范培训；二是方法层面的指导技能与技巧培训；三是内容层面的学术水平与实践能力培训。针对不同类别、不同年龄层次的导师应制定不同的培训方案，一旦获得准入，导师就应立即进行岗前培训。未进行岗前培训的导师不得指导研究生。岗前培训的主要目的是帮助导师对其责任、权利进行全面了解。接下来可参照导师个人的职业发展规划制定其专属的导师培养计划，将培训融入个人发展计划中，以期更好地实现培训的效果。

（1）职业道德规范培训。人才培养是导师的第一要务。人才首先是人，其次是才。青年的成长包含了个性、思维、能力、感情、习惯等多个方面。主动关心研究生的全面成长是导师职业道德的首要要求。导师不仅承担着专业指导的责任，还在许多方面起着示范和教育作用。因此在保持洁身自好，遵守学术规范、恪守学术诚信的同时，还要将这些理念灌输给学生。

（2）指导技能与技巧培训。科学制订并发放调查问卷，收集导师本人希望提升之处，并针对性提供；收集并分析研究生对校内外导师指导的需求和建议，将相关问卷分析情况反馈给导师；定期举办导师培训班，请本校或其他高校的有经验、研究生评价高的导师讲授指导经验，例如

我国专业学位研究生教育的政策、规律学习；专业学位以及全日制专业学位研究生的特点；专业学位研究生的培养环节、培养方案；专业学位研究生的实践环节、实践方案；专业学位研究生的学位论文要求；等等。校外导师与校内导师互相交流指导技能，定期编制导师手册供参阅学习，内容可包含国家对研究生教育的最新政策、就业市场或业界对毕业生的反馈、书籍杂志中有关研究生指导方面的有参考价值的论文。

（3）学术水平与实践能力。在学术水平的提升上，支持校内导师参加学术交流、访问学者等；为校外导师进行理论提升、参与横向课题提供相应资源。在实践能力的提升上，选派校内导师到实践基地进行挂职锻炼；请校外导师为校内导师举办教学方面的专题讲座，如"我与中小学教师面对面"活动等。校外导师可与校内导师合作以工作坊的形式在校内对研究生进行实践训练，如建立"名师工作坊"制度。

六、建立完善的双导师制运行与管理制度

双导师制培养模式的长期、有效运行，需要建立系统化的制度体系作为保障。尤其是要有明确的激励和考核机制，如制订校外导师的

薪酬、职称聘任与激励机制，提供适当的补贴，按照权利、义务相一致的原则按劳取酬或在双导师合作项目的管理方面有所倾斜等。另外，基于校地充分的交流与沟通，加强对校外导师的考核，对于考核不合格的人员要给予警告或取消导师资格。消除校外导师终身制现象，制定合理的考核周期，定期考核校外导师的任职资格。通过奖励和考核促进校内外导师不断提升教、科研水平和指导能力。

1. 建立健全评价体系

"双导师制"的成效评价是否科学，考核标准是否合理，将直接影响教师的"导"和学生的"学"。故该校建立了一套科学合理、且易操作的"双导师制"教学质量考核标准和评价指标体系，采取定性考核与定量考核相结合的评价办法，科学客观地对导师的敬业精神、学术素养、业务能力、指导绩效进行严格的考核，考核结果与导师的聘任、待遇、升迁等直接挂钩，激励导师不断加强对全日制专业学位的了解，提高指导全日制教育硕士的热情和能力。为如实评价，还建立了师生联系单制度，记录"双导师制"的实施情况，包括交流与沟通的内容、形式、时间、次数，学生接受指导后的学期总结，指导教师给学生的学期评语等，测定每一位导师的工作绩效和"双导师制"的实施成效。

2. 建立健全奖惩机制

为激励导师指导学生的主动性和积极性，该校参照一些地方院校的做法，将导师的指导工作量按一定比例计算教学工作量，享受校内津贴等政策，并作为年终评优、职称评聘等方面的考核条件；特别加强过程性评价，对全日制教育硕士专业学位论文的选题、开题、指导、中期考核、修改、盲检和答辩等环节明确具体的评价程序、办法、时间、步骤及相关人员的具体职责，提出具体的质量要求。考核后要及时开展经验交流座谈会等活动，并按照规定对优秀硕导进行奖励。通过年度和聘期导师考核工作，促使各位导师不断学习，不断更新学科前沿知识，提升创新意识，从而使导师明确自己的职责所在，增强自身的责任感与使命感。为充分调动学生的主动性，可将学生在接受指导中的表现，与评优入党、奖学金评定等挂钩。对考核不称职的导师，要随时取消其指导资格。

参考文献

一、著作类

[1] 程晋宽 "教育革命"的历史考察：1966—1976[M]. 福州：福建教育出版社，2001.

[2] 樊文芳. 教育信息化环境下的教师专业发展与培训[M]. 北京：科学出版社，2015：184.

[3] 顾明远. 师德突出问题典型案例评析[M]. 北京：北京师范大学出版社，2014.

[4] 顾明远. 教育大辞典[M]. 上海：上海教育出版社，1990.

[5] 黄济等. 小学教育学[M]. 北京：人民教育出版社，2007.

[6] 金一鸣. 中国社会主义教育轨迹[M]. 上海：华东师范大学出版社，2000.

[7] 李艳红. 东乡族女教师职业生涯发展研究[M]. 兰州：甘肃教育出版社，2012.

[8] 刘英杰. 中国教育大事典 1949—1990[M]. 杭州：浙江教育出版社，1993.

[9] 马克斯·韦伯. 新教伦理与资本主义精神[M]. 龙婧，译. 北京：群言出版社，2007.

[10] 裴娣娜. 教育研究方法导论[M]. 合肥：安徽教育出版社，2013.

[11] 彭立. 有效教学——信息化教学中的问题与对策[M]. 长春：东北师范大学出版社，2007：41-43.

[12] 王毓珣，王颖. 师德培育与生成[M]. 北京：教育科学出版社，2013.

[13] 王颖. 厚德载物 大道树人——新时期中小学教师职业道德修养[M]. 长春：吉林大学出版社，2011.

[14] 魏峰. 弹性与韧性乡土社会民办教师政策运行的民族志[M].

上海：上海三联书店，2009.

[15] 杨小微. 教育研究方法[M]. 北京：人民教育出版社，2005.

[16] 叶澜. 教师角色与教师发展新探[M]. 北京：教育科学出版社，2001.

[17] 张民生. 自然科学基础[M]. 北京：高等教育出版社，2014.

[18] 张一春. 教师教育技术能力建构：信息化环境下的教师专业发展[M]. 南京：南京师范大学出版社，2007.5.

[19] 张大均. 教育心理学[M]. 北京：人民教育出版社，2014.

[20] 张乐天. 新中国成立以来乡村教育政策的反思与回顾[M]. 北京：北京师范大学出版社，2016.

[21] 张乐天. 高等教育政策的回顾与反思：1977—1999[M]. 南京：南京师范大学出版社，2008.

[22] 钟启泉. 为了中华民族的复兴，为了每位学生的发展——《基础教育课程改革纲要（试行）》解读[M]. 上海：华东师范大学出版社，2001.

[23] 中华人民共和国教育部计划财务司. 中国教育成就统计资料（1949—1983）[M]. 北京：人民教育出版社，1984.

[24] 中央教育科学研究所，中华人民共和国教育大事记[M]. 北京：教育科学出版社，1983.

二、期刊论文类

[1] 程方平. 教师保障：乡村教育振兴的基石[J]. 教育研究，2018，39（07）：84-86.

[2] 范先佐. 乡村教育发展的根本问题[J]. 华中师范大学学报（人文社会科学版本），2015，54（05）：146-154.

[3] 冯晓玲，别敦荣. 文化视角下的高校师德建设路径[J]. 现代教育管理，2018（12）：74-78.

[4] 何飞. 高中数学教师专业能力的构成要件及其培养分析[J]. 师资建设，2018（23）：101.

[5] 黄东有. 长三角地区乡村教师流动问题研究——以嘉兴市为例[J]. 教育理论与实践，2012（35）：23-26.

[6] 李光胜. 四川民族地区乡村中小学师德建设的路径选择[J]. 天

津市教科院学报，2018（05）：85-89.

[7] 李琼，张倩，樊世奇. 国际视野中的我国乡村教师专业发展：与 PISA 高绩效东亚四国 TALIS 数据的比较[J]. 外国中小学教育，2018（11）：53-61.

[8] 李毅，王钦，吴桐，张晓辉. 中小学信息化教学关键影响因素的多维度比较研究[J]. 中国电化教育，2017（10）：44-50，95.

[9] 刘嘉. 阻碍高校师德建设的因素有哪些[J]. 人民论坛，2018（24）：128-129.

[10] 刘想元. 现实管窥与政策期待：乡村教师流动现状的实证分析[J]. 教学与管理，2017（12）：25-28.

[11] 糜海波. 辩证把握师德评价中的几个关键要素[J]. 思想理论教育，2018（03）：85-89.

[12] 糜海波. 突破师德评价若干困境的思考[J]. 教育理论与实践，2019（01）：49-52.

[13] 宁本涛. 让合适的人做合适的事：教师工作边界模糊的产权透析[J]. 中国教师，2019（01）：10-13.

[14] 齐琦. 正确认识和解决新形势下高校师德问题[J]. 江苏高教，2018（07）：75-78.

[15] 任胜洪，黄欢. 乡村教师政策70年：历程回顾与问题反思[J]. 吉首大学学报，2019（6）：41-50.

[16] 宋晔，牛宇帆. 教师权威：爱与惩罚的道德张力[J]. 教育科学研究，2016（07）：19-25.

[17] 谭忠毅. 试述当前师德建设存在的问题及解决路径[J]. 内蒙古师范大学学报（教育科学版），2014，27（08）：44-46.

[18] 熊伟荣. 流得动还应留得住——流动教师适应性调研与思考[J]. 浙江教育科学，2015（4）：37-39.

[19] 徐蕴琦. 教师专业能力的影响因素及提升策略[J]. 辽宁教育行政学院学报，2016（4）：31-34.

[20] 徐国兴，方兴，谢安邦. 我国乡村教师队伍建设的战略转型及可能路经探索[J]. 教师教育研究，2016，28（05）：1-6.

[21] 杨乐英，袁慧. 乡村中小学教师自我效能感现状及提升策略[J]. 当代教育科学，2015（22）：59-61.

[22] 于进，于源滨. 从灌输到交往：师德培训问题的对策[J]. 当代教育科学，2014（10）：42-46.

[23] 袁磊，侯晓丹. 美国《AECT标准（2012版）》与我国《中小学教师信息技术应用能力标准（试行）》的比较研究[J]. 中国电化教育，2015（5）：20-24.

[24] 张成恩. 完善乡村教师拓展补充机制研究——河南省乡村教师退补情况的调研[J]. 社横，2017，32（04）：52-56.

[25] 张建红. 新形势下高校师德建设长效机制探析[J]. 思想理论教育导刊，2018（04）：112-115.

[26] 张静，杨文正. 面向深度学习的信息化教学案例评析与策略研究[J]. 教学与管理，2014（15）：147-149.

[27] 赵垣可，刘善槐. 改革开放以来我国乡村教师队伍建设问题研究[J]. 理论月刊，2019（01）：154-160.

[28] 钟启泉. 教师"专业化"：理念、制度、课题[J]. 教育研究，2001（12）：12-16.

[29] 周坚. 全面把握新时代高校师德师风建设的新坐标[J]. 中国高等教育，2018（19）：9-10.

[30] 朱艳. 影响中小学教师信息化教学能力的因素分析[J]. 教学与管理，2016（12）：24-26.

三、学位论文类

[1] 安梦楠. 小学初任教师职业需求与职业适应性研究[D]. 长春：东北师范大学，2014.

[2] 蔡登科. 河南省信阳市X县小学流动教师适应的现状、问题与对策研究[D]. 重庆：重庆师范大学，2017.

[3] 陈佩君. 乡村小学教师交流的困境与对策研究——基于六安市金安区[D]. 合肥：合肥师范学院，2017.

[4] 崔亚超. 关于义务教育学校教师流动问题研究[D]. 北京：首都师范大学，2013.

[5]　贺敬雯. 教师愿景与教师发展的关系研究[D]. 长春：东北师范大学，2014.

[6]　蓝慧军. 人本管理视角下高中青年教师管理研究[D]. 桂林：广西师范大学，2018.

[7]　李然. 中小学流动教师工作适应状况的个案研究[D]. 南京：南京师范大学，2016.

[8]　李明. 江西省中小学教师信息技术应用能力发展测评指标体系的构建及应用[D]. 南昌：江西师范大学，2017.

[9]　李丹. 高中教师师德现状调查研究[D]. 延边：延边大学，2018.

[10]　师月月. 我国中小学校长道德领导价值及实现途径研究[D]. 北京：首都师范大学，2013.

[11]　施国青. 不同专业发展阶段教师的心理弹性研究[D]. 南京：南京师范大学，2018：19.

[12]　王晓倩. 中小学校长道德领导力个案研究[D]. 重庆：西南大学，2017.

[13]　汪清. 安徽省 H 县小学教师流动问题研究[D]. 合肥：安徽大学，2017.

[14]　吴琼. 一所小学两位英语教师信息技术应用能力提高的叙事研究[D]. 银川：宁夏大学，2017.

[15]　姚远. 乡村小学数学教师教育技术能力的调查研究[D]. 四平：吉林师范大学，2015.

[16]　张沙沙. 兖州区义务教育教师应用信息技术现状的调查与研究[D]. 曲阜：曲阜师范大学，2015：25-30.

[17]　赵文颖. "互联网+"环境下乡村教师的教学困境与归因研究[D]. 重庆：西南大学，2017.

[18]　周小雪. 地方高校师范生师德教育中存在的问题及对策研究[D]. 重庆：重庆师范大学，2017.